IT企业研发人员 EAP项目研究

李日芹◎著

中国纺织出版社有限公司

内 容 提 要

IT企业研发人员是一个非常特殊的群体，其行业特点、工作环境、组织管理及个性等都与其他行业明显不同。本书以IT企业研发人员作为研究对象，运用心理学、管理学、组织行为学中的相关理论，对这一群体的职业环境进行调查和分析，根据这一群体在工作和生活中的生理、心理需求制订了一整套IT企业研发人员员工援助计划（EAP），并提出了相应的干预措施及保障措施、评价体系，不仅为IT企业研发人员的健康成长提供了科学的指导，更为IT企业的可持续发展提供了帮助。

图书在版编目（CIP）数据

IT企业研发人员EAP项目研究 / 李曰芹著. -- 北京：中国纺织出版社有限公司，2022.7
ISBN 978-7-5180-9546-9

Ⅰ.①I… Ⅱ.①李… Ⅲ.①IT产业—企业管理—人力资源管理—研究 Ⅳ.①F49

中国版本图书馆CIP数据核字（2022）第084282号

责任编辑：向连英　责任校对：高　涵　责任印制：储志伟

中国纺织出版社有限公司出版发行
地址：北京市朝阳区百子湾东里A407号楼　邮政编码：100124
销售电话：010—67004422　传真：010—87155801
http://www.c-textilep.com
中国纺织出版社天猫旗舰店
官方微博 http://weibo.com/2119887771
三河市延风印装有限公司印刷　各地新华书店经销
2022年7月第1版第1次印刷
开本：710×1000　1/16　印张：15
字数：234千字　定价：88.00元

凡购本书，如有缺页、倒页、脱页，由本社图书营销中心调换

前言
Preface

软件技术的日新月异，推动了 IT 企业的迅猛发展，IT 企业的发展直接带动了经济的快速增长。作为 IT 企业的核心资源，企业研发人员在为国家、组织、个人创造巨大财富的同时，员工自身也存在诸多职业问题，如压力过大，工作时间过长，信息焦虑综合征，计算机辐射，生活习惯的改变，身体素质的亚健康，等等。

长期以来，人们对研发人员的生活一直充满着好奇和向往。他们可以不修边幅，工作时间可以身着便装，他们是金领一族，是聪明、智慧的代表。然而光环的背后，还隐藏着什么？他们是一群同时间赛跑的勇士，每天长达十多个小时的工作时间，每天所见所闻的都是一串串、一行行的代码。巨大的工作压力剥夺了他们的休息时间，甚至每次进餐时间也被压缩在 15 分钟之内。由于无法保证充足的睡眠时间，他们大多数人养成了不吃早饭的习惯，工作之余的首要任务是补觉，没有时间锻炼身体。虽然对自己的工作和身体状态深感担忧，但是来自生活的各种压力使得他们依然固守在科技研发行业……这样的工作状态能坚持多久？

对于一个 IT 公司来讲，研发人员的技术、精神状态就是公司的核心竞争力，研发人员的健康状况、精神状态将直接影响公司的业绩和可持续发展。关心企业研发人员的工作环境、工作需求、生活、健康，实际上就是关注 IT 企业的发展。

IT 企业研发人员是一个非常特殊的群体，其行业特点、工作环境、个性、组织管理等都与其他行业明显不同。员工援助计划（Employee Assistance Programs，EAP）是针对 IT 企业研发人员的工作、生活、生理、心理需求所设计的一整套系统的、长期的福利与支持项目。

本书首先对需求理论和职业保健理论做了深入研究，然后将理论与 IT 企业研发人员的需求相结合，引用搜狐 IT 与国内著名咨询机构易观机构、《IT 时代周刊》、《知识经济》、硅谷动力、《21 世纪经济报道》、海龙资讯网、《新京报》等媒体针对IT人的生存状况的联合调查结果作为依据，对IT企业研发人员的工作、生活、发展、健康等各个方面进行了系统调查和统计分析。

调查发现，高达41.3%的软件研发人员所在的公司无休假制度。在工作之余，睡觉成为其最主要的活动，而且随着工作时间的延长，睡觉的重要性越强。在每日工作11小时以上的软件研发人群中，44.5%的人工作之后首要活动为睡觉，而在每日工作8小时及以下的人群中，这一比例仅为12%左右。上网和看电视等被动娱乐方式紧随睡觉之后，成为软件研发人员下班后的主要活动。选择主动锻炼身体的比例在不同工作时间的人群中均较低，在每日工作11小时以上的人群中，以锻炼身体为下班后的主要活动的比例仅为1.5%。高达71.4%的软件研发人员认为不锻炼身体的原因是"没时间"。时间不充裕成为软件研发人员不锻炼身体的"借口"。时间资源的严重缺乏成为软件研发人员面临的最严重的"瓶颈"之一，工作和身体正在成为"鱼和熊掌"的二元悖论，使软件研发人员得失不能兼顾。55.5%的软件研发人员感觉自己的工作和生活压力"特别大"，仅有3.0%的人员表示可以"从容应对"。18.6%的人员感觉身体越来越差，13.8%的人员感觉正常情感生活受到影响。辐射、用眼过度、熬夜加班、腰酸背痛、睡眠不够、饮食不佳已成为这一群体的职业综合征。而信息焦虑综合征、工作场所抑郁症、电脑躁狂症、技术落伍症、心理恐怖症也日益成为困扰他们的心理障碍。

通过对造成目前职业环境现状的原因进行研究，发现一些公司的管理机制、竞争机制、工作环境等问题给研发人员的个人成长带来许多负面影响；经济的快速增长和高科技的迅速发展、软件行业本身的行业特性、IT企业的管理与绩效考核机制以及研发人员自身的特点是造成现状的主要原因。同时对IT企业研发人员目前及未来一段时间的需求进行了调查，包括生活需求、健康需求和个人成长的需求。

本书以IT企业研发人员这一特殊群体作为研究对象，通过理论研究、案例分析、调查分析等方法，运用心理学、管理学、组织行为学中的相关理论，对这一群体的职业环境进行调查分析，了解研发人员的工作、生活、人际关系、个人成长等职业环境现状，分析职业环境对他们身心产生伤害的根源，并提出了相应的干预措施及保障措施、评价体系，为IT企业研发人员的健康成长和企业的可持续发展提供了科学指导。找到职业环境现状和伤害根源，把握他们的现实需求，就需要制订一整套IT企业研发人员员工援助计划。

IT企业研发人员员工援助计划的设计遵循科学性、计划性、适用性、经济性的原则，从公司管理制度、人员管理机制、成立专业 EAP 机构、相关设施的投入到员工良好的工作、饮食起居习惯的养成，形成一整套干预方案。真正做到由点到面、细致入微地全面优化研发人员的职业环境，帮助他们养成良好的工作、生活习惯，使职业伤害降到最低。

IT 企业研发人员员工援助计划项目的实施，是体现公司人性化管理，规范人力资源管理，提高企业整体素质，实现可持续发展的重要体现。它的实施可以降低组织运行成本，优化公司管理机制，增强组织凝聚力和提高团队合作意识，激发他们的工作热情和创造力，提升生产率，提升个人生活质量和整体素质，具有较高的投资回报率。通过 EAP 专业人员对组织的诊断、建议和对研发人员及其直系亲属提供的专业指导、培训和咨询，帮助解决他们及其家庭成员的各种心理和行为问题，提高他们在企业中的工作绩效，改善组织氛围和管理。

李曰芹
2022 年 1 月

目 录
Contents

第一章　引言 ... 001

第一节　选题背景与意义 ... 002
第二节　研究思路与逻辑框架 ... 004
第三节　研究方法 ... 005
第四节　创新之处与借鉴意义 ... 022

第二章　相关理论综述 ... 023

第一节　人性需求理论 ... 024
第二节　员工援助计划理论 ... 067

第三章　IT企业研发人员职业环境现状及需求分析 ... 091

第一节　相关概念的界定 ... 092
第二节　职业环境现状调查分析 ... 094
第三节　职业环境现状归因 ... 108
第四节　职业保健需求分析 ... 113

第四章　IT企业研发人员EAP项目设计 ……………… 133

第一节　设计原则、总体方案与目标 ……………… 134
第二节　内容设计与实施 ……………………… 140

第五章　IT企业研发人员EAP项目实施保障及效果评价 …… 203

第一节　EAP项目实施的保障措施 ………………… 204
第二节　实施的效果评估 ……………………… 207

参考文献 …………………………………………… 219

附录 ………………………………………………… 223

IT企业研发人员职业压力调查问卷 …………… 224
放松训练指导手册 …………………………… 227

第一章
引 言

第一节　选题背景与意义

一、选题背景

进入21世纪，信息技术发展得越来越迅速，对经济建设和社会生活的影响越来越大，信息社会迅速发展的核心是软件研发技术的迅速提升。因此，以软件研发为主的IT企业，特别是高新IT企业已经成为发展最快的朝阳企业。

与广阔的发展空间、高速增长的市场规模相比，IT企业的人力资源状况却不尽如人意。IT企业作为智力和知识密集型企业，其生产方式的特殊性决定了较之其他企业，更强调人才的重要性。大部分IT企业都遇到了很多共性的难题：软件研发人才缺口严重，人才留职率较低以及IT企业人员特别是研发人员职业压力情况不容乐观。相关数据显示，我国每年软件研发人员缺口约20万；IT企业研发人员流动率为20%，有些地区更是高达50%，远远高于传统行业企业人员流动率。北京易普斯企业咨询服务中心对IT研发企业的2000名员工所做的调查也显示，心理压力大的员工占比为20%，心理问题严重的员工占比为5%，感觉自己需要专业援助的员工占比为75%。

美国GE公司前首席执行官杰克·韦尔奇说："拆了我的工厂，拆了我的办公室，留下100个员工给我，我照样可以再造一个GE。"这是管理者站在组织发展角度讲的一番肺腑之言，由此可以看出，人力资源是企业的第一资源。但是由于这种观念还没有引起足够重视的缘故，人才流失造成了IT企业资产的流失，一同流失的不仅是管理与技术经验，甚至还有与企业核心业务相关的技术与客户资源。IT企业研发人员工作、生活的"亚健康"状态，将直接影响员工的工作效率和创造力的发挥，进而导致IT企业成本增加、效益下降，员工满意度下降，反过来进一步引发人才流失。

IT企业的快速发展具备颠覆性和革命性，快速发展带来了快速盈利，同时也带来了知识和技术的快速更新，IT研发企业可能是将"量化管理"和"过程管理"实行得最好的企业，很多管理方法最初就是它们提出来的。激烈的竞争、超负荷的工作压力、7天之内每天24小时的全天候待命状态、生存的压力使这些IT企业的人员不得不接受这一切。稍微打个盹儿，IT企业研发人员的技术就落后了，同时其自身技术特点又决定了相对枯燥机械的工作特性和微弱的成就感，种种原因使得 IT 企业研发人员面对的职业压力非常大，导致"郁闷"成了这一类群体的主流情绪。他们有着独特的工作方式和生活习惯：每天在闪烁的屏幕上面写着一串串语言代码，还要随时收集大量信息，常常担心自己漏掉了什么信息、编码等；每天一有空就无目的地上网寻觅，始终处在焦虑状态之中；崇尚"快节奏"，总感到时间越来越不够用，工作的压力让人感到焦躁不安，紧张过度；做任何事情过分地关注时间，哪怕是逛街购物都会不自觉地看手表，想要尽快结束。

2014 年，某互联网公司做了相关调查，调查主题是"IT 企业研发人员的生存状态"，调查结果出乎意料：一天工作时间超过 8 小时的员工占比近 90%，这严重违反了《劳动法》中关于工作时间的规定。由此可见，IT 企业研发人员的工作时间被绝对延长了，这就严重影响了他们在时间和精力上对于家庭生活的参与和照料，更不用说承担责任了。因此，60% 的 IT 企业研发人员认为来自工作方面的压力非常大，只有 6% 的研发人员对工作的抱怨比较少，因为薪酬等因素抵消了对工作时间的抱怨。更令人担忧的是他们在工作之后的行为表现，90.11% 的员工在停止企业的工作后，单靠电脑上网和睡觉来度过。近 50% 的员工在调查中表示，他们最想做而又做不到的事情是旅游，从他们的日常工作和生活中可以看出，旅游是个实现不了的梦想而已，因为他们好似已经习惯了除在工作中面对电脑来解决问题外，工作之外的事情也是上网，只是偶尔补觉来满足上网的需求。

IT 企业研发人员这种持续的亚健康状况不仅严重损害了个体的生理健康，而且极大地降低了工作积极性、影响了创造力的发挥。21 世纪，在我国大力推动信息化、数字化社会的今天，IT 企业研发人员作为 IT 企业的核心力量，以这种状态响应国家号召是远远不够的，而且也难以与国外信息化技术发展抗衡。发展需要人才，人才的健康是根本，我们提倡企业发展以人为本，关注 IT 企业员工，特别是技术研发人员的健康问题才是抓住了根本所在，只有重视他们的健康，关爱他们的生活，才能提高企业管理质量和效益。

二、选题意义

现代企业管理，特别是 IT 企业，仅仅讲提高绩效、增加工资，这是人力资源管理中一个极大的误区。根据国内外调查显示，不适当的工作压力不仅损害个体健康，而且破坏组织的健康。组织中每一个员工都是一个独立的个体，他们在生活中的一点儿变化都会影响工作情绪。从表面上来看，也许恋爱、婚姻、家庭和工作状态没有太大的联系，其实这些事情都会左右情绪，当一个员工的情绪受到影响而导致工作效率降低的时候，企业就应该注意到这些变化。美国的一项研究发现，每天都会有人由于压力生病，每年因此支付的工资损失是数百万美元；英国官方统计，压力导致的疾病估计每年会使英国累计损失 8000 万个工作日，每年因此付出的代价高达 70 亿英镑。而在中国，据业内人士估计，职业压力带给企业的损失每年至少上亿元。

IT 企业研发人员员工援助计划是一项具有战略性的项目，通过对 IT 企业研发人员这一特殊群体的工作生活环境、成长需求等方面进行调查研究，了解他们的健康状况以及对工作、生活、学习的影响。通过制定一系列科学有效的改善措施，帮助他们改善职业健康状况。提升组织管理的有效性，充分发挥个体的积极性、主动性和创造性，培养员工对组织的忠诚度，增强凝聚力、向心力和团队合作意识，提高组织的综合竞争力。

许多企业的实践证明，员工援助计划直接促进了员工工作积极性和业绩的提升。当然也间接促进了个人生活水平的改善，从而形成了良性循环，提升员工对企业的忠诚度，减少资源浪费和请假的次数，给企业节约了很多费用。员工援助计划有着一整套机制：除了能够提供心理咨询外，它还通过相关认可的标准，在系统的基础上，给予员工帮助、建议和形成其他辅助形式。目的在于使员工在纷繁复杂的个人问题中得到解脱，管理和减轻员工的压力，维护其心理健康。

第二节 研究思路与逻辑框架

包括引言在内，本书共分五个章节。引言部分介绍了文章选题的背景、意义及研究方法等。理论综述部分介绍了人性需求理论、职业保健理论，通过理论引领，引用对 IT 企业研发人员职业环境的调查研究，分析了 IT 企业研发人员职业环境现状及成因，针对其职业环境现状，提出了员工援助计划方案及其实施的保障措施。

图 1-1 所示为本书的逻辑框架结构。

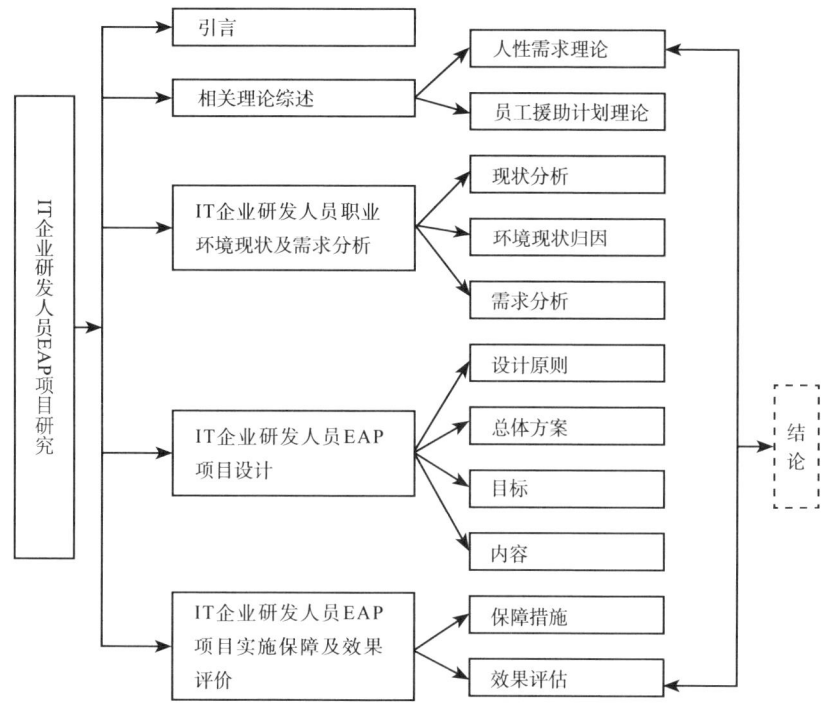

图1-1 本书的逻辑框架结构

第三节 研究方法

本书通过观察、调查、文献研究、案例研究、心理测验等方法，对IT企业研发人员的职业环境进行了科学详细地取证分析，研究了其职业环境对员工个体身心的影响，以及对IT企业所带来的影响，制订了一套科学系统的员工援助计划，并给出了相应的实施保障措施。

一、观察法

观察法是理论研究中应用最基本、最普遍的方法，几乎从事任何研究都离不开这种方法。观察法是研发人员在研究开发的过程中，为了完成自己的研究设计创新，对自己的同行或者同事的相关作品进行观摩学习，以求在学习的过程中对自己的研究有所指导。在EAP项目研究中，观察法是指在工作现场的日常情境中或提前准备好的条件下对研发人员的行为开展观察、记录，通过观察分析来获取相关研发人员的工作行为、工作态度等数据资料的方法。

在实际应用观察法对研发人员进行EAP项目研究时，EAP项目实施者是观察者或参与者，研发人员是被观察者，EAP项目实施者在采用观察法进行观察时，需要特别注意的是，不能打扰研发人员的正常工作，尽量不要让研发人员有所察觉，否则研发人员正常的工作状态和工作行为就会自觉或不自觉地受到影响，就不是完全自然状态下的数据了，从而影响观察者观察到的真实情况，那么我们通过此法得到的数据资料就没有太多应用价值了。

观察法是对研发人员的工作行为直接开展观察活动，所以这些数据是比较珍贵的一手数据，通过这种方式所得到的数据，应该是最真实、最客观、最具情境式的。但是毕竟观察者有自己的倾向性，怎样避免EAP项目实施者的主观判断和个人情感的影响成为重中之重。为了观察时能够获得更加准确可靠的数据，观察者应该遵守以下几条规则：

1. 每次只观察一种行为

在进行观察时只观察一种行为。比如观察研发人员在团队协作中的表现，可选定观察是否"自信"的行为。

2. 所观察的行为特征，事先应该有明确的说明

事先应该对所观察的行为特征有一个明确的说明。比如"自信"包括哪些具体可见的行为表现。

3. 观察时要善于捕捉和记录

在观察时如果有可能的话，最好利用简单可靠的电子手段，比如录音、录像等，以便获得更客观的资料，更加具有说服力。

4. 采用时间取样的方式进行观察

每次以较短的时间，对同一类行为多次重复观察。如观察研发人员情绪状况，绝不能只选取每天固定的一段时间去观察，而应该在正常工作过程中选取不同的时间做多次观察。

5. 全方位原则

在应用观察法开展项目活动时，应尽量以多层面、多维度、多视角、多角色开展活动，收集多样化数据。

6. 观察者必须注意下列要求

（1）提前规范好观察规则，不漏掉任何细节或突发事件。

（2）仔细观察各种工作行为及情绪变化，及时记录细节情况。

（3）多思考，坚持实践与理论相结合。

7. 必须遵守法律和道德原则

在我们对研发人员进行 EAP 项目设计运用观察法时，我们要求 EAP 工作人员或心理咨询人员要具备以下素质：

（1）具备敏锐的观察能力，集中精力全面、多视角观察；凡事不要武断，思考要周全，思维要缜密。

（2）规范设计观察流程。观察流程的制定力求简单方便，需要罗列开始时间和结束时间、观察什么、在什么地点和被观察者等信息，也可用观察者易于自己理解和记忆的符号来代替。

（3）按计划执行观察，将观察到的一切做好详细记录、整理，最后做好分析、概括并得出结论。

观察具有科学性、规划性、系统性等特点，还有为了实现一定的目标，可以多次重复。观察活动始终都是有目标、有流程地对研发人员在正常工作过程中的心理活动的表现或行为进行观察和记录，但是观察的实质不只是在于简单的记录事实，而在于科学地解释这些心理行为产生的原因。常用的观察方法有：记叙性描述、核对清单法、级别量表法。由于每个人看到同样的事情感受不同或者是同样的人看到同样的情景感觉也可能不一样，所以人的感觉可能会"撒谎"，如眼见不能为实、耳听为虚等描述的情形，在产品设计中要讲究做实验进行验证，所以研发人员在运用观察法时，常常要凭借先进的手段和工具来代替自己肉眼的观察，借助具有存储功能的显微录像机、高清摄像机等来验证感官的观察结果，以保证观察到的情况可以充分证明自己的观点。

（一）观察法的步骤

1. 观察法事前工作

（1）准备要进行观察的事项，包括观察工作的主要目的、要实现的目标、在观察过程中自己的角色定位等。

（2）罗列观察提纲，着重标记主要的观察事项。

（3）标注出在观察过程中自己不明白的数据来源，以备进一步进行查找。

2. 观察的现场事项

（1）在部门管理者的支持下，对研究对象进行观察，注意不要打扰他们的正常工作。

（2）在观察过程中，要对观察到的数据进行适时地标记，以备后来的查验。

3. 开展面对面谈话

（1）选择一个被观察者的直接主管或有经验的在岗者开展面对面咨询，因为他们比较熟悉研发人员的工作内容、工作的整体情况以及团队是怎样协作配合开展工作的。

（2）保证进行观察和面谈的对象具有代表性。

4. 对搜集的信息进行归纳整理

（1）对照事前准备的提纲和整体要求，保证每一项任务都得到确切地答复，并反复明确答案。

（2）对搜集的信息进行归纳整理，进行合并、概括分析。

（3）根据工作需要随时进行资料信息的补充和确认，以保证准确性和真实性。

5. 审核岗位说明

（1）把成型的岗位说明文件分别传送给相关部门，以确认审核，并把自己发现的问题和修改的建议附在后面。

（2）把搜集到的修改建议，在岗位说明文本上进行逐条修改，并把不明白的地方标注出来，以备后续的问题解决。

（3）召集所有在岗的研发人员进行面对面访谈，补充岗位说明文本中遗漏和明确其含糊的地方。

（4）编辑出既能清楚描述又具有代表性的岗位说明。

（二）观察法的评价

观察法的主要优点是保证了研发人员在工作现场的本源性和常态化，收获的数据相对客观可信。

（1）EAP项目咨询人员用感官或者借助仪器设备直接取得第一手资料，没有经过任何加工设计，所以获得的数据信息比较真实可信。

（2）在现场经过观察获得的资料，是完全没有经过修饰的真实状态下的工作写照，因此获得的信息鲜活生动，能够让EAP项目工作人员获得更多额外的信息息来判断资料的真实性。

（3）获得的资料具有即时性的特点，它能更加精准地捕捉到研发人员在工作现场的各项情绪的细微变化，还能感知他们工作时的氛围，也能准确地观察到他们是怎样调整情绪、处理压力的。

（4）此法除了能够让EAP工作人员准确地看到、听到、感知到表面的情况，也会感知到潜在的无法说明的数据信息。

当然观察法也有其缺点，EAP项目实施者不能主动开展工作，只能跟着研发人员的工作流程行动，处于比较被动的一方，有时候只能等待某些工作行为的出现，这个过程比较无趣。

（1）EAP项目工作人员在进行观察时可能受到自身状态的影响，万一错过了重要的信息，就会影响对于后面岗位的判断。

（2）此法受到研发人员主观意识的影响，在进行观察时，如果研发人员要故意掩盖一些事实数据或者是故意夸大事情的作用，EAP项目工作人员可能会受到影响，也可能出现误判，这就需要工作人员用犀利的观察能力来辨别真假，以防被干扰。

（3）此法观察到的事项只是对外在现象和表面现象的观察，没法对事物的本质进行分析，也不能对每个被观察者进行详细地思想剖析而做出更加客观的判断。

（4）此法不适合用于整体项目分析，只适合做小范围的点状观察。

二、调查法

调查法是通过多种方式，间接了解研发人员心理状态和心理健康水平的方法。调查法从理论上讲，实行起来比较简单，但是调查法通常不是很准确，因为被调查者在接受调查时，常常会因为主观上的原因或者是非现场调查的原因致使回答问题不够准确，而影响调查数据的真实可靠性。目前调查的方式方法有很多，有纸质版的调查，更多的是电子版的调查法，其实访谈法在一定意义上说也是一种调查，只是没有提供问题的调查，只是简单的访谈提纲。

调查法可以是现场调查，也可以是非现场的电子调查，随着互联网技术的加速发展，电子调查的应用越来越广泛，特别是移动互联网的发展，每个员工都可以利用工作间隙或休息时间的空隙参与调查问卷的回答。因此，电子调查法更多的是以个体为主，但是搜集的数据还是以一个群体为代表，根据调查的数据进行分析，来推测整个群体在某方面的意见或者建议。调查通常包括个人简介和问题调查两部分，个人简介就是简单介绍调查对象的基本情况，当然如果涉及个人隐私，也可以选择不填写；问卷调查属于主体部分，研发人员要根据自己的具体工作情况和需求情况如实回答，因为在实际调查过程中，我们通常是不记名的调查，希望大家能够坦诚地把自己的真实情况描述清楚，便于对工作进行改进。

（一）问卷调查法

问卷调查法是采用 EAP 项目工作人员事先设定好的问题，研发人员根据自己的实际工作情况填写问卷，通过对资料进行统计分析得出结果，判断回答者当时的心理状态和心理情况的方法。问卷调查法是我们现在进行调研经常用到的方法，问卷问题的设计围绕着研发人员的实际工作情况展开，通常设计为一问一答的形式，在进行调查的过程中要尽量做到控制时间长短，让被调查者在自由地不受约束和控制的状态下填写问卷，以保证是他们真实意愿的表达，特别是研发人员的主管领导不要在调查现场。调查问卷的发放多采用电子的方式或者是分别发送来进行，现在更多是采用电子问卷的方式进行。被调查者要对问题进行逐题回答，尽量不要有所遗漏。一般来说，调查问卷法相对于访谈法，问题要更详尽、逻辑要更清晰明确、整体设计要更加流畅，EAP 项目工作人员在进行问卷设计的时候，应该考虑得更全面，可以把尖锐的问题用柔性的语言来描述，做到不对研发人员造成不好的感觉。在节省成本方面也表现得很突出，所搜集到的信息也是比较完整的，通过这种方法得到的数据可以量化，最终的结论也可以定量化。

问卷一般由指导语、问卷题目、答案编码、加之其他相关信息构成。问卷题目和答案编码是调查问卷的主要构成要件。指导语又叫卷首语，放在整个调查问卷最前面，指导语一般包括问卷调查的目的、意义、研发人员在填写调查问卷时需要注意的事项；再有就是消除研发人员的顾虑，对本问卷的处理给出说明，如会保护研发人员的个人隐私、或以匿名形式进行调查等；指导研发人员怎样填写问卷，如果有疑问通过什么途径进行解决等。为了让研发人员愿意主动花时间去填写问卷，问卷指导语中一定表明问卷的目标是他们特别期待或需要的，指导语的书写一定要实事求是、语言简练、清楚地表达语义，以真诚平等的口吻解释说明调查问卷的必要性，尽量能够吸引研发人员积极参与。

问卷题目和答案有一定的逻辑顺序要求，一般会用编码来表示，编码可以是阿拉伯数字，也可以是英文字母大小写。编码一经使用，一般不会变，因为编码代表每一个题目对应的答案，是以后进行数据分析的依据，因此正常情况下，编码绝对不能改变，而且每个题目和答案只有对应的唯一编码。问卷中的题目分析和对研发人员的调查结果全部转变成一个编码，通过计算机软件对编码进行数据分析，针对编码对应的问题和答案进行数据处理，编制调查问卷报告。

问卷的编码按照一定的规律编写研发人员的相关信息，如调查的空间范围、职务类别、岗位类别、什么时间开始进行调查以及什么时间结束调查、问卷填写所用时间、调查完成情况、EAP 项目服务人员的调查情况、检查调查问卷完成情况、问卷的回收情况、研发人员填写的状态数据如何等。团队进行的调查问卷，要核实每个调查者的工作数量，衡量调查问卷的总体结束时间。这些细节都作为我们后续进行问卷数据分析的依据，以保证更真实地反映情况。

问卷题目的编码相对比较简单，有多少个题目就编写相应个数的编码，题目的答案也需要设计编码。

问卷答案的编码，因为题目设计一般有封闭型题目和开放型题目，封闭型题目一般在设计题目的时候就已经把每个答案进行了相应编码，开放型的题目一般是放在问卷的最后面，因为开放型题目的回答没有任何限制和要求，研发人员可以根据自己的理解和现状以及喜好来回答问题，这就对我们后面的分析带来了一定的难度，所以我们在问卷结束后进行数据统计和分析时，会对研发人员的答案进行分类编码，有利于我们后期的工作，因为是问卷调查后进行的编码，一般称为后编码，封闭型题目是在设计题目时就设计了编码，所以称为前编码。

问卷设计的末尾通常会附带结束语，结束语与前面的指导语互为呼应。结束语通常表示对研发人员配合调查工作进行致谢，可以用简短的语言来表示真诚感谢。当然，有些自填式问卷设计结束语用来搜集一些研发人员对问卷设计形式和问卷设计内容以及调查工作过程的意见及对问卷调查的整体评价等，以备后期改进问卷调查工作。

1. 问卷调查法的类型

（1）开放式问卷。开放式问卷通常是只设计问题，没有标准答案，也不提供给研发人员可供选择的备选答案，它的目的是让研发人员打开思路，不受任何限制进行工作叙述。或赞扬或抱怨，全部是研发人员在进行问卷填写时候的情绪情感状态的表达或者是自我的判断思考，我们从中也能看到他们对于公司的评价和态度。当然，在问卷调查实施过程中，这种开放式的题目不会设计太多，因为研发人员在进行问卷回答时，时间很紧张，而且让他们在工作之余长篇大论进行问卷书写，也是一种负担。所以这些开放式的题目一般是放在问卷最后面，而且通常不是必做题，是可以选择作答或者不作答的。

（2）封闭式问卷。封闭式问卷通常是由很多题目组成，可以设计单选题也可以设计多选题，所有的题目都设计几个可供研发人员选择的答案，研发人员可以从中选择最接近自己意思的选项，这样的问卷设计起来比较麻烦，但是对于被调查者研发人员来说，回答起来比较简单，不用思考太多，不用书写太多文字，只要按照答案去思考回答问卷即可。当然这种问卷的设计有一定的导向作用。

开放式问卷和封闭式问卷是两种完全不同的问卷设计形式，在工作应用中，我们都是把两种问卷形式结合起来，一般问卷的前端是封闭式题目，最后根据情况设计一个或两个开放式题目，开放式题目不宜太多。

2. 问卷调查法的优点和缺点

（1）问卷调查法的优点。可以在较短时间内从众多研发人员那里获得更多的调查数据资料，而且问卷的填写可以在工作时也可以利用闲暇时间，不占用研发人员重要的工作时间；问卷调查不受时间和空间的限制，可以在很短时间内对大范围的研发人员进行调查。

（2）问卷调查法的缺点。首先，问卷的编制是个技术活，需要EAP项目工作人员进行问卷设计时要注意从研发人员的工作基本情况出发，对工作问题进行深入设计，到研发人员个人的心理、情绪等各种心理信息数据的获得；其次，问卷的设计还要经过反复调研、反复验证，对问卷题目设计的有效性进行测算；再次，专业的问卷设计对于企业来说需要付出不少成本，实际进行问卷调查时，会因为每个研发人员对于设计题目的理解不同，而在理解上存在信息传递中的误差，离我们进行问卷调查的初衷比较远；最后，问卷调查的最大缺点是不能保证问卷的回收率，如果在进行问卷调查时问卷的回收率很低，那么这次的问卷调查就没有进行数据分析的必要性，因为数据不具有代表性，是小众数据。问卷回收率低可能与研发人员不配合有很大关系，EAP项目工作人员要进行调研，了解情况以改进问卷的内容或调动研发人员参与调查问卷的积极性。

3. 运用问卷调查法要注意的问题

调查问卷如果在理论层面考虑得非常完善，在实际进行问卷调查时证明这些题目的设计是适用可行的，这对于问卷调查工作是十分难得的，也是非常重要的，可以说问卷设计是调查问卷法的核心环节，如果问卷设计得完美适当，那么在调查过程中研发人员的积极性很可能被调动起来，进而提高问卷回收率。在很大程度上，一份详细有吸引力的问卷可以把研发人员可能造成的无意误差降至最小，进而保障EAP项目数据统计分析的效果对结果产生正面影响。为了顺利实现问卷调查的目的，我们在进行问卷题目设计时要遵循以下几项原则：

（1）通俗易懂原则，EAP项目工作人员所用的问卷题目和答案的设计要让研发人员一看就懂，不要用很多艰涩难懂的文字，也尽量不用生僻字，或者过于专业的词语。

（2）简单性原则，在进行问题设计的时候，尽量一个题目表达一个意思，不要把两个及以上意思的问题混在一起，使研发人员难以理解，容易引起错误，做出不切实际的回答。

（3）简明性原则，语言尽量简练，把要说的意思表达清楚就可以，也不要用很多修饰语。

（4）准确性原则，在设计问卷题目时要保证问题表述准确，不要用模棱两可的文字来描述，也尽量不要用感情色彩浓厚的文字。

（5）非否定性原则，在设计问卷题目时尽量不要用否定句，要用简单的肯定句来描述题目，否定句有时候理解起来有难度，特别是在限定时间内做问卷，题目设计越简单易懂，问卷结果就越理想。

（6）客观性原则，在设计问卷题目时要用客观的语言，不要把自己的观点放到题目里，也不要有引导性的文字。

另外在设计问题答案时也要注意遵循以下原则：

（1）互相排斥性原则，在进行问卷答案设计时，要保证各个答案之间的意思表达是互相排斥、互相矛盾的。不要在答案里出现意思重复或重叠的现象，会让研发人员无所适从。

（2）表述完整性原则，要把所有的可能都罗列到答案里，尽量不要留有空白，即使没法做到完全囊括所有的可能，也要把主要的意思包括在内。

（3）层次一致性原则，所有的答案都必须在相同的层次上说明问题，如果层次不同就没有可比性，完整的概念范畴就会不同。

（4）可能性原则，要站在研发人员的立场上考虑问题，尽量能够引起他们的兴趣，让他们发自内心地愿意回答问题。

（5）相关性原则，把问题和答案设计为一问一答的形式，必须做到问答对应题目和答案内容高度相关。

（二）访谈法

访谈法是指 EAP 项目工作人员和研发人员进行面对面谈话，这个谈话可不是闲聊，而是有计划、有提纲、有目标的面谈，是为了了解研发人员的基本情况，如工作状态、对工作所持有的观点、自己的心理倾向性、心理压力以及通常是怎样应对压力的。访谈法根据访谈对象、访谈内容和形式的不同，有不同的分类。按照访谈的人数，可分为个体访谈和团体访；按照访谈的标准化程度，可分为结构型访谈和非结构型访谈等。这些形式要根据具体的访谈对象、访谈的目的等灵活运用。访谈法的应用范围很广，如果条件允许可以随时随地进行，而且通过访谈可以收获很多别的方法得不到的数据信息等，如访谈当事人的微表情变化、访谈时的态度及身体语言等，所以EAP项目工作人员比较喜欢用这种方法。

1. 访谈的内容及形式

（1）访谈的内容。

①岗位目标，企业设立每个岗位的目的是什么，通常怎么核算岗位的薪酬。

②岗位内容，研发人员在岗位上主要的工作内容是什么，他们的工作内容对于企业目的实现有多大贡献。

③岗位的性质，岗位属于组织结构的哪一层级或哪个部门，它的主要上下级是什么，所要求的主要资格条件是怎样的。

④工作职责，本岗位的主要职责是什么，在企业、部门及执行方面的分量如何。

（2）访谈的形式。访谈有三种具体形式，即团体访谈法、个体访谈法、主管领导访谈法。团体访谈法是在企业里同多个研发人员进行面谈，或者同所有岗位的人员同时进行面谈，由EAP项目工作人员进行引导，参与面谈人员根据问题来叙述，以此获得相关信息的方法。

个体访谈法是EAP项目工作人员每次只选择一位研发人员进行面对面谈话，通常是一对一访谈，这种情况适合于很多人做同一种工作或同一类工作的情况，以较少的样本来说明一些岗位的基本情况。集体访谈通常是一个访谈者对应多个被访谈者，让大家各抒己见。主管领导访谈法可以是团体访谈，也可以是个体访谈，主管领导访谈法是通过与一个或多个主管领导进行访谈，如果主管领导可以做到公平公正的评价，那么会有很大的收获；如果主管领导不客观，那么项目组搜集的数据也不准确。

因为在实际调研中，有些岗位的员工描述的岗位情况与主管领导描述的情况不一样，甚至大相径庭，这就需要EAP项目实施者独立思考，综合手中的资料，进行综合研判、权衡后得出结论。这个过程不仅需要科学的分析方法，还需要人际沟通技巧来很好地协调研发人员与主管之前的关系。

2. 访谈应该注意的问题

（1）访谈法能否成功主要取决于在访谈过程中能否主动获得研发人员的信任。只有在互相信任的基础上，才会促使研发人员敞开心扉，把自己最真实的想法和行为表现出来。

（2）营造和谐舒适的氛围，让研发人员能够在一种轻松愉快的气氛下进行畅谈，态度要和蔼，访谈时使用礼貌用语，要尊重研发人员，引导激发他们想要表达的愿望，使被访谈者持有一种正确的认识和态度，最大程度上理解和支持访谈工作，不能使他们有种被考核的错觉，消除各种误解，从而保证获得信息资料的真实性、可靠性。

（3）准备访谈清单，EAP 项目工作人员可以根据清单进行一一提问，并把握好提问的节奏，给研发人员一定的思考时间，在进行提问时，也可以先问既紧急又重要的问题，再提问紧急且不重要的问题，然后是重要而非紧急的问题，最后提问不重要、不紧急的问题。在提问过程中一定要做到语言流畅清晰，尽量用普通话，涉及隐私的问题尽量不要提。

（4）在工作过程中会有偶然事件产生，他们在正常工作之余，要处理这些偶发工作，这些非常规工作也要按照轻重缓急一一排列进行，这样才能真实反映研发人员的真实工作状态，而不仅仅是岗位说明上写的那些文字。

（5）访谈结束后，要请研发人员及其主管领导浏览核对搜集的信息资料，对获得的资料认真检查与核对，并有针对性地做出适当修改与补充。

3. 访谈法的优点和缺点

（1）访谈法的优点。其一，访谈法因为是当面沟通交流，如果出现回答问题不清楚时，访谈者可以通过多问几个相关问题引导对方把问题描述清楚，这样可以保证获取数据的准确性，同时也有利于面对面核实问卷调查中填写不清楚的内容；其二，面对面访谈可能因为一个问题，扩展到其他很重要但是我们由于忽视而没列入问题清单的重要问题；其三，访谈者按照逻辑顺序提问，避免漏题或离题太远；其四，如果被访谈者不配合，我们还可以进行当面劝导，用我们的热情和诚恳获取对方的信任；其五，通过当面详谈被访谈者工作的一些信息，也会给对方营造一种被重视的感觉，也是员工参与管理的一种形式，有利于培养员工对企业的忠诚度；其六，面对面语言交谈适用于文化程度比较低、对文字理解有差距的员工。

（2）访谈法的缺点。EAP 项目分析人员对研发人员固有的观念会影响对分析结果的正确判断。而问题回答者出于自身利益的考虑或者有所顾虑而不合作，访谈者面对面的交谈有时会给被访谈者造成一定的心理压力，使得对方因为拘谨或者思路不清晰，获取不准确的数据信息；访谈者可能会因为对某个问题形成思维定式，或者是受到自己主观倾向性的影响，不能客观接收对方的信息，造成信息失真；被访谈者可能会出于自身利益的考虑，故意夸大自己工作岗位的重要性，导致接收的信息不准确；访谈工作花费的时间比较长，花费访谈者的精力也很多，特别是个体访谈需要较多调查人员；访谈法不能单独作为信息搜集的方法，必须和其他方法一起使用才合适。若EAP项目实施者和研发人员没有具备互信的前提，这种方法的可靠性就会受到质疑。

访谈法花费时间较多，不容易实施，所以，研究对象只能限于少数人。另外，访谈时研发人员只是口头进行回答，有时候显得有些随意，因此只凭谈话所取得的资料，就对研发人员的工作情况妄下结论，有点武断，因此访谈法最好与其他方法一起运用，互相补充，互相印证，得到的数据才可能是比较让人信服的。

三、文献研究法

文献研究法是通过查阅文献进行研究的方法。文献资料可以通用，也可以专用；可以是企业外部的文献资料，也可以是企业内部的资料。总之是为了满足我们对研发人员开展EAP项目实施的需要，如我们通过查找企业内部的文献资料了解本企业研发人员的历史构成情况、研发人员流动情况，从而判断企业对于研发人员的激励措施效果；我们也可以查找本地区、本行业研发人员的比例结构来判断本企业研发人员的结构是否符合时代特点。文献研究法是常用的一种方法，现在所用的文献资料不一定是纸质的，也可以是电子的。

文献研究法包含五个基本环节：提出研究课题或假设、研究的设计、搜集文献资料、整理文献资料和文献综述。提出课题或提出假设指依据现有EAP相关的理论、事实及需求，对相关研究资料或文献进行分析整理或重新归纳研究的构思或设想。研究设计首先要创建研究目标。研究目标是指使用可操作的定义方式，将假设或课题的内容设计成可操作的、具体的、并且可以重复的文献研究行为。我们通过对IT企业研发人员进行EAP项目的设计，旨在解决这一类企业核心人员的人力资源合理利用、留用和开发的问题，以取得他们最大的使用价值，这对于IT企业解决科研或研发人员的人力资源管理问题具有广泛的适用意义。

（一）文献研究法的主要优点

（1）文献研究法超越了时空限制，通过对各类古今中外文献资料进行深入调查，进行广泛而深入的社会情况研究，这一优点是其他调查方法不可比拟的。

（2）文献研究法是一种非介入性的间接调查法，它只对各种文献进行调查和研究，而不与被调查者直接接触，也不介入被调查者的任何反馈。这就避免了在直接调查过程中经常发生的调查者与被调查者在互动过程中可能产生的种种反应性误差。

（3）文献研究法主要是书面调查，如果搜集查阅的文献资料是真实的，那么就能够获得比口头调查更准确、可靠的信息，就能避免口头调查可能出现的种种记录误差。

（4）文献研究法在使用过程中体现了方便、自由、安全的优势，文献调查受外界或其他因素制约较少，只要找到了所需要的文献资料就可以随时随地开展研究。即便是出现了错误，也可以通过复查复研进行弥补，故而安全系数较高。

（5）文献研究法不仅省时、省钱，而且效率高，文献调查基于前人和他人的劳动成果，是知识成果获取的捷径。它不需要大量研究人员和特殊设备，只需用比较少的人力、经费和时间，就能获得比其他调查方法更多的信息。因此，它是一种效率比较高的调查方法。

（二）文献研究法的其他要求

我们搜集的文献资料应尽量客观、中立、全面，不能持有主观的、偏执的、片面的观点；文献资料要与我们的论文评价等协调一致，而且要有比较强的针对性，在使用文献资料时尽量提纲挈领，突出我们论述的重点，既不能断章取义，也不能全篇照抄；在使用较多的文献资料时建议适当地运用统计图表的形式直观地说明问题；更重要的是研究人员的思想要独立，不能与文献的观点直接混淆。

四、案例研究法

案例研究法是通过对已经发生的、现实的典型案例进行研究，来分析推测未来事情的发展趋势以及同行业未来发展战略的研发方法。案例研究法在我国兴起比较晚，经济管理类的案例研究我们是从西方学习引进的。对于 EAP 项目来说，案例研究就是工作人员选择一个或几个研发人员作为典型的案例进行研究，全面分析他们的身心特点，结合当前他们工作的状态，比较持久深入地进行跟踪研究，获得从事这个职业的人员的身心特点以及他们所处的职业有哪些压力，当研究积累到一定数量时，会把研究结果用于研究其他研发人员，来验证研究结果是否有效。当然在整个过程中，选择具有典型特征的研发人员是非常重要的，因为选取的样本会直接影响研究结果的倾向性，所以 EAP 项目工作人员在选择典型样本时，最好从各个方面全面考虑、了解信息。可以从整个职位群体中选择，也可以从不同企业的群体中选择，还可以借鉴第三方专家的意见，也可以咨询研发人员主管领导的建议；应该尽量在自然状态下展开研究，可以采用观察工作行为的方法，也可采用查阅企业人事档案资料的方式，更详细地了解样本的特点。在整个观察过程中，要及时记录他们有意义的典型行为及特点，借助各种环境分析，来还原本来的客观情况和加入主观意识后的变化。案例研究更多的是描述性的语言，很少有定量化的计算，我们最后的结果应该更详细描述职位的基本情况及所受到的各种压力情况，以及描述典型样本在其中的表现。工作人员搜集到足够的数据资料信息后，就形成了一个典型的案例分析，用这个典型案例分析来推及他人及其整体职位的特征。案例分析法具有时代性，每个典型案例都会处在特殊的内外部环境中，还要会用动态的方式来具体应用案例分析的方法。

（一）案例研究法的主要流程

1. 设计框架

（1）主导研究的主要观点是什么？每项研究都是一个项目团队，但是会有一个主导研究的项目主管或主要研究负责人，他的主要观点会影响未来研究的导向，这个导向很可能是主要研究负责人现在研究的理论基础，或是他的理论假设，在后续的研究中，他可能带领团队进行这种理论的实际验证或者是对假设的验证，以获得更多支持他观点和主张的证据。

（2）研究的问题是什么？研究过程中需要重点研究什么问题、得出什么结论、完成什么研究目标，从这些问题中我们就可以找出研究中利用案例研究法是为了说明什么问题，或者通过研究不同的案例能够得出什么规律性的结论。

（3）验证研究得出的结论。把理论得出的结论用于案例中，看看在实际运行过程中，是否是按照理论研究的路线进行，如果是，支持理论研究的结论；如果不是，也可以帮助修正理论研究。

（4）连结理论数据及假说的逻辑。把理论假说的观点放到案例中，用案例中的实际数据来说明验证假说，经过案例为假说提供实际数据的验证，假说就成了事实的理论。

（5）案例实施单位。案例提供者可以是一个企业、一个行业、一个单位以及个人。当然案例可以隶属于一个企业，也可以几个企业合作进行开发，大家共有体系，共同提供实验数据，共享实验成果。

（6）确定案例研究数量。确定案例研究的数量，主要是看理论研究需要数据的多少及所需样本的大小。如果理论假说研究需要多个样本来支持才能得出结论，那就必须提供多个案例研究，提供更多的数据支持理论研究；如果理论假说研究需要单个样本或较少的数据来支持验证，那就可以提供一个案例研究。一般在以下情况可以提供一个案例研究：一是理论假说已经基本得到验证，大多数数据资料已经具备，基本是成熟理论，只需要突出关键性的案例进行说明，这时候可以提供一个典型的案例研究进行验证即可；二是有些理论假说是比较偏执或极端的，这样的极端理论需要极端的案例分析，但是这种极端的案例并非遍地都是，而且极端理论对案例参与者的实际生活会产生很多负面影响，这种情况一般会选择一个案例研究，不会提供多个案例，也没有那么多的志愿者愿意加入研究团队；三是有些理论假说目的不是建立一种游戏规则和规章制度，而是揭露现实中险恶的一面，这种研究具有一定风险，所以很多情况下是需要一个案例来说明问题。

2. 确定选择什么样的案例

案例的选择主要取决于要研究什么样的问题以及理论研究的需要，如 EAP 项目工作人员要研究 IT 研发人员的心理状态和心理压力，一定会选择高新技术行业的研发人员作为案例研究的对象，绝不可能选择传统制造业的人员作为案例研究的对象。另外，需要寻找多少个案例进行研究来说明理论，就需要具体问题具体分析。

多个案例研究区别于单个案例研究，除了对多个案例进行分析之外，案例与案例之间还存在一定联系。案例内的研究分析是把每个案例当作一个整体，在整体内进行案例内环境的分析，得出一个个独立案例内分析的数据资料；案例与案例之间的分析在单个案例内分析的基础上，把对它们的分析结果结合起来进行分析，看看有无相同的规律或者是特别不同的地方，找出相同或不同的原因，找到解决措施。因此多案例研究的结论可以是多个案例内研究得出的一致性的规律，也可以是多个案例间得出的不同结论。

3. 搜集资料数据

案例研究搜集到的数据有以下五种：

（1）档案记录，选定某个案例研究主体，查阅主体的相关资料数据，可以是企业的存档记录，也可以是与政府部门打交道时留下的相关资料，还可以是与合作伙伴签订的合同资料等，通过这些资料都可以追溯这个案例主体的发展历程。当然在进行档案数据查询时，也不要完全相信档案记载的内容，还要通过各种其他途径的数据互相印证记录内容的真实性。

（2）文件，文件的形式一般有纸质版和电子版，案例研究能够搜集到的纸质版文件有企业内部的纸质档案，与合作伙伴签订的纸质合同等；近几年的文件更多是电子版的，特别是IT企业研发人员的档案几乎都是电子版的，有些企业既有纸质版的又有电子版。

（3）通过访谈获得的案例分析的信息资料，EAP项目工作人员可以根据案例研究的具体需要采用不同形式的访谈，如个体访谈、团体访谈等。无论是选择个体访谈还是团体访谈，都是为了获得案例分析的信息资料，只是获得的资料多少不同，如果想同时获得更多的信息资料，可以选择团体访谈方式，如果想获得更加深入的信息资料，可以选择个体访谈的方式。

（4）现场观察，案例研究的许多素材需要工作现场的资料，EAP项目工作人员就需要到工作现场进行实地考察，为案例分析积累更多的现场工作资料。

（5）实体的人造物，这是企业文化的实体表现形式，对案例进行分析，除了需要物质基础、制度体现外，还需要精神支持，精神方面主要体现在企业文化的建立上。在建立企业文化的过程中，会有体现文化内核的人造的实体物，这些标志着企业文化的载体在案例研究中有特殊的意义。

4. 分析数据资料

案例研究通过观察法、访谈法等获得各种各样的信息资料，如文件资料、数据资料、表格资料、图片资料等。首先，对这些资料可以按照属性进行分类，也可以按照呈现形式进行分类。不同的分类有不同的用途，按照属性进行分类，有利于对同一属性的内容进行整合分析，做出总结性结论；按照信息的呈现形式进行分类，可以统计用多少方法进行了案例的调研，回收了多少种类的资源。其次，分类结束后，开始对分类资料进行统计分析，包括数量统计、持有观点数目等，根据案例分析所要达到的目标罗列提纲，根据提纲进行各类数据统计。每类数据单独统计结束后，各类数据还要交叉统计，因为各项数据之间可以互相支持、互为补充。再次，对所有数据资料进行整体分析，从总体上把握本次案例调研所获得的资料总计；也要把特殊个体资料进行单独罗列，以备后期作为典型案例进行重点说明。最后，分析完毕所有资料，以备后期撰写案例分析报告。

5. 撰写案例分析报告

案例研究的结论呈现方式通常是案例分析报告，这个分析报告一般包括案例背景、案例发展历程、现状的描述、调研过程、数据统计分析过程、结论与建议。当然也不是每个分析报告都包括这些内容，可以根据需要进行删减，因此，在撰写报告时格式比较灵活，一般没有特别严格的规定，除非相关委托者有特别的格式要求。

（二）案例研究法的注意事项

案例研究是对案例中呈现的材料进行一一剖析，从案例的背景资料入手，分析案例中企业的发展历史、发展壮大的过程、现在的发展情况、预测未来的发展趋势等，从人力、物力、财力等多方面进行分析，对于案例中没有呈现的资料，研究者还需要通过各种方法进行调研，案例研究的整个过程需坚持科学性、客观性、真实性、原始性的原则，保证案例研究报告的客观公正，保证案例分析结果对行业或其他企业有很好的借鉴意义。

案例研究也有其自身的局限性。综合来说，案例研究的局限性包括以下几点：

（1）定性化评价的主观性。案例研究的结果呈现一般是案例分析报告，虽然我们说整个案例研究过程遵循很多严格的原则，但是遗憾的是整个研究过程没有一套可以定量化的标准，几乎全是定性化的总结描述，这样案例的分析结论就很难避免掺杂研究者的主观评价和态度，虽然尽量做到公平公正，但是完全绝对是不可能的。因此我们在查阅案例研究报告时也要把这个因素考虑进去，以获得更加接近真实的报告。

（2）费事费力。案例研究的过程持续时间比较长，因为要把案例的方方面面理顺，统计分析很多信息资料，即使是现在有了电子设备的协助，还是需要录入原始数据资料，不可避免地要用到很多人力去做特别烦琐的事情。

（3）结果的主观性。案例研究的过程资料处理缺少定量化的指标，案例分析报告的书写是对分析过程资料的归纳总结，归纳总结也不是定量化的方法，而是定性化的概括总结，因此，案例研究的结果呈现也会有主观性。

五、心理测验法

心理测验法是心理学研究搜集数据、分析资料的方法之一。心理测验是一种可以量化的方法，通常是研究个体行为的工具。心理测验法常常用于测试研发人员的某个心理特质或心理水平。根据研究者研究目的的不同，EAP项目实施者利用此法了解研发人员的某些心理状况，心理测验可以分为智商测试、性格测试、职业适应性测试及人格测试等。智商测试的主要目的是了解研发人员平均的智力发展水平；性格测试是为了了解研发人员的性格特点，便于以后进行相应的解决对策；职业适应性测试是为了了解研发人员是否有特殊能力能够帮助企业取得某些成绩；人格测验是为了了解研发人员在工作期间的各项心理特点及行为特点。

EAP项目实施者采用心理测验法的主要目的是：第一，用此法可以测定不同的研发人员在进行工作行为时，他们的个性特质等对工作绩效的影响是怎样的，哪些个性特质是影响绩效的主要因素；第二，研发人员的多种工作行为之间是否有联系，这些行为背后有什么特殊的含义。运用此法要进行多次实验，以验证所得数据的准确性和科学性，这种方法虽然有不好的地方，但是这种方法应用比较广泛，大家都喜欢通过这种方法来更多了解自己，了解各种行为与性格、个性等之间的关系，自己的职业生涯该怎么规划，自己的性格适合做什么样的工作等。

对IT企业研发人员进行EAP项目的设计与实施，就必须对这群有着超高智商和创新性的个体进行相关的测试，但是因为人心理活动和状态特别难揣摩，EAP项目实施者不要仅用一种方法来获得数据，而应该通过各种方法，获得更多的数据，来互相印证、互相支持、互相说明，才能得出结论，使得我们的研究成果能够具有更好的应用性。

第四节　创新之处与借鉴意义

研发人员作为IT企业竞争力的核心和关键，对于IT企业发展的重要性不言而喻，他们往往具有较高的学历和知识水平，对于专业上的问题都很擅长，可是一旦遇到了与人打交道的事情就不知道该如何是好，处理不当就会造成心理困惑，长期积累必然影响心理健康。因此，对于研发人员来说，需要关注他们在专业之外的东西，开展心理健康的辅导，使他们学会自我调节。

本书以IT企业研发人员这一特殊群体的职业环境作为研究对象，运用心理学、管理学、组织行为学中的相关理论，对这一群体的职业环境进行了系统详细地调查分析，针对职业环境、人力资源管理制度等对员工个体和组织的不利影响因素提出了相应的干预措施，基于EAP项目的团体和个体设计的创新性，为IT企业研发人员健康成长、IT企业人力资源的可持续发展提供了科学指导，进而为软件产业人力资源管理提供了系统的方案。更深一层意义旨在抛砖引玉，希望业界同人在此基础上做更深层次的研究。

第二章
相关理论综述

第一节 人性需求理论

一、马斯洛需求层次理论

需求层次论是研究人的需求结构的一种理论，是美国心理学家马斯洛（Abraham h. Maslow，1908—1970 年），在 1943 年发表的《人类动机理论》（*A Theory of Human Motivation Psychological Review*）一书中提出的人类需要层次论学说。这个学说把人类的需求分为五个层次，从低层次到高层次依次是生理需求、安全需求、社交需求、尊重需求和自我实现的需求。这五个层次的需求构成了一个正金字塔式的需求结构，越低层次的需求就有更多的人能够实现和满足，越高层次的需求就有更少的人能够实现和满足。马斯洛认为：已经得到满足的需求对于人类就没有激励作用了，只有未满足的需求才能对人类起到激励作用。现代企业管理者都在积极研究员工未得到满足的需求有哪些，从而制定激励制度，这种制度就是在这个学说的引导下做出的。马斯洛的需求层次理论是提出最早、至今都在影响管理者做决策的激励理论。其结构如图 2-1 所示。

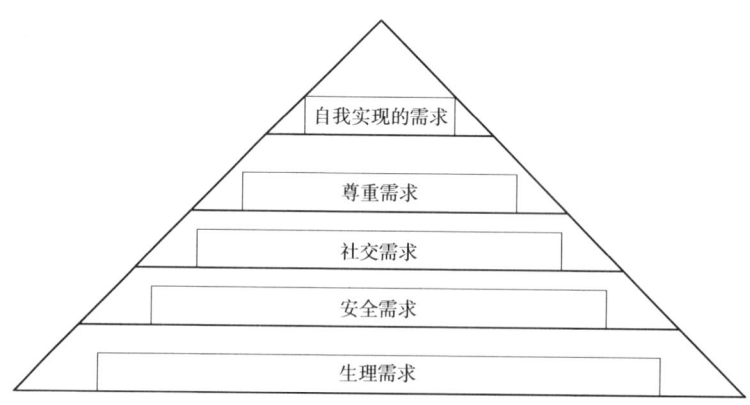

图2-1 马斯洛需求层次理论结构

（一）生理需求

这是人类维持自身生存的基本要求，包括饥饿、口渴、穿衣、住宿、出行等方面的需求。人类如果要活着，就必须要满足这些需求，如果没有得到满足，人类也就不存在了，就没有必要谈论其他需求了。因此，生理需求是人类最原始、最基本、最重要、最迫切的需求，此需求如果未得到满足，它所激发的人类的动力会是特别强大的，是为了生存而战。但就现实而言，这些需求人类已经基本得到满足了，就不能成为激励因素了。

对于生命个体来说，生理需求也是最基本、最原始的，它包括个体生存的最基本物质，如对食物的需求、对水资源的需求、对空气的需求等，个体必须先实现了这些需求，才可能追求较高层次的需求结构。

（二）安全需求

安全需求是第二层次的需求，比生理需求要高一个层次。这一层次的需求更多侧重于人类对安全的需要，如生活保障、安全稳定等方面。第二层次的需求也是特别迫切的，如人身安全在受到威胁时，自我保护的欲望就特别强烈，因此企业必须在保证员工人身安全和预防职业病方面下足功夫，也要制定相应的政策保证员工面临失业时该得到的损失，国家规定的"五险一金"就是为了满足员工的安全需求。马斯洛认为，人作为一个有机体，本身就有自我保护、追求安全的功能，如我们的眼睛有异物进入，泪腺就会自动分泌泪液，以起到润滑作用，避免异物伤害眼睛。

对于一个没有安全感的人来说，外界环境中每一个作用于有机体的刺激物，都或多或少易于被以一种不安全的方式来解释。我们通常会看到，安全感强的人具有较高的自我认同感以及较高的对内、对外的接纳性，而极度缺乏安全感的人往往在内心深处藏有强烈的自卑感和敌对情绪。

（三）社交需求

社交需求又称为爱与归属需求，包括对人际交往、对群体或家庭的依赖、对同事的友谊和异性的爱情等方面。这一层次的需求包含两个方面：其一，归属的需要，人类是群居动物，每个人都会不自觉想加入某个群体而不使自己感到孤单，这种孤单并非仅仅是身体上的，更多的是心理上的温暖。在群体生活中，彼此间有个照应，特别是当人们遇到难题时，需要寻找群体成员的帮助，互相谈心，互相安慰，互为补充，集思广益。从现代意义上说，在群体中，大家都有自己的优势，做到优势互补，大家才能共同成长进步；其二，友爱的需要，友爱就是朋友之间的爱护、关心，每个人都有交朋友的愿望，如在学校同学之间的友爱，在工作中同事之间的友爱等。这种需求满足了，我们的人际交往就顺畅，人际关系就和谐，企业文化就友好，工作氛围就美好，除了这种一般的友爱，还有一种特殊的爱情，每个人都希望找到爱情的另一半，陪伴自己度过美好的人生。

为了追求更高质量的物质和精神生活，人们在社会活动中逐渐形成并升级了自己对更高层次的物质生活的需求，如对劳动、科学、社交、艺术、文化、政治生活等的需求。

（四）尊重需求

尊重就是对个体人格和自身价值的肯定、赞同。尊重人的基本权利和义务、尊重人在自身发展中的主体地位、尊重人的价值。尊重人就是给予对方以肯定、敬重、尊敬，维护别人的尊严，就是承认并认真严肃对待个人或社会团体的社会价值和道德价值的认识及自我肯定，承认人的生命价值和道德价值。尊重的内涵有五个方面，即尊重他人、尊重自己、尊重自然、尊重社会、尊重知识。

自尊，顾名思义就是自己尊重自己，每个人都觉得自己一定能做到自尊，每天都在寻求获得他人的尊重，实则不然，自尊实际上又叫内部尊重，自尊的表现有充满自信、给自己提供更多展现自我的机会、遇事不要退缩、敢于担当等。自尊看似简单，实际上很多人在日常生活中做不到，做不到的原因更多的是因为害怕、担心自己做不好，正是这种担心耽误了很多人敢于表现自己的愿望，失去了很多机会，这就是没有真正做到自尊。他尊，就是外部尊重，希望在日常生活和工作中获得他人的好评，所以自尊和他尊是互相联系的，他尊是以自尊为基础，如果没有给自己提供展示自己能力的机会，怎么可能会做好而获得别人的好评呢？只有真正做到了自尊，才可能获得他尊。他尊又会反过来激励自尊，他人的好评激励人不断地进步，提升自己，自己对自己的评价就越来越高，自尊感就会越来越强。我们通常所说的自卑，就是典型的不自尊的表现，不能真正客观地评价自己，而是妄自菲薄。

（五）自我实现的需求

自我实现的需求就是实现自我的愿望，实现自我价值的需求。要想实现自我价值，首先要了解和熟悉自我追求的目标和自我的能力，如果有了非常强大的能力，但是没有要追求的目标，那也是浪费了能力；如果有了自我追求的目标，但是没有客观评价自己的能力，也会给自己徒增压力。因此，人们在工作中不断地实践，不断地挖掘自己的潜力，把握自己的能力，有能力去争取适合自己的岗位，在岗位上充分发挥自己的能力，做最优秀的自己，这个过程就是自我实现的过程。如果自己的能力与目标相差甚远，也可以有意识地克服困难，提升能力，尽量朝着目标去努力,这个过程也是快乐的。整个人类的发展史,就是不断颠覆原来的自己,不断刷新原来的认知,不断地大踏步向前迈进的自我实现的历史,从钻木取火到机器大生产到互联网到智能大数据时代等,都是人类不断满足自我实现需求的典型说明。对于个体也是一样的,我们在不断奋进的过程中,不断发展自己,不断完善自己,不断前进,每天都掌握不同的技能,每天都在为创造美好的明天而努力,这就是在享受自我实现的过程。

人在不断实现自我价值的过程中,逐渐了解自己,发现自己的潜能,更加悦纳自己,自己在这个过程中享受快乐的同时,也不断地从他人身上学习新的能力和技能,不断地接纳他人,学会与他人相处的技巧,越来越独立自主,善于独立思考,不受其他人思想的约束,也越来越喜欢独处,个人认为,这是自尊的高境界,所以在实现自己价值最大化的过程中就会做到最大的自尊。这种需求的满足大多是建立在通过自己的努力而完成某项目标之上。他有着自己的理想和目标,为了实现这一理想或目标,他会通过个人的努力,解决一个个困难,在克服困难达成目标的整个过程中,体会到了一定程度的胜任感和满足感,对自己有了更进一步的认可和接纳。当然在实际工作中,我们经常遇到为了追求自我实现,经常忽视或忘记了自己的低层次需要,经常自己照顾不好自己,反而满足不了低层次的需要,"废寝忘食"就是典型的证明。

马斯洛需求层次理论的主要思想为:

(1)需求和激励的内在关联。需求是内在动力,是内驱力,可以激发员工的工作动机,需求非常强烈,工作动机就很强,行为就会出现;反之,如果需求不足,动机就不强,行为就不会出现。

(2)马斯洛的需求层次理论学说认为,人的需求具有从生理到心理、从低到高、从物质到精神的先后不同的层次。正常情况下,人们一般会按照上述五个层次的先后次序来追求需求的满足。等级越低者越容易获得满足感,等级越高者越难以获得满足。在五个层次需求中,社交需求是中间层,起着承上启下的作用,人实现了自我温饱,会通过社交的需求,追求自我实现的需求,自我实现是人的最高需求,正常的心智成熟的人,都有追求自我实现需求的愿望,这样的人超级自律,能够自我控制,自我约束,可以掩盖自己其他方面的需求,来满足自我实现的需要。

(3)各级需求层次的产生和个体发育密切相关。处于幼儿期或儿童期最主要的需求是吃饱穿暖,对周围环境感到安全,如果满足不了这些生理需求、安全需求，他们就会通过哭来表达不满，所以这个时期的主导需求是第一、第二层的需求；中学生每天最在意别人的眼神，对方对自己的评价如何、有无好感等，他们主要追求的是社交需求和尊重需求的满足；处于中年期的企业骨干人员，经过年轻时的历练和打拼，有了一定的能力和资本，逐渐成为所在岗位的中流砥柱，各方面条件都推动着他们追求自我实现，所以这是他们的主导需求。需求不一定像马斯洛说的只有满足低层次需求才会追求高层次的需求，其实很多人在低层次需求没有得到满足的情况下，也会去追求高层次的需求，人们对需求的追求不是依次进行的，有时是动荡式的、跳跃式的。

（4）低层次的激励作用是有限的，一旦满足随即就没有了激励作用，但是高层次需求的满足有时候却是比较持久的，因为高层次的需求很少有人能够轻易获得满足，有极少的人能够满足最高层次的需要。据马斯洛统计，80%的生理需求和70%的安全需求基本都会得到满足；而只有50%的社交需求、40%的尊重需求和10%的自我实现需求能得到满足。

马斯洛的需求层次理论是从人的需求出发，研究人的各种行为的出现是源于内在的驱动力，这种驱动力就是需求，就是促使人们行为出现或改变的根本力量，只要抓住了人的需求，特别是人的主导需求，就可以促使员工做出有利于企业绩效产生的行为，从而改掉自己不利于企业运作的不好的行为习惯，这对于企业管理的激励制度开创了新的研究领域。这个理论提供给管理者一套系统的分析员工需求的框架，有章可循，也为我们自己了解自己提供了一套理论体系。当然在管理者实际运用马斯洛的需求层次理论时，也要具体问题具体分析，既不可以照搬它的层次分类，也不可以仅仅停留在这五个层次需求上面，可以根据时代的发展和员工个人的实际来寻找员工真正的需求，并适当给予满足，以调动员工工作的积极性。而且同样岗位的员工会因个性、家庭教育、价值观等的不同，他们的需求层次和对需求要求的满足程度不一样，这就需要管理者在共同规律的基础上寻求不同的特点。

二、人性假设理论

管理者持有不同的人性假设，他的管理方式和方法就会不同。对企业中的人性假设学说，美国心理学家和行为学家谢恩（Edgar H. Schein）总结了人性的四种假设，即经济人、社会人、自我实现人和复杂人的假设。还有许多行为学家也曾对"人性"有所论述，这里我们把有关人的假设进行分类说明。

（一）"经济人"假设

"经济人"假设源于20世纪初古典管理理论，古典管理理论以泰勒的科学管理理论为代表。他的理论观点来源于泰勒在工厂里做过的多次实验。他认为要提高生产效率，必须把人训练成"第一流的工人"，第一流的工人就是既有能力又有意愿努力工作的人，他们得到的培训机会更多。泰勒还把工人工作的动作进行标准化，将机器的标准化流程用于对人的管理。他认为，要使工人提高工作效率，就要不断地完善工作动作和操作流程，让员工像机器一样不间断地工作，来为企业获取最大的经济效益。在这一理论的背景下，甚至有人发明了吃饭机器，为了解放员工的双手让其能够不间断地进行工作，结果证明是失败的，因为人毕竟不是机器，而是操控机器的。

"经济人"又称"实利人"或"唯利人"。这种人性假设起源于享乐主义、物质主义，它认为人们发出行为的内驱力是最基本的物质需求，员工努力工作就是为了获得最大的物质利益，人最看重的是经济报酬，员工一旦犯错误，就要严重惩罚。美国的麦格雷戈提出的X理论就是对"经济人"人性假设的具体描述。其基本观点如下：

（1）绝大多数人参与工作是为了满足生理、安全的需求，他们的唯一目的就是物质利益，只有经济报酬才是他们工作的内驱力，所以，企业管理者要把握住他们的这一需求，用相应的物质刺激才能激发他们努力为企业工作。

（2）大多数人没有什么太大的追求，就想挣点钱过平常日子，没有什么太大的愿望，也没有什么太远的目标，普通员工都甘心干一辈子普通的岗位，没有想过还要升职，也心甘情愿接受别人的监督和指挥。

（3）大多数人都有自己的小目标，而且与团队目标相背离，员工也不想主动调整小目标与企业的目标达成一致，而是靠管理者用强制的方法、逼迫的手段，迫使员工调整，以适应企业的发展需要。为了企业的绩效目标的实现，管理者大多采用负激励管理员工。

（4）大多数人的本性是懒惰的，总是在管理者的惩罚和监督中才能干点工作，没有监督就立刻偷懒，从来不考虑工作问题，把工作放到自己的对立面，一有办法就逃避工作。

（5）经济人把人大致分为两类：第一类人，大多数人是符合以上四点的，没有目标、没有理想、没有责任、没有成长，总是止步不前干着受人约束、受人指挥、受人监督的工作，从没有想过改变现状；第二类人，恰好与第一类人相反，这类人有想法、有目标、有责任、有追求，不断学习寻求进步，自我鼓励、自我激励，能够主动承担责任，可以做到自我约束，为了目标的实现，积极努力，踏实能干，每天都能体验不一样的快乐。

笔者以为，"经济人"假设理论把人当作机器，认为人活着仅仅是为了温饱，而没有远大的理想，人的眼里只有经济利益，没有其他需求，这样的人或许存在，但是大多数人不是这样。人除了有低层次的需求，还有较高层次的需求，如追求工作关系的和谐，创造感觉舒服的文化氛围，每天都喜欢不一样的感觉，追求新的生活，不喜欢总是被压迫、约束等。负面的刺激不利于调动大多数人的工作积极性，这已经被无数管理实践所证明。

在"经济人"假设的前提下，企业管理者应该对不同的员工采取不同的管理方式。要根据员工的特点进行管理，基于员工喜欢金钱等物质利益，那企业就要用物质刺激或经济报酬来激励员工，促使其努力工作，调动员工的工作积极性。针对员工没有什么雄心大志，就不要花钱给他们提供学习和成长的机会，也不要对他们进行培训以提高技能，也不用担心他们因为能力太强而跳槽流动，这样的员工不喜欢成长进步，如果企业发生变革或改革，需要他们转变岗位，他们可能很难胜任，会面临被炒鱿鱼的风险。针对员工不喜欢承担责任，有事情就往后躲的心态，有重要的工作和机会还不能留给他们，因为他们肯定做不好，同时他们也就缺失了很多升职加薪的机会。在管理体制上，管理的重点通过严格的管控制度，惩罚措施，促使员工遵守企业的规章制度，鼓励员工的手段就是胡萝卜政策，即金钱刺激。如果员工工作中违反企业制度，要严厉惩罚。就是我们常说的"胡萝卜加大棒"的管理策略。

（二）"社会人"假设

梅奥通过霍桑实验提出了人际关系学说，这个学说提出了"社会人"人性假设理论，在20世纪20年代后期，逐步发展，渐渐成为主流影响力超越了泰勒的经济人假设理论。因为"社会人"假设理论弥补了经济人假设的不足，逐渐完善了人的需求构成，它认为："逻辑"思维特别重要，"理性"思考也必不可少，但是人作为感情动物，其工作行为的驱动力并非完全出自逻辑推理和理性思考，而是因为大家的喜好，喜好就是工作行为的推动力和内驱力。梅奥通过霍桑实验得知，人的社会性需求往往是推动人们努力工作的源泉，如果管理者满足了员工的社会性需求，员工对企业的工作环境就感到非常舒服，他们就会在舒服的环境下努力工作，提高绩效水平。所以管理者的重要工作就是寻找员工的社会性需求和心理性需求，通过满足这些需求来激发员工的工作热情和工作积极性。在此过程中，梅奥提出了非正式团体，非正式团体就是在企业组织结构之外，因为员工之间的感情或喜好自然而然形成的人际关系。在管理中，管理者要重视非正式团体，积极引导、发挥它们的正向作用，通过自然形成的、舒适的感情关系来带动工作关系的稳固，工作关系好了，工作效率就提高了。因此，管理者要重视培养上下级关系，调整同事之间关系，关心体贴下属，通过关系的纽带留住骨干员工，用感情的羁绊牢牢牵住员工，共同努力，为企业服务。

"社会人"假设是由梅奥在霍桑实验的基础上提出来的，"社会人"假设的基本观点认为：

（1）人愿意去工作是因为有人际交往的需要，需要通过交往交流克服孤独，这是人最主要的需求，因此可以说，社会需求、交往需求是员工工作的内驱力，他们喜欢在工作之余和同事沟通交流感情，发展更加密切的同事关系或者是朋友关系，从而获得团队的认同感和归属感。

（2）工业革命使得很多岗位被机器所代替，有些岗位工作本身对员工失去了价值，他们想从工作关系中寻求更多体现价值的事情，如通过交往，获得同事的肯定，满足了他们的自尊需要。

（3）非正式组织的存在，使得员工与员工之间因为自然的喜好或感情走到一起，他们平等相处，有共同的爱好，互相影响着对方的工作态度和工作积极性，有时候反而比管理者的经济刺激更加有效果。

（4）此人性假设认为人的工作动力取决于管理者能够满足他们的社会性需求，如果能够满足，他们的工作积极性就提高，工作效率也随之提高；反之，如果没有得到满足，他们的工作积极性就降低，工作效率也随之降低。因此，员工工作效率的高低完全受社会性需求满意程度高低的影响。

"社会人"人性假设理论提出的观点，要求管理者的管理方式是从员工的社会性、心理性需求出发，提供他们人际交往的机会，满足他们对关系的渴望，促使员工之间关系的相处，甚至还可以培训他们人际沟通的技巧，用以满足他们的需求，提高工作积极性，提升工作效率。与"经济人"假设的管理方式侧重于管控、监督不同，"社会人"假设要注意培养员工对企业的认同感和归属感，用团队式的奖励代替个体的奖励；不仅提供物质的奖励，还要注意给予精神需求方面的满足。

（三）"自我实现人"假设

"自我实现人"假设是马斯洛提出来的。所谓自我实现，就是把自我的价值充分挖掘出来，让自己的能力在工作中得到完全发挥，从中体验到人生的最大乐趣。"游刃有余""淋漓尽致"都是形容人在工作中体会到的得心应手、如鱼得水的快乐感觉。因此，每个人都可以去努力自我实现，只要找对了目标，通过自己的奋进，在适合的工作岗位上充分展现自己的能力，把工作做得尽心、开心，取得了应有的成绩，这就是自我实现。

麦格雷戈借鉴和吸取了马斯洛理论的精髓，在此基础上概括归纳了Y理论的内容，提出其基本观点如下：

（1）绝大多数人不像X理论说的都是懒惰、不求上进的。相反，几乎所有人都有自己的理想和目标，都愿意为之奋斗，通过努力工作来获得更好的物质条件和精神条件，以期在更高的工作平台上发挥自己的潜力和能力，实现自己的生活目标和人生价值。

（2）企业管理者用监督、约束等手段管理员工，并不能很好地调动他们的工作积极性，要提高工作效率，必须从员工内在寻找激发潜力的方式和方法。因为一旦被激发出来，他们会进行自我控制，主动约束自己，在有限的时间里进行更加有意义的事情，如不断地学习提高自己，不断地努力工作以改善生活条件等。

（3）员工在工作中遇到困难，一般情况下可以求助于管理者，但是大多数情况他们可以克服困难，独自面对困难，解决困难，这也是人生价值的重要体现。这个过程员工会调动自己的积极性，寻求和调动可以提供帮助的一切资源，发挥自己的聪明才智，创造性地解决工作上的难题，获得大多数人的尊敬，成为行业内的能手。

（4）在企业管理中，管理者采取了合适的管理制度，调动了员工的积极性，员工可以在工作中积极参与企业的事务，包括参与企业管理，愿意主动承担责任。

（5）在自我目标与企业目标一致的情况下，员工在帮助企业实现目标的情况下，就顺利实现了自己的目标。如企业盈利的情况下，也会回馈员工，给予员工相应的物质奖励和精神奖励。这样就实现了双赢。

（6）在各种内外部环境条件的约束下，人们的能力发挥很可能达不到全部的程度，只能在有限的条件和环境里得到有限的发挥。除非各方面条件都允许，人的潜力才能充分发挥出来。

因此，在现代企业管理中，管理者的主要任务是给员工提供更加宽松的思考平台，更加规范的管理体制，更加公平的竞争平台，提供更加适合发挥员工能力的外部设施设备和软件技术，激励员工挖掘自己的潜力，充分发挥现有的能力，提供不断学习提升能力的机会，使员工为了实现自己的愿望和企业的目标努力奋斗。

（四）"复杂人"假设

"复杂人"人性假设理论是由劳伦斯等人提出的。源于20世纪70年代初。此理论认为，人的思想是很复杂的，每个人都有不同于别人的心理特点和内在需求。而且随着外部环境和内部环境的变化，人的需求还会不断发生变化，有时候连自己都想不到未来的变化，所以人是复杂的。管理者不可能用同样的激励措施对所有的员工都能起到激励效果，只能根据人的想法的复杂程度，因人而异，因时而变。

以上四种人性假设在某些方面有其一定的道理，但是也有一定的局限性。所以管理者选择用何种管理方法要根据内外部环境条件的变化而改变。如在一定条件下有些方法有效，但当条件变化了，有些措施就失灵了，必须根据时间、地点、条件等的变化而相应进行改进。这种复杂性不仅体现在不同的人身上，即使是同一个人在不同的时间、地点，随着学识、学历、地位、经验等的变化，他的想法也会随之而变。所以变化是常态，不变是止步不前。人与人之间的关系也是处于不断变化中的。因此，根据上述对人性的分析，提出了新的理论，称为"超Y理论"，其基本观点如下：

（1）即使在同一个时间，人也有各种各样不同的想法和需求，哪些需求决定人的行为，需要根据情况进行分析。在所有的需求中会有主导需求，主导需求是一个或几个，通常是需求之间互相作用，形成复杂的综合动机。

（2）人都有多种不同的需求并存，即使是同样的需求，不同的人满足需求的方式和行为也不同。这就是人的复杂性，而且随着人们所处环境的变化，人的需求也会随之发生变化。

（3）人会随着岗位的升降变化，需求结构也会发生变化，随着日常生活条件的变化，人的需求内容也会变化。

（4）人有不同的需求，有不同的能力，企业管理者在进行管理和激励时，不同的人在同样的制度下有的表现突出，发挥特长，升迁很快，有的表现不好，并非能力低下，而是同样的制度对他可能就是阻碍。因此，管理是一种艺术，针对不同的人要用不同的方法进行管理，才能发挥每个人的特长。不存在适合于所有企业、所有员工的管理制度，即使是学习西方的先进的管理制度，我们也要根据自己企业的实际情况进行改进，留下精华，摒弃不适用的。

（5）人在同一时间有各种需求并存，在不同的思想作用下，主导需求就不同，主导需求决定人的行为表现。因此人在不同的企业，接受不同企业文化的熏陶，与不同的同事交往，会影响到他产生不一样的需求。

基于上述对人的复杂性和需求的差异性分析，IT企业管理人员要根据研发人员的不同需求，制定相对应的不同的激励措施，激发他们的工作积极性。这才是管理学的权变理论。

（五）"全面发展人"假设

该人性假设理论认为，人力资源是企业发展的第一资源，在所有的生产要素中，人才是最重要的，没有人的主观能动性，即使企业拥有雄厚的资产、先进的技术等也难以持续发展。因此人处于企业发展的核心地位，企业在进行管理中，要不断地调动他们的积极性，通过企业文化的导向作用，把人的思想、心理、价值观等引导到正向的促进企业发展的大方向上。人的重要性还体现在凝结于人体内的人力资本是不断发展变化的，不断积累的经验和提升的能力，能够给企业带来意想不到的价值。在现代企业管理中，为了调动人的积极性，企业不断进行组织结构改革，由高层结构转换为扁平结构，鼓励管理者进行现实授权，赋予员工更多的权力。企业还不断采取各种方法激励员工，除了物质奖励，还有各种精神奖励，如让员工参与管理，发挥自己的能力，参与到各种管理事务中来，对于很多制度可以给予建议。

三、双因素理论

1959年，美国心理学家赫茨伯格（F. Herzberg）在《工作的激励因素》中提出了"激励因素—保健因素"理论，这就是我们所说的"双因素"理论。20世纪50年代后期，赫茨伯格与其同事在匹兹堡地区的十一个工商机构中的二百多位工程师和会计中进行了工作满意感与生产率关系方面的访问调查。在调查中要求受访者详细回答诸如"什么情况下你对工作特别满意？""什么情况下你对工作特别不满？"等问题。

赫茨伯格的"双因素"理论和马斯洛、麦格雷戈的理论目的相同，主要是督促企业员工着重培养提升企业绩效水平的因素，找出影响工作绩效水平的因素有哪些。这个理论是目前最具争议的激励理论之一，它强调导致员工产生工作满意感的因素和导致员工产生不满意感的因素是完全不同的因素，而且这些因素不是在一个连续体中。

赫茨伯格通过调查研究，总结出引起员工不满意的因素有很多，如企业的规章制度、企业的工作条件、企业的薪酬福利待遇及企业的人际沟通是否顺畅等，这些引起员工产生不满意的因素几乎都是外部因素，他把这些因素称为保健因素。保健因素的作用就是不会让员工产生不满意感，否则就会出现人才流失。同时，他还发现让员工产生满意感的因素也有很多，如主管领导的肯定和赏识、工作的挑战以及责任感等，这些因素都与工作本身有关，属于内部因素。工作本身的挑战激发了员工的内在积极性，应对和解决了这个挑战，他会得到大家的肯定，获得大家的尊重，他的自尊感就更强了。能够对员工产生满意感的因素称为激励因素，这些激励因素通常是工作内容和工作本身，所以只有员工真的对工作本身感兴趣，他们才会从内心里愿意付出，去解决工作难题。

此理论还认为保健因素只能防止员工因为不满而流失，并不能起到激励作用，即使保健因素得到改善，也不能让员工产生满意感，员工只是在既没有满意又没有不满意的状态。只有激励因素才会让员工获到满意感，但是即使员工没有达到满意的状态，他很可能也不会离开企业，而是处于有满意感和不满意感之间的状态。很多业内人士也有不同意见，他们认为人是非常复杂的，即使人产生了满意感，他就一定能够提高自己的工作效率吗？他们的质疑也有道理，除非赫茨伯格能证明员工的满意感和生产效率之间的数据函数关系，才更具有说服力。但是这一理论也有很多积极的作用，如它告诉了我们保健因素和激励因素的不连续性，企业管理者要想激励员工，满意度也是衡量的一个维度。

四、成就需要理论

20世纪50年代麦克利兰（David. C. McClelland）提出了成就需要理论。麦克利兰把人的高层次需求归纳为对权力、友谊和成就的需求。他把每个需求都进行了定义并做出了自己的解释，特别是对成就需要进行了更深入地探讨。所有的企业都是为了实现一定的目标而聚集在一起，组成一个团队，进行相应的制度建设和团队管理工作，这三方面的需求对于企业的管理有很大的帮助。

（一）权力需要

麦克利兰研究发现：权力需要就是要满足对权力的需求，对权力有需求的人具有较高的控制欲，喜欢影响别人的思想和行为。这样的人喜欢或执着于寻求领导者的地位，性格表现上十分健谈，好争辩，很直率；头脑时刻保持冷静，喜欢讲演，好为人师，好训斥他人，善于提出各种要求。麦克利兰还将组织中管理者的权力区分为两种：第一种是个人权力即权威。个人权力来自个人，权威建立的基础是个人在群体中的话语权、专长权和德高望重的地位等，个人的专长权可能会伴随人的一生。另外，个人权力如果是建立在满足个人需要为主的基础上，那就很难培养企业管理的后备接班人。第二种是职位权力。职位权力又叫职权，是职位赋予的权力，在职位上就拥有职位权力，不在职位时就不拥有职位权力。职位权力包括指挥权和命令权等，职权的使用一定是围绕着企业的目标的，职位权力要规范使用，要在一定权限范围内使用，要受到上下级的监督，不能只要权力没有义务，权力和义务必须对等，不要出现职位权力过大而责任过小，这容易引起腐败；也不要出现职位权力过小而责任过大，这无法调动管理者的积极性。

（二）友谊需要

有友谊需要的个体，在团队里面特别注意培养与人交往的技巧，时刻准备着帮助需要帮助的人，与人为善，喜欢保持一种和谐的人际关系，喜欢与人交朋友，比较直爽真诚。大家都喜欢友善的氛围，大家都有追求友谊的需要，满足了友谊的需要就是满足马斯洛提出的交往需求。通过交往，我们寻找到与自己志同道合的朋友，朋友相处更加融洽，员工会因为企业满足了他们友谊的需要而更愿意待在企业里，而不一定是高薪才能留住他。当然对于管理者来说，注重友谊需求要讲究友情和关系，很容易因为关系较好就做老好人，而违背了制度的约束，致使工作效率降低。

（三）成就需要

成就需要就是在生活和工作中对成就感的需要，有这种需要的员工对工作具有非常强烈的成功欲望，通过获得工作和事业上的成就，展示自己的胜任能力和敢于接受挑战的决心。他们通常制定一个对他们能力来说有一定挑战性的目标，但是通过努力完全可以实现，当然如果实现不了目标，他们也不会气馁，会有勇气面对困难，进行仔细分析查找失败的原因，以备重新接受挑战，向着目标勇敢前进。在工作中遇到挫折，他们也会积极面对，沉着思考，想出各种策略来应对，不会怨天尤人，也不会止步不前。当他们在工作和生活中遇到真正的失败，他们可能接受更多的挑战来验证自己的能力，不会被失败打倒。也会面对失败主动承担责任，并希望能够得到企业公平公正的评价，以此积蓄能量。任何事情他们都会经过严谨的思考来做出判断，不会盲目轻信别人的评价，对任何事情也不会以侥幸心理来对待，总是做好十足的准备工作，他们好像天生就喜欢工作，永远不知道累，能够从工作本身得到极大的满足。

麦克利兰认为，公司的成功取决于人才，具有成就需求的人应该就可以定义为人才，因为他们喜欢工作，也一心扑在工作上，可以从工作中获得成就感和极大的乐趣。公司如果能够有幸拥有多数成就导向的员工，那么公司会迅速发展，同样一个国家拥有很多这样的人才，整个国家的各行各业发展也会很快，整体国力就会提升。

麦克利兰的研究表明：对于现代公司管理来说，特别是在竞争如此激烈的今天，寻找具有成就感需要的人才是企业发展的必需，通常公司的管理人才就是具有表现欲很强的成就感导向的人，所以，对这个群体用使他获得成就进行激励，有意想不到的效果。而且公司在有意识培养管理人员和后备管理人才的成就导向，让更多的人能够具有这样的优良品质。

五、弗洛姆期望理论

期望理论是美国心理学家弗洛姆（V. H. Vroom）于1964年创立的。主要理论思想是：如果我们的行为大大推动了目标成果的实现，那我们就有更大的动力来重复现在的行为，感觉这个行为是非常有意义和有价值的，如果我们在做的事情不利于目标的完成，我们就没有愿望再坚持现在的事情。"大大推进"和"不利于"目标完成在目标还没有完成前都是我们对于自己行为的预期成果的概率。因此我们要计算激励产生的效果，就等同于用自己行为的期望值乘以个人认为行为要达到目标的概率。从这个理论我们可以看出，那些对前途没有任何信心（相当于期望值是零）的还在坚持做很多事情的人，是非常值得钦佩的，一般人看来无效的行为，他们为了心中的某一概率几乎为零的信念一直在坚持着。这就是我们应该尊敬和学习的榜样。他们有坚强的信念和意志。我们可以用下面的公式来表示激励效果的程度：

$$激励效果 = 效价 \times 期望概率$$

即：

$$M = V \times E$$

式中：M——激励效果；

V——效价；

E——期望概率。

式中，效价又称目标价值，是指企业激励措施（或目标）的实现对个体吸引力的大小。每个人对于激励因素的自我判断是不一样的，有强烈之分，可以表现为正数，也可以表现为负数，还可以显示为零。这取决于个体不同的主观判断、价值认可、主导需求以及个性心理特征和倾向性等因素。

激励效果是指企业的各种激励因素对于个体行为的影响程度的大小，说明个体被激发的内在驱动力的大小；目标价值是指企业员工对于激励目标的价值判断和评价大小，即个人认为自己付出与获得的性价比。

期望概率是指企业员工采取的工作行为对实现企业目标的贡献程度有多大，自己从中能够得到多少绩效奖励的概率的主观判断。即通过个体的行为对实现总体目标的贡献度的主观评价，来预判自己能够得到多少价值的奖励。我们来分析上面的公式可以得出结论：当企业的目标对员工的吸引力很大时，员工的个人目标一定与企业的目标是一致的，个体就预判实现目标后，自己的所得足以平衡他们的付出，他们的工作行为是非常有效的；如果企业目标对员工没有吸引力时，员工就很难有有效的行为出现，这个目标价值就为零，这样就是企业所采取的激励措施不合适，激励效果为负数或零。同理推断，员工对于目标实现的期望概率如果是零或负值时，他也没有任何内驱力来推动自己做出有效的行为来推动目标的实现。

根据弗洛姆的期望理论，现代企业管理中，管理者采用的激励措施是否有效地激励员工、调动其积极性，必须处理好以下三种关系。

1. 努力与工作成绩的关系

人的需求是内在的驱动力，是工作行为产生的根本动机，行为的产生通常是有目的性的，人都会通过有效的行为获得自己想要的东西，或物质或精神，这就是动机和需要。研发人员在团队里，只有做出一定的业绩，才会获得薪酬和奖励，如果工作任务难度适当，他们通过自己的努力获得了很好的业绩，就会驱动他们以更积极的态度更好地完成工作任务和目标；当然，如果工作任务很难，无论他们怎么努力都不可能完成或达成目标，他们的积极性就会受挫，就会失去信心，因此情绪也会变得很低落，这样会形成恶性循环。因此，员工积极性的工作行为取决于他的努力和业绩之间的相关程度。这样企业的管理者在进行管理时要注意：其一，给每个员工都要安排他们擅长的工作去做，以增加他们工作成功的可能性。即使安排的不合适，也要通过给员工提供学习和培训的机会，让他们通过努力顺利实现工作目标，然后获得相应的业绩，以便促使员工一直保持积极的状态开展工作。其二，设定的工作目标一定要符合企业的实际，不能把目标定得过高或过低，过高了员工通过自己的努力达不到，会失去信心，过低了会没有挑战性。当然在实现目标的过程中，企业必须给员工提供完成目标所必需的相关资源和财力的支持。

2. 工作成绩与报酬的关系

在企业中，员工做好工作获得肯定是积极促进员工继续努力很大的因素，但是对某些员工来说，这并不是他们追求的最终结果，获得相应的物质或精神奖励，改善生活质量几乎是每个人都存在的需求。员工取得的业绩与他所得到的报酬之间有多大相关性、程度如何都会影响他们的工作积极性。如果业绩与报酬相关性很大，员工在付出努力后，取得了优秀的业绩，在公司的制度里他理所应当拿到了自己满意的报酬，那么以后的工作积极性会继续保持甚至会更高，为了取得更高的报酬，他会付出更多的努力取得更好的业绩。相反，如果业绩与报酬之间相关性比较低，员工付出了努力，取得了业绩，然而却没有得到相应的报酬，可想而知，他们在以后的工作中就会受到打击，不想继续努力了。因为努力工作对于他想要的结果是没有价值的。所以，对于企业来说，管理者需要注意的是：首先，必须要保证留住能干、努力、有业绩的员工，那就需要制定公平公正的绩效考核制度和奖励制度，让努力、有业绩的员工能够获得较高的报酬，没有付出努力的就不能有高的回报，这样才能形成良性循环。其次，制度制定后，就要严格执行，保证制度的一贯性和长期性。

3. 奖酬与需求满足的关系

大多数企业研发人员总是希望通过自己的努力来获得肯定，获得自己应得的奖励，获得管理者和同事的认可，这样就可以满足自己的各种需要。当然如果研发人员通过自己的努力获得了奖励，但是这个奖励不是自己需要的，也对自己没有任何吸引力，那么他们就不会选择努力工作了，激励效果就没有了。由于人与人之间在资历、经济条件、年龄、社会地位等方面存在差别，他们的需求就会不同。因此，企业的奖励制度和形式要根据员工的需要进行设计，从员工的实际需求出发，内容丰富，方法多多，满足不同的需求层次，真正发挥奖励的作用。

六、工作—生活平衡计划理论

在现代管理中，企业竞争越来越激烈，企业对员工的要求越来越高，员工工作压力越来越大，工作角色与家庭角色之间的矛盾也越来越突出。员工既要有正常的工作生活，也要有正常的家庭生活，这样的人生才是大多数人追求的和谐生活,但是实际生活中,工作和家庭有时候会有冲突甚至不可调和的矛盾。相关调查数据也显示,现代企业员工感到压力越来越大,他们没有足够的时间和精力应付家庭的需求,也没有更多的精力参加社区活动,经常感觉休息不好,随之出现的是上班精神不足、缺勤、离职、工作质量不高等表现,个体的身心也受到了损害,如情绪低落、睡眠不足、失眠、压抑等问题。这就需要企业采取措施,及时解决员工遇到的问题。因此,很多公司引入工作—生活平衡计划理论研究来指导企业的管理工作,帮助管理者更好地了解员工的内在需求,帮助员工更好地处理工作和生活的关系。

(一)工作——生活平衡计划的内涵

目前还没有统一的关于工作—生活平衡计划的明确定义,但可以将其界定为"员工在企业的帮助下,很好地处理工作与家庭的关系,促使出现工作舒适、家庭生活幸福的平衡状态。员工很好地协调了家庭和工作的矛盾,游刃有余地参与到工作和家庭的各项活动中,并且都能获得来自两方面的肯定,让大家都感到满意。也可以将员工工作—生活平衡状态定义为"个人来自工作和生活的卷入需求处于一种等量的均衡状态,且来自工作和生活的卷入需求所带来的压力在员工的承受范围之内,即没有引起生理或心理的不健康状态"。

工作—生活平衡计划项目是企业为了解决员工生活与工作之间的角色冲突而设计和实施的组织干预行为。项目形式多样,但实施的基础可分为两种性质:一种是事前干预计划,强调提前对员工实施积极的干预措施,促进员工工作和生活的平衡。另一种是事后干预计划,当员工在家庭和工作之间发生冲突后,企业和员工共同找到引起矛盾的原因,通过努力消除矛盾的原因或者是改变家人的态度或者是改变工作的压力等解决措施,缓和家庭和员工及其工作单位之间的冲突程度,消除对员工工作状态的负面效应。

(二)工作—生活平衡管理的意义

企业实施工作与生活的平衡管理,对于员工的心态调整、企业的绩效、家庭生活的幸福都有重要的影响作用。

1. 对企业的作用

(1)企业实施家庭和工作关系平衡,对于IT企业的研发人员来说更有价值。众所周知,研发人员因为专业背景、长期以来的工作状态,使得他们的情商都不是很高,不太会用很多技巧处理家庭与工作出现的矛盾,这时候企业实行家庭与生活的平衡计划就很有必要。企业实行这项政策,也可以帮助企业收获人心,替员工解决了最影响他们工作状态的问题，使得他们可以全心为企业付出，付出后企业获得绩效，继续给员工奖励，员工家人也高兴，更加支持员工的工作，这样就形成了一种良性循环。

（2）提升员工的各项绩效。在工作和家庭生活冲突的情况下，员工的工作积极性和工作绩效难以维持；在IT企业组织中，如果有很大一部分研发人员的工作与家庭关系处于长期不平衡的状态，包括员工压力大、工作满意度低、工作倦怠、缺勤和工作效率低以及人际关系紧张等，员工的工作积极性必然受到打击，家庭与工作的矛盾如果逐渐升级，会导致企业失去这些员工，因为缺乏了家人的支持，工作阻碍就会加大，即使不是有意识地接受家人的建议，也会在潜移默化中受到家人对自己工作负面评价的影响。

（3）增加企业的美誉度。IT企业更加关注研发人员的工作生活与家庭生活协调，对于研发人员精神面貌的改善很有帮助，也可以有效改善研发人员的家庭关系，建立员工对于企业美誉度的高度评价。为了吸引、激励和留住对企业有价值的员工，不仅要用报酬、人际关系和职业发展等传统的激励因素，还应该体现组织对员工更多的人文关怀和爱护，这些因素往往是企业对研发人员的深层次关爱的体现，有利于树立企业在行业里的好口碑，来吸引更加优秀的人才加入到团队中来。

2. 对员工的积极意义

（1）重视员工在家庭生活中的责任。研发人员既在工作中扮演着重要角色，也在家庭里扮演着父亲（或母亲）的角色，而且家庭的角色是不可替代的。这两种角色都承担着非常重要的责任和义务，特别是后者，怎样处理好家庭关系，在父母、配偶以及孩子眼里都是极为重要的。员工作为家庭的成员，要担负多种家庭角色，如作为子女，要承担赡养老人的义务；作为父母，要抚育子女；作为妻子和丈夫，要协调夫妻之间的关系；同时还要维系小家庭或核心家庭之外的，因血缘和姻缘联结起来的家庭关系，承担在其中的角色。

（2）解决工作与家庭的矛盾。一直以来，我们都是以工作为重，很少因为家庭的因素来影响工作，但是随着经济的快速发展，人口素质的不断提高，人们都在追求生命质量和生存质量。努力工作是为了好好生活，既然工作影响到生活状态，现代年轻人很可能毫不犹豫就辞掉工作，这个给现代企业管理带来了挑战。所以必须从工作与生活理论中学习精髓，把处理员工的工作和生活关系列入管理制度中，更加规范员工的工作行为和工作时间，不能因为工作而耽误自己的生活质量，而应该起到正面的激励作用，促进生活水平的提高和生活质量的改善。

（3）促进员工生理和心理健康。员工为同时扮演好在家庭、工作中的角色，不得不做出一些艰难的选择，或者牺牲职业前途，或者牺牲个人健康。研发人员主要依靠脑力工作，长期处于精神紧张、压力大的状态。在很多情况下，他们很难有明确的工作和家庭区域边界，往往是家庭责任服从工作责任，工作时间侵蚀家庭生活时间。这些都会给员工造成不良影响。因此，企业要更加关注这个群体，要帮助他们平衡家庭生活和工作生活的比例关系，该为家庭付出时要坚决让其停止工作，全身心陪伴家人；需要全身心工作时，特别是要占用家庭生活时间时，要用各种方式安抚好家人，让员工在工作期间没有后顾之忧。

3. 对社会的积极意义

（1）促进社会和谐。社会是由一个个的家庭组合而成的，社会要达到和谐，首先是处理好家庭关系，每个家庭都过上幸福的日子，社会就和谐了。因此，如果从组织角度为员工提供家庭生活—工作角色平衡的条件和基础，将是对社会和谐的极大促进。

（2）代表社会的文明和进步。自工业革命以来，大机器生产为人类带来了物质文明，提高了人类物质生产的能力和效率，但同时也造成了对某些传统生活方式的摧毁，表现之一就是使得许多劳动者成为大机器生产的附庸，他们在农业文明中形成的和谐的、平静的家庭生活遭到颠覆。作为社会经济细胞的企业组织成员，员工为两种文明的转变付出了极大代价。

现代科技的发展，加速了劳动力的解放，越来越多的岗位被智能机器人替代，人力资源的工作向轻松化、集中化过渡。这一现象在某些特殊群体中表现得更为明显。如随着女性社会地位的提高，大量女性进入劳动力市场，很多职业女性在提高经济地位的同时，很难摆脱社会赋予她们的传统家庭角色。在这种情况下，会产生"工作对家庭的干扰"或"家庭对工作的干扰"。因此，从组织角度帮助女性员工处理好生活—工作之间的角色冲突，体现了社会文明的极大进步。

（三）工作—家庭冲突的理论解释

1. 角色冲突理论

角色是人们在社会生活中因为岗位要求或身份要求必须具有的行为模式。在企业的部门岗位上，这个岗位的主要工作内容有哪些？企业所认同的企业文化是怎样的？企业的目标是什么？岗位应该履行什么样的义务等。因此，角色规定了个体在不同的岗位或身份上应该呈现出来的样子，它告诉我们应该怎么做、做什么，才是符合角色要求的。其实在现实生活中，我们有很多不同的角色，最难把握的是当多重角色重合时，我们应该遵循哪个角色的行为方式来表现。

许多时候，个体的多重角色之间是互不相容、相互冲突的。所以所谓的员工角色身份冲突是指员工所扮演的各种角色，无法同时妥协或满足的一种状态。当个体同时在扮演两种以上的角色时，对个体的考验非常严峻，怎样在瞬间把两个以上的角色自如转换，而不让别人感觉到突兀，这就需要对角色的丰富内涵思考到位，通过恰当的行为表现出来。

（1）角色定位不清。角色定位不清就是角色模糊，形容人不知道怎么表现才能获得他人对自己的好感或是满足他人对自己的期望的一种状态。在企业的实践中，如果员工不知道企业对他的期望或要求，他就不知道该怎么做才能获得肯定和奖励，所以员工必须尽快了解和熟悉企业的各项管理制度和人力资源管理制度，把握好自己在企业的定位，了解自己岗位的要求和标准，完成工作目标和任务。企业也要制定好各项规章制度，让员工有章可循。当员工工作角色不顺利时，也会影响家庭角色的作用，当然如果工作和家庭两个角色都定位不清或模糊，出现的冲突或矛盾就更激烈。

（2）角色负荷太重。我们在工作和生活中要扮演的角色很多，要在各种角色间自由转换，是需要不断训练的。如果角色扮演所花费的时间和精力很多，留给真正自己的时间就很少，我们就缺少了调整的心理准备，这样就是角色负荷太重，也是角色压力过大，给员工带来很多负面的影响，如提不起情绪、精神错乱、经常忘事等。

（3）角色压力。角色压力是当扮演角色的员工无法完成角色赋予的责任或义务时产生的，这时员工内心就会自责、自卑等。因此，企业在招聘选拔的时候，一定要选择符合岗位需要的人来承担角色，不要让扮演角色的人因为不适合岗位需要而担负太大的压力，这对企业来说也是一种失误。当然角色压力也是角色定位不准确或者是角色负荷过大引起的，企业遇到这种情况要具体分析，解决员工的困扰。

2. 角色冲突的分类与表现

（1）客观角色与主观角色冲突。客观角色冲突是因为客观原因造成的角色冲突，主观角色冲突是由于主观原因造成的角色冲突。客观的因素包括工作内容、工作目标、家庭的目标、家庭的规划等，这些客观存在的因素会造成角色扮演者的困难，发生冲突。主观原因更多的是角色扮演者个体内在的因素，如员工的个性特点使他很难驾驭某个角色，或者员工的个人情绪、情感、抗挫折能力等。

（2）角色内和角色间冲突。角色内冲突是指员工在扮演一个角色时发生的冲突，如管理者对岗位责任的期望与角色扮演者对岗位责任的不一致引起的角色内冲突，或者是角色规范对角色扮演者的影响，或者角色扮演者之间、角色传递者之间以及扮演者与传递者之间的冲突等。角色间冲突是指角色扮演者同时扮演两个及以上的角色，因为能力有限，在角色之间的转换没那么自如，或者是因为某一角色而耽误了另一角色扮演者的职责或任务，没有完成角色期望，造成角色间的冲突。

（3）个体、团队和上下级之间的角色冲突。个体冲突是角色扮演者没有完成工作角色任务或没有达到角色目标时的冲突；团队角色冲突是指团队角色扮演者之间或团队与团队成员之前的角色冲突；上下级之间的角色冲突是指上级角色扮演者与下级角色扮演者之间因为信息不对称引发的冲突，或者是因为信息传递过程中两者意见不一致引起的冲突。

3. 角色冲突的后果

角色之间发生冲突的结果会产生负面的影响。

工作与家庭生活之间的角色冲突，主要是因为两种角色扮演的时间、精力的分配问题，及压力处理和行为不当等。时间冲突，如8小时工作制，但是最近因为企业订单多，晚上必须加班，本来正常晚上时间是陪孩子练琴，结果工作的角色占用了家庭生活中为人父母的角色，长期这样就会引起家庭成员的不满。每天正常上班时间冲突源于各种角色竞相占用有限的时间所致；压力冲突在我们身边比较常见，如有的员工处理不好工作压力，回到家庭生活中，被工作压力压抑的负面情绪没调整好，可能宣泄到家庭成员身上，致使亲人蒙受他们另一种角色带来的压力。行为冲突也不容忽视，现在很多家庭结构是三代人生活在一起，作为家庭主人的父亲或母亲的角色在教育孩子时，表现的是父母该有的权威行为，但是如果这时祖父母进行干涉，使得父母的角色行为很尴尬，既要努力做好父母的角色行为，又要努力做一个孝顺的孩子的角色行为。这通常也是家庭矛盾的焦点所在。

（四）分割、溢出和补偿理论

角色冲突理论阐释了员工在工作和家庭生活中会出现的角色冲突的尴尬场景，我们应该怎样有效处理和应对。此外，工作与家庭生活冲突的理论研究与行为科学的角色理论相联系的还有三个比较典型的观点，即分割理论、溢出理论以及补偿理论。

1. 分割理论

分割理论是针对工作与家庭平衡中的女性角色的研究，传统的角色分工是"男主外，女主内"，这是早期研究者的观点，他们认为男女在社会和家庭两个领域有不同的劳动分工，在各自擅长的领域扮演不同的角色，担任不同的责任，但是这种分类在现代社会中界限已经模糊了，很多女性也是工作场所的主角，甚至撑起了大半边天。但是在角色上还是应该把家庭和工作区别开来，免得在面对家庭成员时，误把工作的角色带进来，影响家庭的温暖，或者把家庭的角色带到工作场所，把感情和工作混为一谈，这样容易出现角色不清的问题。不利于大家的相处和定位。分割理论的观点已经很难适应现代社会的发展，工作和家庭两个领域不是单独分割开来的，它们之间会相互影响，如果员工在工作上分配的时间和精力太多，必然会影响在家庭生活中角色扮演的时间，而且女性现在也逐渐独立，在工作领域也扮演了相关的角色，因此这个理论过时落后，脱离现代的实际生活。

2. 溢出理论

溢出理论是指员工在工作和家庭两个模块之间没有显著的边界。这种没有明显边界的角色定位在实际生活中处理起来应该简单一点，但是这样也会给员工造成一种错觉，就是两种角色没区别。这是明显的错误。如作为学校老师的母亲在工作场所是老师，在家是母亲，这两种角色对于教育孩子有共通之处，都需要有耐心，积极向上引导孩子和学生。看似几乎没有边界，但是事实上不是这样，特别是针对青春期的孩子，很多老师在家庭里面经常以"老师"自居，缺乏母亲角色该有的情感、行为和互相理解。而是站到了孩子的对立面，经常以教育的口吻训斥孩子。这样就会出现问题，导致母亲的角色完全被替代了，与孩子的距离会越来越远。积极的溢出是指工作场所带来的好心情和技能可以延伸到家庭生活，工作的激情传染到家庭生活，积极的心态带入孩子的教育中，提高家庭关系的和谐度，和谐的家庭生活反过来刺激员工积极向上的工作态度。消极的溢出是在任何一个领域付出太多、透支太多，都会导致另一个领域角色扮演出问题，如果在工作上付出太多的时间和精力，导致回家太累、情绪低落，想缓解一下工作的压力，但是家庭里面也有一大堆的事情等着去做，这样就很难调和好两种角色。同样，家庭里扮演的角色过多，休息不好，导致工作效率降低，工作积极性受挫，影响到工作场所角色的完成度。现代企业因为压力通常比较大，溢出的研究侧重于负面的比较多。

3. 补偿理论

补偿理论是补充溢出理论的，其理论假设前提是工作和家庭之间存在一种负向的关系，需要承担者在两个领域之间相互弥补、相互补偿。补偿通常是指在某方面有缺失，才去另一方面寻找补偿。如在家庭生活中有缺失的、不满的感情，人就会把更多的感情和时间倾注于工作，把工作做到最好，得到大家的肯定和认可，以此来补偿在家庭中感情的缺失部分。反之亦然，如果在工作中总感觉没有拿得出手的技能，也没有什么大的作为，人就会把注意力转移到家庭生活上，把自己的家庭生活打理好，成为别人羡慕的神仙眷侣，或者把精力和时间倾注到教育孩子方面，把孩子教育的非常成功，也会得到周围人的羡慕，从而获得极大的满足。从一个角度来说，如果个体对工作付出了很多，却没有得到他期望的薪酬、福利待遇，他就会产生失落感，后期就不想花过多的精力和时间在工作方面上。为了让自己的家庭生活过得更好，他很可能会找份兼职，把自己更多的精力和时间放到兼职上面，拿到更多的薪酬、福利，以补偿在正常工作期间的薪酬的缺失，这一点要引起企业管理者的特别注意，如果每个特别能干的员工从企业都得不到自己想要的满足，都转移到副业方面，那企业方的损失谁来承担？因此，互补性补偿就是从一个角色中没有得到自己预期的应该得到的尊重、物质奖励、肯定等需要时，人们通常会寻找另一个领域来获得补偿性满足，努力把另一个领域的事情做好，花费更多的时间和精力，一是来证明自己的能力，二是获得自己预期的没有从原来的领域获得的肯定、奖励和尊重等。反应性补偿是人们在工作生活和家庭生活中的相对行为，互为补偿。如在工作单位食堂吃饭，每次都做得不好吃，总是象征性地吃点保持不饿就行，但是回家后就狼吞虎咽，吃得很香。

这些理论非常实用，解释了一些在现代社会普遍性的现象，但实际上还是对工作和家庭冲突的一种静态的描述性分析，在现实中员工的家庭生活和工作关系是动态的、并处于不断发展变化中。

（五）工作—生活平衡计划的实施内容与措施

1. 弹性工作安排

弹性工作安排或弹性的工作时间安排在现代很多企业里开始被重视起来。实施措施如下。

（1）缩短周工作时间。我国《劳动法》规定每周5天工作制，但是有些企业把工作时间重新整合，工作总时间不变，通常是以两周为一周期，两周工作时间共 80 小时不变，如第一周工作 5 天，周一至周四每天工作 9 小时，周五工作 8 小时，第二周上四天班，每天工作 9 小时。这样的工作时间安排在西方一些国家比较常见，但是在我们国家不多，使用过的国外企业反映，这种方法可以给员工节省上班期间的路费，减少开启电脑的次数，增加它们的使用寿命，被一些员工认为是企业的福利，可以集中工作后集中休息，这在一定程度上提高了员工的工作积极性，特别是对一些才能出众又要承担养育子女任务的女员工。此外，按小时雇用也可以既满足企业对人员的弹性需求，又兼顾员工对家庭的照料，减轻员工的压力。这种方法在我国企业中还没有使用，因为与我国《劳动法》的相关规定不符。

（2）增加休假时长。增加休假时长不是企业为员工提供的常态制度和服务，而是在员工家庭生活遇到困难时，在特殊的情况下才执行的。如老人突然生病，企业考虑到员工的家庭实际，会采取增加休假时长的方式来对员工进行人性化管理。现在的年轻人养孩子的压力很大，很多企业为了解决员工的后顾之忧，不仅延长休假时间，还主动办幼儿园，以解决员工子女入托的难题。

（3）自愿安排时间。在特殊申请的时间内，员工根据家庭生活需要，以减少薪酬福利为代价，可以自主安排工作时间。这样做可以降低家庭带给员工的压力，让他们度过比较困难的时期。当企业有困难时，他们反过来回馈企业，可以付出更多的时间或不需要额外更多的薪酬福利，这就是互利原则。

2. 选择灵活的工作地点

灵活工作场所是在 20 世纪 80 年代前后兴起的，是一种非正式工作方式，这种方式指员工可以根据自己的需要灵活调整上班的场所，兴起的背景主要是高科技技术的发展，特别是移动互联网的迅速发展，主要有在家远程办公。选择这种工作方式主要以女性员工为主，她们兼顾工作和照顾孩子等责任，两者都不想缺失，就跟企业申请这种上班方式，自己灵活支配工作的时间。做到既能照顾家庭，又能照顾工作。

（1）家庭办公。该方式一般用于三类职业，即自我雇佣者、替代性职业和补充性职业。自我雇佣者通俗理解是给自己打工的老板，他们可以根据工作需要和家庭需要，自主选择是否在家工作，无论地点在哪，以完成工作为目的。替代性职业是指用家庭办公的方式替代传统的办公方式。补充性职业是指企业的管理层在家里完成工作场所应该完成的工作。家庭办公有它的优势也有劣势，优势是可以节省员工来回路上的通勤时间和费用，可以相对自由安排工作时间，只要在企业规定的时间内完成工作任务即可，可以同时照顾家里孩子或做做家务，缓解一下工作的紧张，有松有弛；可以独自在家办公，不受工作服的约束，可以穿着家居服工作，容易在轻松愉快的氛围中集中精力完成工作，思路更加清晰，容易创新。当然家庭办公也有缺点，如果家里还有其他成员，可能会打扰员工工作，容易分心，长期在家办公，与同事间不熟悉，不利于人际关系的建立，不利于建立团队协作，如果有企业高层视察工作，也没机会被接待，会影响职业的升迁。对于企业来说，员工选择在家办公也会有好处，如减少人力资源成本支出，缩小办公室规模，给企业减少租金费用，减少管理费用和迟到率，在一定程度上能够满足某些员工在家自由办公的需要，提高他们的工作积极性。

（2）远程办公。很多人把远程办公和家庭办公混为一谈，实际上他们是不同的概念，远程办公是在企业指定地点集中办公，不是在原有的固定工作地点办公。工作时间和正常工作时间相同，只是通过网络连接到办公设备即可，通过远程连接可以与同事沟通交流，可以进行部门之间的沟通合作，这种方法不利于管理者对部门下属的管理。

3. 灵活雇用形式

灵活雇用主要是改变传统的雇用形式，采取灵活或非正式的雇用形式。

（1）工作分享。该方式在 20 世纪 60 年代兴起，就是两名以上的员工共同开展工作，两名员工共同干相同岗位的工作，既然工作内容相同，承担的责任也共同分担，薪酬也要按照付出能力的比例来分享。它有独立工作（每人只负责自己的部分）和配对工作（两人对全部工作承担责任）两种形式。合作者可以根据自己家庭的具体情况商量合作的方式和合作的时间分配，然后根据工作时间分配进行薪酬的分配，这种方式一般用于长期需要照顾家庭的员工间的工作合作。如企业返聘的高层管理者。工作分享是自己本企业的员工因为特殊家庭情况申请的一岗二人的情况，这种工作分享在企业实践中不常有，因为它增加了企业的管理成本和管理难度，会带来比较棘手的薪酬分配问题。

（2）兼职雇用。兼职就是非全职的雇用方式，企业可以根据业务多少的需要来雇用员工，从事兼职工作的一般是未毕业的大学生、带孩子的女性或者年长者，企业的活多或正值行业的旺季，企业全职员工人手不够，通常会采取兼职的方式来解决企业暂时人手短缺的情况。这种方式可以为企业降低招聘成本，节省人力成本，还可以提高人员雇用的灵活性，根据需要而雇用，为企业带来了很多便利条件。一般兼职雇用工要求的薪资待遇相比于全职员工是比较低的，因为他们是半熟练工，当然也不是所有的岗位都适合兼职员工，对技术技能要求比较高的岗位就不能用兼职员工。这种方式的兴起是随着服务业的兴起而迅速发展的。因为服务行业的淡旺季比较明显，有很多不需要专业技能太强的岗位，为兼职的存在提供了条件。

4. 家庭照料形式

为了让员工能够集中精力工作，不会被家庭生活的琐事所牵挂，企业会采用为需要家庭照料的员工提供照料服务。看似这种服务会给企业带来成本压力，但是据调查显示，在企业享受家庭照料服务的员工更容易建立对企业的归属感和忠诚度，从感情上倾向于企业，这样就减少了员工的流失率，减少了招聘成本，这完全可以弥补在家庭照料服务上所付出的成本，而且员工的积极性也会被调动起来，可以全身心投入工作。

企业采用家庭照料服务福利有以下多种形式：

（1）生病老人及子女看护问题。企业在经营主营业务的同时，为了更好解决员工的后顾之忧，家里有生病老人或孩子需要照顾的，企业一般会采用专业的医疗机构的人去家里照料，或是与专业医疗服务中心合作，把生病的老人或孩子送到看护中心，由专人看护。这样可以帮助家庭有困难的员工，使他们专心工作，提高工作效率。

（2）看护机构优惠。企业可以为有看护家庭需要的员工统一联系第三方看护机构，以企业名义跟看护机构进行合作，或者让看护机构打折等方式，为员工解决家庭困难。

（3）照顾老幼心得交流会。企业可以用工会的名义，对企业员工定期或不定期开展照顾老人和孩子的经验交流会，大家可以互相学习，互相借鉴，共同分享经验，也可以自由组织讨论照料老人和孩子的方式。企业只给员工提供了交流的机会，解决了员工在照料老人和孩子方面的焦虑情绪，还不需要企业付出太多的成本，做法可以推广。

（4）老人、子女看护支出账户。现在很多国家进入老龄化社会，出现了很多家庭需要照料老人和孩子的难题，为了解决企业的问题，许多国家把照料子女和老人的费用列入专项附加税扣除，作为政府的一项福利。当然员工也可以选择用税前收入来为孩子和老人购买被看护服务，但是实际生活中不多见，主要原因在于：一是员工无法同时享有看护账户和看护个税扣除；二是从组织角度来讲，减少工资计划只对极少数高收入员工有效；三是计算麻烦，需要预测支出，申请手续复杂。

（5）提供信息咨询。企业为员工提供符合其要求的照料孩子或老人的看护服务信息，而不是帮助员工选择看护中心。现代父母在选择看护机构时非常谨慎，不敢完全把孩子交给不负责任的看护中心，而是尽量自己照料。因此他们对托幼或老人看护的整体服务和环境要求都比较高，企业正好可以提供这方面的各种信息，把多家不同看护中心的优劣势罗列出来，提供员工选择。这种方法的服务对于企业来说成本更低。

（6）工作地、委托机构看护中心。企业投资建立看护中心或委托专门的机构为员工提供托幼养老服务，完全是员工福利的一种，企业不以营利为目的。这样一来，不仅减少了员工因老人或子女照料问题而分担精力，还有利于新员工的招聘和留住优秀员工。这种方法最大的缺点是花费高，而且要花精力经营这些看护中心，可能会耽误主营业务的经营，舍本逐末，所以现代企业运用较少。

（7）成立负责家庭事务的部门。有些企业为了解决家庭困难员工的难题，他们会专门成立一个部门，处理困难员工的问题，或从企业层面进行福利待遇制度的设计，也有些企业是由人力资源管理部门的人员兼职负责。

5. 员工辅导计划

企业采用成立专门部门或者是购买专门机构服务的形式，对存在家庭生活与工作生活矛盾的员工进行单独心理辅导，提高处理家庭和工作关系的能力和素质，想方设法减少家庭成员的负担，减少冲突的出现。员工辅导的内容主要以提高员工的抗挫折能力、处理各种冲突的能力，达到辅导目标。研究发现，参加过专业辅导的员工比没有参加过专业辅导的员工对工作家庭冲突的体验感更弱，因冲突带来的不愉悦感也更弱。这些服务也可以惠及员工的家庭成员，对成员进行心理辅导和冲突处理等方面的辅导和指导，来减轻员工来自家庭的压力，也可以通过组织家庭成员到企业观摩，有助于增进成员间的理解和认可，加强相互的支持力度，从而减少冲突的发生。同时企业也要对员工的职业进行合理安排，不能经常加班，占用家庭服务时间，加剧员工的家庭矛盾，还可以通过讲座等向员工的家庭成员介绍员工工作的具体内容，让他们更加深入了解员工，增进他们之间的情感交流和互相理解，积极融洽他们之间的关系。

七、斯金纳的强化理论

强化理论是美国哈佛大学心理学教授斯金纳（B. P. Skinner）提出来的。斯金纳在巴普洛夫条件反射理论的基础上,进一步提出了"操作条件反射理论",该理论认为,人或动物为了达到某种既定目的,本身就会采取行为作用于环境。当行为的结果有利时,这种行为就会不断重复出现;不利时,这种行为就会减弱、消失,直至不再出现。该理论也称为"强化理论",其内容如下:

(1)激励人们按一定的要求和方式去工作,以达成既定目的,奖励往往比惩罚会更有效。

(2)人的行为受到正强化时会趋向于反复发生,受到负强化时则会趋向于减弱发生。

(3)为了加强某种行为,奖赏应在行为之后尽快及时提供,延缓奖赏会使得强化降低。

(4)反馈是强化的一种重要方式,必须让人们通过各种途径或形式及时了解行为的结果所产生的作用。

(5)要根据被强化目标特点的不同,采用不同的强化方法和方式。

强化是指企业对员工做出工作行为的肯定或奖励,或者是对行为的否定或惩罚,得到肯定和激励的行为,员工会再次让它发生,以备再次获得肯定和奖励;得到否定和惩罚的行为,员工通常不会再让它发生,避免再次被惩罚,这就是强化的结果。所以在企业管理中,管理者想要控制或抑制员工的某些行为的发生,以避免对企业造成不良的后果,可以对员工的行为结果进行惩罚,就可以达到控制不让它再次发生。反之,员工的行为对企业绩效起到非常重要的推动作用,这样的行为管理者要进行肯定的强化,以鼓励其他员工去学习这种行为,这也是我们通常所说的榜样的作用。

在管理实践中,管理者经常采取的强化手段有正强化、负强化、惩罚和自然消退四种。

第一,正强化,正向强化是指企业管理者对员工做出的有利于企业发展的行为,进行肯定和奖赏,来激励员工继续保持这种行为,并可能形成榜样,让其他员工也向他学习。

第二,负强化,负面强化是指通过人们不希望的结果的结束,而使行为得以强化。如员工努力按时完成任务,就可以避免领导的批评,于是员工就一直按时努力完成任务。员工之所以努力按时完成任务,是为了避免领导的批评。

第三,惩罚,指的是当某行为出现后,组织通过给予带有强制性、威胁性的某些措施使个体产生不愉悦的体验。例如,有的员工工作没有做好时,管理者立即反馈不利的回报，如警告、记过、降职、罚款、开除等，其目的在于杜绝以后再出现类似情况。

第四，自然消退，指的是取消正强化，对某种行为采取不予理睬的态度，以此来表示对该行为某种程度的轻视或否定。例如，对于那些喜欢打小报告的人，领导可以采取把它故意晾在一边的态度，促使他们因得不到反馈而放弃保持这种不良行为的方法。研究表明，一种行为长期得不到正强化，会逐渐消失。

强化理论在管理中应用是十分广泛的。上述这些强化方法，可以单独运用，也可以结合起来运用，但是想要达到预期的激励效果，必须遵循以下原则：

（1）奖励为主，惩罚为辅的策略。强调惩罚与奖励并用，不等于惩罚与奖励并重，而是以奖为主，以罚为辅。过多地惩罚，将会带来许多消极的负面效应，在运用时必须慎之又慎。

（2）奖惩结合的策略。对积极正确的行为，对有成绩的个人或群体给予适当奖励，对于不良行为及一切不利于组织工作的行为要给予适当处罚。实践证明，奖惩结合绝对优于只奖不罚或只罚不奖。

（3）因人施奖的策略。企业采用正面强化，是要鼓励员工不断重复对企业有利的行为，这取决于正面强化的肯定和奖励措施，只有措施对症，员工才会受到激励，重复行为。如果措施不对，就没有效果。对某些员工有效果的措施，不一定适合所有的员工，还要根据员工的个体特点采取合适的措施，所以奖励措施因人而异，应该根据个体所需，采取形式多样的奖励措施，只有这样才能起到最佳奖励效果。

（4）坚持及时性的原则。员工发出行为后，管理者如果没有及时强化并给予奖励，强化的效果就不好。特别是等员工可能都忘记是什么行为得到的奖，那任何激励措施都不能引起员工的重复行为了。正确强化就是要做到"赏罚分明"，当出现正面行为时就应给以相应的奖励。当出现负面行为时就应当给予适当的惩罚。及时强化不但能给人以鼓励，使其增强信心，而且还能迅速激发员工的工作热情。反之，赏罚不明不公则不会产生预期的激励效果。

八、工作压力理论

西方对于工作压力的研究已经近一个世纪了，由此产生了众多对于工作压力的理论和流派，呈现出百家争鸣的局面。然而在我国，针对工作压力的研究尚处于起步阶段，尚未形成系统的理论体系。对于工作压力研究，从研究的侧重点及其发展来看，大致存在以下几种理论。

一是压力刺激学说。压力刺激学说认为压力是外界环境对个体的一种刺激，强调的是个体对于这种刺激所产生的生理反应。压力是一种消极负面的刺激，其根源于外界环境的刺激，并由此导致的个人反应或紧张。这种说法是压力理论的早期研究，主要代表人物是 Mann、Janis、Weiss 等人。

二是压力反应学说。压力反应学说认为员工在企业内外部环境的作用下，会产生这样那样的身心反应，包括心理方面、情绪方面、情感方面和个性方面。如在化工企业工作的员工可能会受到来自外部环境的压力，总是觉得自己吸进了过多的化工气体，总是产生患职业病的担心。代表这一学说的研究是来自美国的学者坎农的开创性研究结果。他认为，不同的人在相同压力环境下的反应程度不一样，因为每个人承受压力的程度和大小不同，但是他们的情绪反应基本类似，在外部环境的压力下，每个人的反应几乎都是负面的情绪，如害怕、担心、恐惧等情绪，这样的情绪一定会影响员工的工作积极性，因此管理者要适当减少环境对员工的压力。

三是压力交互理论学说。交互就是互相作用，本学说坚持压力不是来自内外部环境，也不是来自于个体的个性，而是员工与环境之间互相作用的结果，这个相互作用不是一蹴而就，而是一个系统的作用过程，这个作用过程会随着时间的变化而变化，也会随着员工工作任务和目标的变化而发生变化。无论是在工作任务上、还是在时间上、活动上，都是动态关联的。这一理论学说的代表人物是美国心理学家拉扎勒斯（Lazarus）。他本人更关注个体与环境之间的动态交互关系，并在此基础上提出了个体—环境交互理论学说。该理论认为，人们在面对生活或工作时常常持有不同价值观，以体现不同事件满足个体需求的意义或价值，洛克和泰勒将其归纳为物质价值、成就价值、目的感、社会关系、提升自我和保持自我五个方面。压力的产生既与价值观有关，又与主体的能力有关，具体来说它取决于个体的两次评价：第一次评价个体考察当前事件对自己的重要程度；第二次评价个体衡量自己所具有的资源是否可以应对事件的需求。也就是说，当个体认为目标事件很重要，又没有足够的资源或能力去完成该事件时，压力便会产生。在交互理论中，压力作为个体内在的一种心理过程，既不是个体特点的产物，也不是环境的产物，而是个体对环境要求与价值满足进行综合评价后产生的结果，压力会随着时间和任务的变化而动态发展。该理论主张通过调整个体的价值观、增强个体的能力或资源来降低压力水平。

四是个体—环境匹配理论学说。这一学说是目前得到最广泛认可的理论之一，也是工作压力研究领域中运用最多的。本学说认为压力的产生不是单单由于内外部环境，或者是员工个体因素引起的，而是员工的能力、素质及技能与工作要求相匹配的结果引起的，如果员工的能力不能满足工作岗位的需要，两者不匹配，就会引起压力的产生，如果匹配，就不会给员工带来任何压力。因此企业管理者在进行招聘工作时，必须要让个人和环境相互匹配。工作压力的产生是因为个体能力与工作要求不匹配。以服务人员为例进行研究，服务人员通常会采用正面积极的态度来应对顾客，他们需要对顾客有相当的了解和控制，才能服务好顾客，如果没有了解和控制，就很难进行对应的服务，会觉得这份工作的压力很大，因为没有办法对顾客进行高度的控制。每次的服务都得不到正面积极的回应，他们就会情绪低落，感觉自己做不好这份工作。

五是工作要求—控制模式。工作要求—控制模式（简称 JD-C 模式）是由 Karasek 提出的。Karasek 认为，员工在企业工作过程中，企业为了实现目标会对每个岗位进行年底考核，考核每个员工是否按照工作要求完成了工作任务，在这个过程中，同时也体现了工作控制，即员工在岗位工作的过程中，能力、技能是否能够达到工作要求的程度和层次。如果达不到，工作任务就完不成，如果达到了，工作任务就会顺利完成甚至超额完成工作任务而获得奖励。因此，此模式认为员工工作压力的来源就是工作要求，压力的大小和程度取决于工作要求和工作控制之间的关系，如果工作控制做得好，工作要求就轻松完成，反之，则会给员工带来极大的压力。这个学说在工作压力理论中影响力较大。而且随着时代和经济的发展，JD-C 模式理论有了新的发展和补充，即在工作要求和工作控制两者的基础上，增加了社会支持维度，由此形成了工作要求—工作控制—社会支持三维度的新模式，简称 JDCS 模式。

六是压力理论模型。这一理论是罗宾斯提出的。该理论认为，员工的压力是由企业、内外部环境和个体共同组成的动态情景，内外部环境因素是员工压力产生的外在原因，员工个体是压力产生的内部根本性原因，压力产生的大小、程度及造成的后果是由内外部因素共同作用的结果，结果通常表现为心理状态的变化、情绪情感的变化和行为的变化等。如果外因中的企业环境变化很大，员工的心理状态就会受到影响，担心外部环境的变化会引起岗位的变化而产生焦虑、担心等压力，随之行为也会发生改变。

七是关于工作压力的理论模型。该理论学说由纽斯特罗姆等人提出的认为员工压力主要来自工作因素和非工作因素的环境，工作因素是与工作直接相关的，来自工作内容、工作责任等方面，非工作因素来自工作之外的因素，如薪酬福利待遇等。它还认为，压力有积极性压力和消极性压力之分，压力如果能够督促员工努力工作，从而提升企业绩效，那就是积极性的压力，反之，就是消极性的压力。

八是付出—回报不均衡理论。由德国学者西格里斯特（Siegrist）提出，该理论以社会交换理论为基础，分别从付出、回报与心理投入三个因素研究工作压力的产生和形成。员工在工作方面付出了时间、精力以及努力等，获得的报酬、肯定及社会地位等作为补偿或回报，如果付出与回报没有平衡，如付出的太多，得到的回报太少，少得养活不了家人，这样产生的压力就很大。以后的研究有学者加入了另一个因素"过度承诺"，研究员工的投入与压力产生之间的关系，这个理论有三个情况：其一，员工在时间、精力等方面投入工作太多，这些他们称之为外部投入，而得到的内部回报却不多，产生的各种心理压力，造成心理不平衡状态；其二，员工对工作过于关注，投入太多的情感成分，这样如果结果没有达到他们理想中的程度，他们也会感受到很大的压力，因为我们一般坚信有付出就会有回报；其三，投入会强化付出—回报不均衡对于身心方面的影响。这些结论得到很多人支持，理论从付出—回报的角度，说明压力产生的原因及过程，提出过度投入会强化这种不平衡状态的效果，企业为了缓解员工的压力，可以调节付出与回报之间的关系，使其达到平衡状态，也可以调整投入的程度来调节压力的大小。

（一）压力的负面影响

1. 个体层面的影响

压力本身没有好坏之分，属于中性的概念范畴，但是过度的压力肯定会对身体和心理造成很大的影响。

（1）引起生理性疾病。有研究表明，人类50%～80%的疾病都与压力有关。压力过大会引起很多的疾病，如免疫系统功能下降，感冒、流行病等传染性疾病；心血管疾病，如高血压、心脏病等；肌肉疼痛或骨骼劳损，如腰椎间盘突出、关节炎、神经性头痛或背痛等；消化功能紊乱，如各种肠道疾病、慢性胃炎等。另外，精神高度紧张、压力过大还是导致不孕不育的重要原因之一。

（2）对员工心理的负面影响。大多数情况下，人的心理和生理的疾病很难严格区分清楚，有生理的疾病就会导致心理上的不舒服，情绪低落，这样时间一长,心理上的不舒服也会反过来影响生理的病症,有很多生理上的病症是心理作用的结果。压力对心理方面的影响不全是负面的,适度的压力对发挥员工的积极性有一定的推动作用,会引起适度的兴奋感和紧张度,对促进工作效率有积极的作用,但是压力过大,就会造成心理上很多的不良反应,如情绪紧张、不敢表达真实的情感、睡眠困难等,长时间的压力过大会引发悲观或厌世的想法,产生抑郁。

2. 对企业的不良影响

压力过大还可以给企业带来负面的效应,如工作关系紧张、工作氛围不良、容易出现矛盾等,造成企业管理困难。

(1)人际关系难处理。企业中如果大多数员工的工作压力过大,很容易被激怒,容易造成人际关系紧张;管理者如果工作压力过大,也会出现一些不适当的管理行为,偏激的、不公正的决策就会变多,造成上下级关系紧张,信任感缺失。同事之间因为压力过大也会剑拔弩张,一触即发,更多的负面情绪充斥在企业环境中,每个人都紧绷着一条弦,大家暴露的都是负面的急躁的情绪,遇到事情不是静下心来处理,严重者可能会大打出手。大家的抱怨越来越多,不信任感会在周围形成,对企业的抱怨也会增多,没有了正常的合作和协作关系。

(2)员工与企业之间的矛盾也增多。在企业如果工作压力成为常态,很容易损害员工与企业团队之间的关系,压力大造成情绪紧张,情绪紧张造成处理事情武断,武断的处理会造成不公平,不公平会导致员工对于企业的评价降低,失去了对企业的信任,忠诚度和满意度会随之下降,最后的结果可能是改变这种状态,如果不及时改变,员工的离职率会很高,企业的向心力也会没有了。

(3)催生员工负面行为。压力过大无法排解会催生员工的负面行为。例如,工作倦怠、工作低效、怠工、缺勤、破坏团队合作、败坏组织声誉、离职,甚至职场暴力等行为。根据美国职业压力协会(American Institute of Stress)的数据显示,在美国每年因员工工作压力所产生的直接或间接经济成本,几乎占到当年国民生产总值的10%,因压力所导致的疾病、缺勤、精力衰竭、心理健康等问题每年要耗费3000多亿美元,其他方面的损失还包括慢性职业病、员工索赔、滥用药物和酗酒等。英国的研究也显示,员工精神压力过大所造成的生产力下降,可导致每年8000万个工作日的损失,相当于37亿英镑的价值。

3. 宏观层面的影响

压力问题已成为普遍的社会问题,甚至成为社会发展的严重阻碍。中科院心理研究所和社会科学文献出版社共同发布了"心理健康蓝皮书"——《中国国民心理健康发展报告（2019～2020年）》。其中，分报告《2019年科技工作者心理健康状况调查报告》对包括科研人员、支撑人员、管理人员等在内的超过10000名科技工作者进行了问卷调查。结果显示，近1/4的调查对象有不同程度的抑郁表现，其中6.4%的人属于高度抑郁风险群体，17.6%的人有抑郁倾向。此外，超过1/2的受访者存在不同程度的焦虑表现，其中42.2%的人有轻度焦虑表现，8.8%的人有中度焦虑问题，4.5%的人有重度焦虑问题。同时因过度疲劳而发生猝死的情况越来越多。相关数据还显示，中国每年因工作压力过大导致的过劳死人数高达60万人。此外，压力导致中国超过4000万的适龄人口存在生育障碍，占育龄人口的12.5%（中国人口协会，2012），已然影响到了国家和民族的可持续性健康发展。

（二）研发人员的压力来源及其影响因素

所谓压力源，指给研发人员带来压力感的根本原因或因素。压力源有很多，如追求完美的个性因素、企业提供资源的缺乏、自己对目标的过度执着、同事间的竞争等，再加之不断变化的外部环境，使得研发人员需要不断进行个人状态的调整，一旦外部变化超过了研发人员成长和发展的速度，研发人员的压力就很大，他需要不断追赶技术的发展和知识的更新换代，如果压力源远远超过研发人员能够承受的程度，就会产生很大的压力感知，并对生理、心理和行为等很多产生负面影响。虽然研发人员的压力源来自很多因素，但是根据压力来源途径的不同，我们可以分为来自家庭的压力、来自工作的压力和来自社会的压力等。

1.来自工作的压力

工作和就业是员工及家庭收入的主要来源，对员工生活水平具有核心影响，也是员工压力的重要来源。因此，来自工作的压力成为目前普遍关注的热点问题之一。

（1）工作压力的内在来源。

①工作要求与工作负荷。工作要求对员工工作压力的产生具有最重要、最直接的影响。其中认为工作负荷是导致压力的关键因素，相关研究证实了工作负荷与不满情绪、不健康症状、抑郁之间存在正相关关系，同时证明工作量的大小和工作要求的多少是影响员工工作压力的两个主要因素。穆尔的研究发现工作过载是预测情绪耗竭最有效的指标，当工作任务和任职要求与员工KSAOs（Knowledge，Skill，Abilities，Others）不匹配时有可能产生以下三种情况：工作

要求<员工KSAOs，工作要求>员工KSAOs，工作要求=员工KSAOs。员工在第一种情况下，会感到压力不足，在第二种情况下则感到压力过大。换言之，压力过大的原因可能是员工能力达不到工作任职标准和要求。

②工作控制。卡拉塞克认为，员工压力的产生不仅与工作要求相关，还与工作控制相关。工作控制和工作要求共同决定并影响了工作压力，而其中工作要求是指工作任务的数量多少和工作的困难大小，工作控制是指员工对工作过程及结果的影响大小，员工的压力在高工作要求与低工作控制的情况下会产生。企业对于工作内容和工作标准要求很高，但是员工对工作具体行为的控制力量很小，那就不能保证工作能够完成，因此就加大了工作压力的产生，所以工作控制能够适当降低工作要求带来的员工压力大小。但工作控制对压力影响的大小还受到员工个人特点的影响，并不是每个员工都喜欢对工作进行控制，在自我效能感高与工作控制程度高、工作控制程度低与自我效能低感情况下，这样才能使得工作控制与自我效能感相互匹配，工作中的要求对工作压力的促进作用会随之减弱；而在低工作控制与高自我效能感、高工作控制与低自我效能感情况下，工作控制和自我效能感不匹配，随着工作要求的增加，工作压力的效果也会增强。

③工作支持。除了工作要求和工作控制，工作支持也会对工作压力产生影响。如果员工的社会支持系统比较强，即使有很高的工作要求，而员工的工作控制不高的情况下，员工也可以得到社会的支持而减少工作压力；如果社会支持较弱，员工就会产生一些负面情绪，就会影响到工作控制的大小，从而影响到工作要求的完成，造成很大的工作压力。员工的社会支持系统可以消除工作要求高对员工健康的负面效应。由此，我们可以看到那些高需要、低控制、低支持的工作会给员工带来很大的压力感觉，那些高需求、高控制、高支持的工作反而会促使员工顺利度过这些压力。

④工作资源。工作资源是工作期间企业提供给员工的支持力度，包括物质方面、财力方面、信息方面及精神支持方面等，工作资源的提供与否对员工所接受的压力也有很大的影响，如果员工对工作资源的支配力度很大，也就是权力很大，那他的工作压力会减少很多，如果员工对工作资源的支配力度很小，哪怕很小的资源也需要请示，他开展工作的积极性就会受到影响，所以也对员工的工作压力具有重要影响。在实际工作中，员工会不断地通过自己的能力来获得工作上的主动，工作资源能够帮助员工在适当的时候减轻压力，促进他们的发展和进步。当需求小于可支配的资源时，员工的压力就会减少。

⑤分工明确。明确的任务分工也会影响员工的压力,如果企业对研发人员的分工不明确,导致研发人员的工作内容不清晰,工作边界感不强,工作角色定位不清,即使自己工作做得非常出色,也会因为不明确的工作分工,让别人占了便宜,这样能干的人反而会受挫,带来的绩效分配也不公平,造成很大的工作压力和不满。分工不明确还会带来简单工作的重复,同事之间的责任推诿、部门之间的中间地带等,命令不统一的情况也会发生,这些会严重干扰研发人员执行命令的信心,会让他们无所适从,工作目标不明确,工作任务不清晰,没有任何工作成就感,产生很大的工作压力。同时,角色内部之间的矛盾冲突以及多个工作职责间的矛盾冲突,也是形成员工工作压力的主要因素。

另外,还有很多因素会给员工带来工作压力,如多样化的工作内容、目标的价值、任务完整性、独立性、回报性等,以及员工个性特征、工作角色期望与自我定位之间的匹配程度等。

(2)工作压力的外在来源。工作压力的外在来源,可以称为外源工作压力,是指产生于工作本身之外工作环境之中的压力。压力源主要包括以下因素:

①组织结构与组织过程。组织结构和组织过程属于企业的内部环境因素,内部环境因素对员工压力的影响应该更加直接,组织结构设计如果倾向于高层结构,那就有利于权力的集中,信息传递速度慢,组织结构设计趋于扁平化,企业更倾向于权力的下放,更容易实行现实授权,推动员工参与管理,这样就更容易调动员工的工作积极性,以主人翁的姿势参与员工管理,更容易增加员工的工作主动性,员工的压力更多来自怎样把工作做好的压力,而集权化的组织结构设计更容易埋没人才,不易调动员工的积极主动性。特别是对知识技能较高的研发人员来说,在明知管理制度有问题或管理决策有风险的前提下,他们对工作的认可度很低,可能需要违背自己的良心才能完成工作任务,会造成很大的心理压力。

②组织氛围与人际关系。组织氛围与人际关系作为员工工作压力源,主要表现为两种情况:

第一,缺乏群体凝聚力带来的压力,特别是因为管理方式不当、上下级关系紧张、同事关系不和谐、凝聚力差而给员工造成的心理压力。研究发现,工作场所的人际矛盾是焦虑、挫折感的重要来源,并与企业沟通渠道不畅通、沟通氛围防御性过强、沟通开放性不足、组织政治氛围过浓等原因直接相关。

第二,缺乏社会支持带来的压力。社会支持理论认为,支持感满足了个体的社会情感需求,从而对压力感知具有一定的影响。一项以高层管理者为样本的研究发现，组织支持对缓解高层管理者工作压力具有显著作用。在群体中，如果员工遇到问题和困难时，能够得到群体中其他人的帮助，或者能够和他人分享痛苦和快乐，有助于减轻员工的工作压力，否则将成为压力源。

③组织变革。组织为了生存和发展需要不断地进行变革以适应外部环境变化，包括兼并、重组、组织扁平化、人事调整等，这些变化不仅需要员工不断更新自己的知识、技能，对工作任务也会提出诸多新的挑战，使员工经常处在动态、紧张和不安全的状态下，也会产生非常大的心理压力。尤其是当企业面临经济危机或经营危机时，经常会采取裁员等措施应对财务负担和发展的不确定性，更会加重员工的不安全感，导致压力的产生。

2. 压力的其他来源

（1）来自企业外部和社会的压力源。

①宏观环境变化。宏观环境包括政治法律因素、经济发展因素、社会文化因素、人口习俗因素、社会技术因素、生活水平因素、金融政策因素等，各个大环境会对员工的生活和工作产生影响，从而会影响他们的工作态度。

②劳动力市场变化。在劳动力供大于求的情况下，对只具有一般性技能，或不具备年龄、性别优势的员工会产生较大的就业压力，也可能使得一些在职员工对职业发展和工资收入的前景产生担忧。

③跨文化冲突。社会文化环境的变化也会给员工带来压力。最明显的是一些跨国企业的驻外人员，到一个新的环境中工作，可能产生语言、文化和生活习惯等方面的不适应，给员工造成较大的心理压力。

（2）来自家庭的压力源。家庭关系紧张或家庭生活不和谐是员工重要的压力源之一。其表现形式很多：

①婚姻状态不正常。离婚、丧偶、与配偶关系紧张以及家庭生活不和谐等因素，会引起员工内心紧张、情绪低落、社会支持不足，导致心理压力的累积，若得不到及时缓解，可能直接或间接地影响员工的情绪和工作状态。

②家庭负担过重。例如，家庭经济状况窘迫、家中有长期需要照顾又无暇照顾的子女或老人，会使得员工感知到工作与家庭之间的不平衡，从而产生身体和心理上的压力，这种状况在一些女员工、子女年幼的年轻员工，以及一些"上有老、下有小"的中年员工中都会不同形式和不同程度地存在。

③家庭突发变故。家庭突发事件，如亲友死亡、病重，一些意外事故的发生等，都会在短时间内给员工造成很大的心理冲击，以致危害身体健康。

（三）研发人员压力感知的个体差异

压力还与个体的性格、环境控制能力及心理承受力有关，因此不同的个体对相同的压力源可能产生不同的压力感知。

1. 性格因素

一般认为，性格与个体对压力的反应直接相关。例如，A 型人格的人主要表现出紧迫感强，竞争性强和戒备感强等特征，承受压力的能力较差。心脏病专家弗里德曼和罗斯曼的研究发现，A 型人格的个体更易于激活交感神经（如增加儿茶酚胺的分泌），高血压、胆固醇和甘油三酯含量较高，使得个体患上与压力相关疾病的风险增大。这类性格的人对工作投入多、对压力敏感，但抗压能力相对较弱。在同等压力环境下，该类员工的身体和心理更容易出现问题。其他研究也显示，共存人格、无助—绝望人格比其他人格类型更容易感知到压力，而坚韧人格、幸存者人格、R 型人格对压力的耐受性相对高。

2. 承受能力

如前文所述，压力与个体对环境的掌控能力相关，如果员工认为他们对工作和工作环境能够控制，则自信心和抗压能力较强，如果感觉到很难控制环境时，则承受压力的能力变弱。个人控制环境的能力在一定程度上与心理承受能力相关。心理学研究表明，喜欢参与有挑战性和有控制感的员工，不惧怕压力，抗压的能力较强；反之心理承受力差的员工则难以承受过大的工作压力。

3. 经验阅历

个人经历、价值观、信仰及目标冲突也是影响员工压力感知的主要因素。例如，遭受过重大挫折并受到过伤害的员工，在遇到相同的困难和阻碍时，更可能产生畏难感，从而产生大的压力感知。当个人的目标与组织目标发生冲突难以协调的时候，也会使一些员工感知到巨大的压力、惧怕和退缩。而阅历丰富、信仰目标明确、有精神寄托的员工往往抗压能力更强，不易受到压力伤害。

（四）研发人员压力管理的意义

尽管一定程度的压力对员工和企业有益无害，但当压力过大，超过可承受的阈限时，无论对员工、企业还是社会均有损害。企业作为人群组织的重要载体和社会发展的中坚力量，有必要结合不同员工群体的特点，诊断员工工作环境中的各种压力来源，采取有针对性的减压措施，对员工的压力问题进行管理，以促进企业健康可持续经营。

员工压力管理的作用主要体现在两个方面：第一，通过工作和管理环境改善对员工进行有益的压力刺激，增强员工的工作热情和工作动力；第二，调整不适当的刺激对员工造成的生理和心理压力。狭义的压力管理主要就后者而言，其作用和意义体现在：

1. 减轻员工过大工作压力对组织的负面影响

虽然工作压力有程度和性质区分，也有很强的个体适应性，但是可以通过群体感知反映某一特定工作场所的压力程度。因此，一般所指的需要干预的压力是大多数员工所认定的，对组织、团队可能会带来一些负面影响，特别是对大部分员工可能会造成一系列不良后果的压力问题。职场压力管理的重点聚焦于如何解决过大的工作压力对组织所造成的负面影响。一些历史较长的规模型企业，工作压力所形成的管理成本也在显著上升。随着脑力劳动者的增加，员工工作压力的性质和程度也在发生变化。因此，调节员工与工作环境的不匹配性，降低其在职场中的压力，成为大企业控制经营费用、合理激励员工、改善人力资源管理的重要环节。

2. 提高员工工作生活质量的内在要求

组织帮助员工构建健康的工作生活方式是在为员工提供较高的工资报酬和更多的晋升机会以外的另一种激励形式，是提高员工工作生活质量的重要内容。许多企业在实践中认识到追求家庭与工作之间的平衡，是当今众多员工的价值观和追求目标，也是他们选择组织和工作的标准之一。给员工过大的工作压力不仅影响企业的经营收益，而且破坏员工工作与家庭生活的平衡感。家庭生活是员工的生理和心理健康的基础，是达到组织激励和留住员工的目标必须要关注的方面。

3. 新的商业竞争环境对员工管理的需要

现代企业所面临的外部环境正在出现一些新的特点，这些特点正在影响员工的工作价值观和工作行为。例如，互联网等信息技术的推广和使用，从两个方面改变了企业组织：第一，从技术角度改变了企业的生产方式和工作流程，建立在技术创新和信息技术基础上的竞争成为现代商业组织的新特征。信息技术是一把双刃剑，它在某种程度上降低了员工体力劳动的负荷，但同时也会增加员工脑力劳动的压力。第二，新技术促进了企业的多元化，员工队伍构成异质化越发明显，这种变化虽然给组织和员工队伍带来了生机，同时也显示出由于个人和群体间的文化和人口学特征差异而产生的冲突和矛盾，成为员工在工作环境中的又一大压力源。

4. 满足对新生代员工管理和激励的需要

新生代员工具有与老一代员工不同的特点，这些特点集中体现在价值观、生活方式和人际交往方式等方面。群体间的个性差异也很明显。例如，成长需求较高的员工，更加偏好富有挑战性的工作目标和工作岗位；他们能够承受工作丰富化和扩大化所增加的工作负担，并将其视为一种积极的组织期待，通过内在自我激励的方式将压力转化为自我提升的动力。这类员工积极参与企业的日常管理和战略决策，乐于与上级进行开放式的沟通，努力完成组织所给予的各项任务。与之相反，自我实现愿望较低的员工，不愿过多地参与企业的管理决策，担心组织变革会影响其现有的工作报酬和早已习惯的工作流程，对企业经营中的各项变化怀有较强的紧张感和抵触情绪，压力感知较强。这类员工的行为大多会表现为缺乏与同事和上下级间的沟通，不愿参与更多的培训和开发活动，惧怕复杂的工作环境和任务等。当其压力感知超出可承受的范围，有可能将怠工或辞职作为缓解压力的选择。

（五）企业压力管理的几种思路

鉴于压力给研发人员及组织带来的负面影响，如何解决并预防研发人员压力的产生，成为企业管理的核心价值所在。众多学者从不同的角度研究了压力干预的手段，为研发人员压力管理提供了有效的思路。

1. 双元压力干预

一些学者认为压力管理技术可以分为两大类：环境管理和人员管理。环境管理是指通过调整工作环境降低压力源，包括改善工作环境、改变工作方式、改进工作方法等多种形式，主要手段有工作再设计、增加员工自主决定权、提供同事支持的团队等。人员管理主要是指通过为研发人员提供支持使得其有效应对各种压力情境，主要包括运动健身、音乐、娱乐休闲、教育培训等形式。米姆拉和格里菲斯通过理论回顾的方式认为，以提供个人支持为基础的干预方式通常比改变环境的干预方式更为有效。

2. 压力干预的三级分类方式

墨菲把压力管理手段分为初级干预、二级干预和三级干预三个层次。初级干预试图通过改变工作场所的环境和压力来源的方式降低压力，主要方法有工作再设计、流程再造等，致力于创造压力较小的工作环境。二级干预是最常见的压力管理方式，主要意图是在没有引起严重的健康问题之前降低压力症状的严重性，帮助研发人员识别压力症状、提供压力应对措施、提高压力应对技能等。主要的干预措施有：认知—行为技能培训、冥想、放松、深呼吸、体育锻炼、旅游、时间管理、目标设定。三级干预旨在构建并实施员工援助计划，即 EAP 项目，以帮助研发人员从压力性事件中恢复健康状态。

另有学者从干预手段和结果的层面，将压力管理进行了三个层面的分类，即个体层面、个体—组织层面、组织层面。个体层面的压力管理措施主要介绍压力原因与结果的培训、认知应对技能与时间管理技术、放松与冥想技术。个体—组织层面的压力管理措施主要是指加强工作场所的社会支持，尤其是同事间的支持。通过同事间的交流与支持，可以彼此帮助解决问题、给予安慰与鼓励、分享成功的经验等。组织层面的压力管理措施更多的与组织开发有关，有助于奠定一种支持变革的社会情绪基础，通过组织文化的手段满足个体的需要以消除压力产生的原因。

（六）研发人员的压力特点与减压对策

最近几年来，许多国家都出现了研发人员由于过度疲劳引起的身体素质下降，或正在遭受某些职业性疾病威胁的情况。最早产生于日本的过劳死、较为普遍的亚健康状况以及日益趋高的抑郁症，研发人员都成为这类疾病的高发人群。研发人员的压力与普通员工相比，有其特殊性，具体表现为：

1. 由工作性质所引发的压力

研发人员大多从事知识技能类的智力型工作，工作内容相比于普通员工更加复杂多变和不确定，要求具有创新创造的研发产品出现，工作方式和形式更加多元化，工作时间不固定致使工作边界比较模糊，很多工作内容需要他们在夜深人静的时候独立、创造性地完成，这样的工作特点需要投入更多的精力和体力，始终处于高压和紧张的工作状态。

2. 由知识和技术更新所引发的压力

随着移动互联网的迅速发展，知识和技术的传播速度和更新速度不断提升，这对研发人员等知识类员工而言是巨大的压力，他们主要依靠知识和技能进行工作，需要不断进行人力资本的投资，吸收新知识，学习新技能，来应对行业的急速变化和越来越激烈的竞争，现代技术的变化越来越精细化，管理越来越综合化，他们的职业生涯规划要么走专业化的路，要么走综合化的路，不论哪种方案，都需要进行不断地学习和投资，因此他们的工作压力在不断增大。特别对于高新技术企业来讲，更要求知识员工具备多样化的能力。

3. 由职业生涯发展引发的压力

通常而言，研发人员的提升渠道应该比普通员工更多、更广，当然他们对自己的职业规划发展要求也比普通员工要苛刻，对成功的渴望也更大。所以他们在追求物质财富自由的同时，也在追求精神方面的满足，如职位提升、工作肯定、社会尊重和业内名声等。但一旦出现条件不具备或者能力受限时，这些期望没有实现，或者与其他同事相比，出现一定差距的状况，他就会感受到很大的精神压力。

4. 缺乏理解和有效沟通带来的压力

研发人员等知识技能类的员工通常具有独立的个性特点，强烈追求自立自强。但是他们的工作特点决定了工作的创新性，未来的不确定性，在这样没有安全感的工作下，他们更愿意获得来自家人、主管领导和同事的理解和肯定，后盾的支持给予他们更大的勇气克服工作中的困难，应对创新中的难题，有些研发人员在工作不完全如他意的时候，会持有怀才不遇的心态。因此，研发人员相对于普通员工，他们的心理压力是多方面、多维度、高层次的。

对于研发人员来讲，怎么减压呢？

（1）关注研发人员的情绪管理。研发人员尽管在知识、技能和工作能力上有特殊的优势，但其心智模式未必就是完善和健康的，即 IQ（智商）很高的人，未必 EQ（情商）也高。这说明，IQ 和 EQ 之间有时是背离的，而且这种情况更容易发生在研发人员身上，因为他们的 IQ 越高，越有可能忽视 EQ 的开发，从而导致 IQ 和 EQ 之间的背离程度大。随着研发人员的增加，IT 企业对研发人员的情绪管理更应加强，甚至有观点认为，情绪管理是未来人力资源管理的方向之一。

（2）培育研发人员的共有心智模式。一般认为，心智模式是指扎根于思想深处、影响人们对外部世界认知和行为方式的观念、观点和印象等。目前在人力资源管理研究中，对心智模式的关注主要在个体、团体和组织三个层面。个体的心智模式往往是内隐和潜在的，它影响人们的认知、观念、动机和行为，而且其形成与以往的经验有关。在一个特定的组织中，为了实现组织目标和团队任务，需要员工之间的合作和知识共享，因此需要构建共有的心智模式，即团队共有的关于完成任务的计划、方式和角色责任、分工合作等。当在一个特定团队中工作的时候，如果缺乏共有的心智模式，就会缺乏共同语言和行为默契，其结果是不仅给员工个体带来沟通障碍和压力，也会影响团队的工作效果。

（3）为研发人员的职业上升铺设多通道。知识员工，特别是从事技术性工作的研发人员，在传统的"官本位"的组织结构中所面临的职业发展障碍是，当职位上升到一定高度的时候，就会面临着艰难的选择：要么从事管理职务，要么止步不前。当研发人员不擅长或者不情愿从事管理工作时，他们就会遇到"玻璃天花板"和"职业高原"，加大因职业发展受阻而造成的心理压力。目前许多企业注意到了这个问题，开始有意识地为员工设计双通道或多通道的职业生涯开发模式，极力构筑一个"没有天花板的舞台"。

九、凯瑞·库伯的职业压力模型

凯瑞·库伯（Cooper）根据自己的研究成果，罗列出了一个比较简单明确和完整的职业压力模型（图2-2）。我们可以从图中看到职业压力的来源有很多种，他总结了这几种不同类型的职业压力源，有些是组织结构方面的，有些是工作本身特性方面的，有些是组织中的职业应激方面的，有的是与职业规划发展相关联的，有的源于同事关系，还有与在组织中所处的角色相关的。

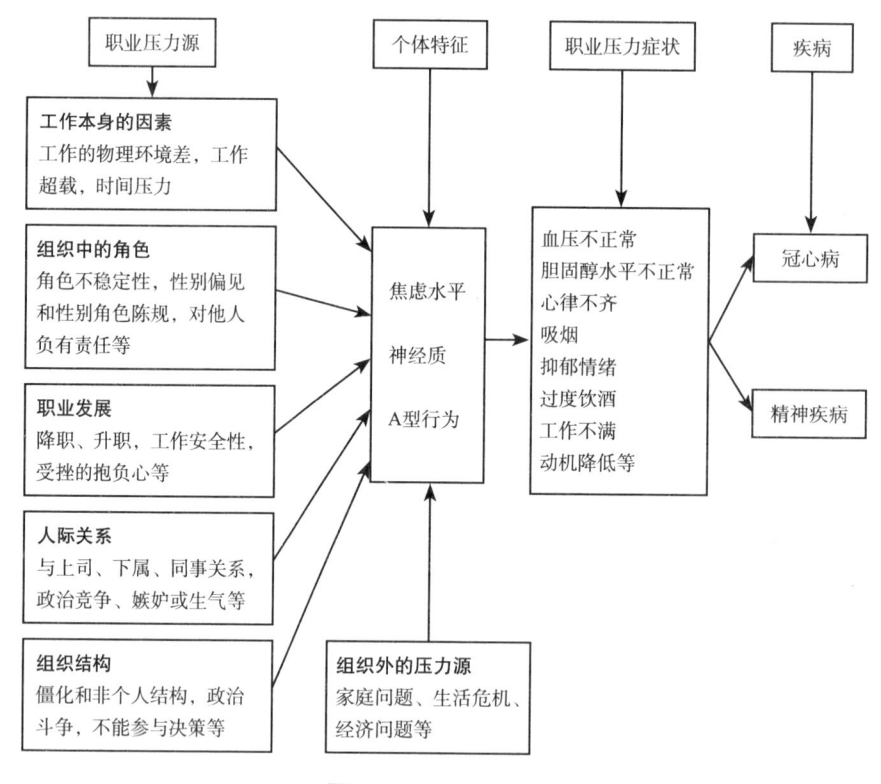

职业压力源：
- 工作本身的因素：工作的物理环境差，工作超载，时间压力
- 组织中的角色：角色不稳定性，性别偏见和性别角色陈规，对他人负有责任等
- 职业发展：降职、升职，工作安全性，受挫的抱负心等
- 人际关系：与上司、下属、同事关系，政治竞争、嫉妒或生气等
- 组织结构：僵化和非个人结构，政治斗争，不能参与决策等

组织外的压力源：家庭问题、生活危机、经济问题等

个体特征：焦虑水平、神经质、A型行为

职业压力症状：血压不正常、胆固醇水平不正常、心律不齐、吸烟、抑郁情绪、过度饮酒、工作不满、动机降低等

疾病：冠心病、精神疾病

图2-2 职业压力模型

第二节 员工援助计划理论

一、职业病与职业保健

（一）职业病

根据 2012 年 12 月 31 日第十一届全国人民代表大会常务委员会第 24 次会议《关于修改〈中华人民共和国职业病防治法〉的决定》的规定，职业病指的是事业单位、企业单位和个体工商经济组织等用人单位的劳动者在职业工作中，因粉尘、放射性物质和其他有毒、有害因素的影响而引起的疾病。绝大多数职业病是慢性的，可在数年之后才发病，危害极大，是可防而不可逆转的。一经确诊，职业病人即享有国家规定的职业病病人待遇。职业病既属于临床医学范畴，又属于预防医学范畴，由于职业有害因素对人体的损害以及治疗包括人体各个系统的组织器官，涉及呼吸、心血管、消化、肾、血液、神经等科，甚至也涉及眼睛、耳鼻喉、皮肤、普外、骨科、影像等学科。为了抑制职业病的过快增长，国家卫生部制定的强制性标准《工作场所职业病危害警示标识》于 2003 年 12 月 1 日起施行，国家安全生产监督管理局也将职业卫生纳入了安全生产工作的重点。

导致职业病危害的因素很多，所以职业病的范围界定也很宽泛。目前是不可能把所有的职业病都纳入法定职业病名录。依据我国目前的经济发展水平，并参考了国际通行做法，2013 年 12 月 23 日，国家卫生计生委、人力资源社会保障部、安全监管总局、全国总工会四部门联合印发《职业病分类和目录》，将职业病分 10 类共 132 种。其中：尘肺病 13 种和其他呼吸系统疾病 6 种，职业性放射性疾病 11 种，职业性化学性中毒疾病 60 种，因物理因素所导致的职业病 7 种，职业性传染疾病 5 种，职业性皮肤病 9 种，职业性眼疾病 3 种，职业性耳鼻喉及口腔疾病 4 种，职业性肿瘤疾病 11 种，其他职业性疾病 3 种。

必须说明一点，职业性疾病是属于与工作、职业有关的疾病，但也会发生于非职业人群中，所以说并不是每一个职业病种和每一个职业病例都必须具备特定的职业史或接触史。

与工作、职业有关的疾病的范围比职业病的范围更为广泛，它有三层含义：
（1）职业因素是该疾病发生和发展的诸多原因之一，但不是唯一的致病原因。

（2）职业因素影响了生理健康，促使潜在的疾病病发或加重已有的病情。

（3）通过改善工作环境和工作条件，可有效缓解或控制某些疾病的病发率。故此，在职业卫生工作中，应当将该类疾病纳入预防和控制的重要部分，以保护和促进职业人群的身心健康。常见的与职业和工作有关的疾病有：行为上（精神）和身心上的疾病，如抑郁、焦虑、忧郁、神经衰弱综合征等，这多由工作任务繁重、工作压力大、日夜轮班、吸烟酗酒、饮食失调等因素引起。也有的是因某一职业危害因素人为产生的恐惧等心理而致精神紧张、脏器功能失调。

慢性支气管炎、肺气肿和支气管哮喘等在内的慢性非特异性呼吸道疾患多是因吸烟、空气污染、呼吸道反复感染引起。即使空气污染的程度在卫生标准限值以下，患者仍可能会发生较重的慢性非特异性呼吸道疾患。其他疾病如消化性溃疡、高血压、腰背疼痛等疾患，也是与某些工作有关。

职业病带来的经济损失也非常严重。据有关部门粗略估计，我国每年因工伤事故、职业病所产生的直接经济损失高达1000亿元，间接经济损失高达2000亿元以上。

职业性疾病是影响工作者身心健康、造成他们过早丧失劳动能力的主要因素，其所带来的后果往往也会导致恶劣的社会影响。随着工业、化工等行业的快速发展，急性职业中毒事件多发，恶性事件也是有增无减，所产生的社会影响也非常大。

（二）我国IT业职业病状况

IT职业病是电脑辐射及长时间久坐及加班造成的互联网行业病的总称。IT业的迅速发展，极大地提高了人们的工作、生活质量，但同时也带给IT从业者莫大的痛苦，比如显示屏离人距离近，一般为30厘米左右，这些辐射的频率都在100千赫以下，它对人体健康影响属于非热效应左右。1998年世界卫生组织（WHO）在有关电脑屏幕与工人健康问题的最新修正意见中指出：电脑屏幕工作环境有些因素可能影响妊娠结果。那么究竟影响谁，怎么影响呢？首先，受影响的是男方，长时间受电磁波辐照，有可能使男性精子数减少，使精子基因畸形并可能变成不育或者畸胎。据一位研究男性学的教授说：数年前精子数每毫升一亿多的男性非常常见，现在一年也碰不到一个，每毫升六七千万的就算多了。医学上认为精子的正常值是每毫升六千万到一亿五千万个，少于每毫升六千万个就非常难怀孕。有报道说在电脑前1周工作20小时以上的孕妇生畸形儿的概率要比普通孕妇高 2～3 倍。面对这一重大优生问题，我们必须高度重视，稍有不慎，就有可能对家庭和社会造成无法弥补的损失。为了对国家、民族负责，我们有责任从青少年防起，非常多的青少年喜欢沉迷在游戏机、电脑前，他们更应受到关怀，建议有条件的家长应为他们配备屏蔽衣、裤。对于未婚青年男女更应高度重视，防患于未然。至于新婚夫妇，更应未雨绸缪。在女方怀孕前注意对电磁污染的防范。具体做法是夫妇两人上机前穿上具有防电磁辐射功能的防护服。一旦怀孕后，有条件的，女方可以暂时离开电脑前的岗位，无法调离的，则应穿上防电磁辐射防护服。

除此以外，IT 工作人员还有很多职业带来的疾病。

在这里，笔者特别提醒那些忙碌在 IT 一线的技术人员，更加要注重自己的身心健康，多多关注以下疾病。

1. 因为长期使用电脑导致的问题

人在使用键盘时，腕关节背屈 45°～55°，这应该是人的极限水平，基本达到了人能承受的最大范围。一般来说，正常成长中的人体的腕关节向掌面屈曲的活动度达 70°～80°，向手背部屈曲达 50°～60°。但是由于工作需要，研发人员在长期使用电脑操作键盘的时候，不自觉会使腕管内的肌腱因为受到牵拉而保持很高数值的张力状态，再加之支撑在桌面的手掌根部会持续不断压迫腕管，长期保持这种状态，肌腱会发生慢性损伤，造成相关组织的炎症水肿。随之而来就会引起大拇指、食指、中指等组织部位出现麻木、肿胀感、疼痛等症状，甚至还可能导致腕关节肿胀，致使手部的精细动作出现不灵活、无力等病症。同样，研发人员在使用鼠标时，反复不断、单一机械地把活动集中在大拇指、食指等一两个手指上面，这种既重复又单调的指部活动，使得手腕韧带拉伤，致使手腕部位的神经损伤或受到压迫而影响正常的血液流动。

解决方法：研发人员要重视经常使用的电脑的一些设施设备的摆放角度、高低等，如电脑桌上的鼠标和键盘的摆放高度，要低于研发人员保持正常坐姿时肘部的高度。尽量每工作一个小时就要起来活动一下身体各个部位，尽量做一些放松紧张身体部位的动作，如握拳、捏指等手部的动作。同时在不断使用鼠标的过程中，尽量不要悬空手臂，鼠标移动时尽量依靠臂力来移动而不要不自觉用腕力来使劲，正常情况下，要配备使用灵活的键盘和鼠标，不要过度用力敲打键盘及鼠标的按键。最好选择接触面宽、弧度比较大的鼠标，这样有助于力量的分散，避免在某一部位用力过多而引发疾病。

2. 因为长期使用手机导致的问题

随着移动互联网的迅速普及，因为使用手机过多引发的身体部位的问题越来越多，越来越普遍。有一种在医学上称作肘管综合征的病症，在日常生活中被称为手机肘。前几年智能手机还不是很普及时，患这种病的人大多是一些白领人士，他们使用手机的频率特别高，每天接打手机、发送短信的时间超过四个小时。现在这个数据只增不减，大家可以想一想，你自己每天有几个小时不拿手机，在不拿手机的这几个小时里，你会不会出现紧张情绪。据调研，手机肘早期表现为肘关节疲惫麻木、疼痛、胳膊有时抬不起来，这些很可能是因为接打手机时间太长、打电话时总把手臂蜷起来、用手机长时间看视频、在手机上微信聊天时间过长等，所有这些长期就会造成神经牵拉受损。症状重的有些表现为持续不断性疼痛，手臂经常出现无力的感觉，甚至拿着东西突然会掉落，这些都是在无意识状态下发生的，在前臂旋转向前伸时，经常因为疼痛的折磨而使某些活动受限。

解决方法：专家建议不得不经常使用手机的人们，接打电话、语音或视频聊天时应该尽量使用耳机，避免不要因为长时间弯曲手臂而导致出现某些部位的病症，或者应该尝试"左右开弓"，让双手轮流得到休息和放松。一般接打完电话、语音或视频聊天后应进行手腕、手臂等部位的活动，还可以用毛巾热敷一下用来缓解手腕、手臂等部位的肌肉紧张。专家提醒，如果人们发现自己出现特别高频率的手腕、手臂等部位酸痛、麻木等症状，或者在极短时间内就出现此类症状，应立即去医院就诊。

现代电子技术的发展，在给人类创造了巨大物质文明的同时，也把人类带进了充满人造电磁辐射的环境中。由于电磁辐射危害人体健康。它已成为继水、空气、噪声污染之后的第四大环境污染，并已被联合国人类环境会议列入必须控制的污染。我国环保部门也已于1999年5月7日正式告知新闻界：电磁辐射对机体（人体）有危害。

3. 时常性头痛

症状：经常感觉头部一跳一跳地痛，或感觉好像头部被什么东西裹缠着，并伴有轻微眩晕。

原因：工作中因长时间盯视屏幕、眼睛过度疲劳，加之经常性睡眠不足、工作压力过重等，这都是导致时常性头痛的直接原因。除此之外，工作节奏过于紧张，坐姿不正确、睡眠时间过长也可能会引发头痛。

解决方法：做到肢体和心理上的经常性放松，如不时闭上眼睛静坐、到室外做些简易的舒展运动。或者开窗通风，抑或戴上耳机听听音乐放松心情。头痛时禁止胡乱服用止痛片，长此以往，会令人对痛的感觉变得反应迟钝、损伤脑部神经。

4. 颈、肩部酸痛

症状：两肩酸麻、颈部僵直、精神萎靡不振。

原因：平时运动量过少、工作压力大，导致气血运行差，肌肉紧张，长久保持一种姿势导致肌肉毛细血管内形成淤血。

解决方法：当肌肉酸痛、紧张之时，可适当做颈肩部运动，除此，每天晚上睡觉之前洗个热水澡，温热患处。严禁长时间保持同一姿势。不要让肩膀吹风受凉，适当地舒缓心理压力，时常做做颈肩部按摩。

5. 腰痛

症状：腰部发胀、变沉、变僵硬，除了有疼痛感之外，更为严重者下不了床。

原因：女性与男性相比，更容易患上腰痛病，这是因为女性骨盆内的器官要比男性更为复杂、脊椎承受的压力负担也更重。

解决方法：如果腰痛程度比较轻，只需按摩或是伸展筋骨即可，平日里多多休养。如果腰痛程度比较严重，则不能采取强力按揉的方式，可以通过浸浴或都以电暖炉敷疗的方式使腰部增暖、促进血流通畅。

6. 眼睛疲劳

症状：黄昏时看电脑荧光屏上的文字会模糊有重影，伴随有眼球刺痛、眼皮沉重的感觉，情况更为严重者会出现想呕吐的感觉。

原因：眼镜度数与实际视力度数不符，或者长期佩戴隐形眼镜；长时间盯看电脑屏幕，屏幕亮度、对比度设置不合理。除此之外，眼睛干涩，长时间工作也是导致眼睛疲惫的主要原因。

解决方法：要经常性做眨眼运动，不时用清水冲洗眼睛。当办公室内空气太过干燥时，可选择无腐蚀性眼药水进行滴润。

7. 手足麻痹

症状：手脚麻木，感觉刺痛感力度小，甚至没有感觉。

原因：麻木多因肌肉紧张造成，尤其是在有空调的房间，情况更严重。

解决方法：调整桌子和椅子至适宜高度，不要长时间保持一种姿势久坐，经常变换一下坐姿。有空调风扇的时候还要避免手脚直接受风。

8. 慢性胃炎

症状：进食前后都感觉胃部下沉，无食欲、反胃、恶心。

原因：工作压力过大、睡眠不足、生活无规律、暴饮暴食。

解决方法：保持生活规律，配合药物治疗，充分休息。除此之外，注意加强预防。①吃饭要细嚼慢咽。②不偏食，营养均衡。③减缓工作压力。④缓解精神紧张。⑤戒酒、戒烟。

9. 便秘

症状：一天之内没有大便，身体就感到非常不适。

原因：女性较男性更易出现便秘的情况。便秘会导致心情烦躁，皮肤有粗糙感、还容易患上痔疮，所以要及时解决。对于年轻女性来讲，只要改变一下生活习惯，注意生活规律和饮食习惯就可以。

解决方法：①多吃蔬菜，吸收食物纤维。②跳绳可锻炼腹肌，帮助排便。③每天清晨喝一杯清水或淡盐水，有助胃肠代谢，吃完早餐后要养成上洗手间的习惯，并注意生活的规律性。

10. 慢性腹泻

症状：经常性发烧、体重持续下降。

原因：心理压力、心情烦躁是导致腹泻的重要原因。

解决方法：每天要多喝水，及时补充水分。忌喝冷水。适当吃止泻药。少吃或不吃辛辣、油腻、生冷、煎炸食物。

11. 溃疡

症状：胸口疼痛、易疲劳，严重时吐血、大便出血。对于十二指肠溃疡来讲，饥饿时会产生胃痛、呕吐的感觉。

原因：工作压力大，饮食无定时、无定量。

解决方法：生活有规律，定时定量饮食，常去医院体检，配合医生做好药物治疗，时刻保持舒畅的心情。

以上只是IT行业从业人员常患的几种职业性疾病或病痛，通过采用处理方法和预防措施后，症状仍不能缓解时还需要尽早求助于专业医疗机构。

来自北京大学公共卫生学院的宋文质教授对法定职业病有其独到的见解，他认为职业病是非常重要的公共卫生问题，和传染病一样，一定要谨慎对待，这不仅是一个疾病领域方面的问题，更是一个社会经济领域方面的问题。我们应该及时采取有效措施来应对，如果不及时或措施不当，必将会成为一个严重的社会问题。当前我们的职业病扩散趋势越来越严重，如果不尽快想办法遏制，我国每年将会因为这个问题而失去大量的精英劳动力，最终结果将会影响整个国民经济的可持续发展。

（三）什么是员工援助计划

员工援助计划（EAP），是企业为员工提供的一套福利项目，可以作为人力资源管理体系的一部分，是一项长期系统支持项目。企业聘请专业辅导人员对组织进行全方位调研，并做出调研结果分析，做出合理的判断。同时对员工及其直系亲属提供心理、社会等方面的专业指导和咨询，以此为员工及其亲属提供各种措施和方法，来解决他们在家庭和工作中存在的各种潜在心理问题、行为问题及其他领域方面的问题等，以此来提高员工的工作积极性，增强员工对企业的忠诚感，从而推动企业的工作业绩的提高。

1. EAPA 关于 EAP 的定义

2003 年 6 月国际员工帮助计划协会（Employee Assistance Program Association，缩写为 EAPA）审核通过的 EAP 的定义为：员工援助是企业为了增强员工行为的有效性，利用可以利用的资源，如核心技术等，来预防、识别和解决个人的相关问题，以满足企业提高生产效率的问题，提高工作场所员工行为的效率。

2. 相关学者关于 EAP 的定义

国外学者 Dessler 认为，EAP 是为面临情绪、压力、酗酒、赌博等问题的员工提供帮助服务，通过专业咨询、引导及有效的治疗等措施，指导和帮助他们渡过难关的项目。它是企业内部正式的系统项目。Arthur 认为，EAP 主要是提供心理评估、咨询辅导、治疗服务及家庭、法律、医疗与财务等方面帮助的过程，面向对象是存在心理问题的员工及其家属。Gloria 提出，EAP 是为员工提供援助服务的总称，是由管理者或由工会团体、员工协会与咨询顾问公司、社会团体、心理健康服务机构或个人签约等提供的服务。

20 世纪 80 年代，Goodings 等认为，EAP 是企业积极主动了解影响员工工作积极性的问题，通过合理的干预方法，及时评估和判断问题原因，帮助员工解决导致绩效产生问题的过程。1992 年，Bohlander 和 Sherman 提出，EAP 是企业为员工提供各种服务，如诊断、辅导、咨询等，以提高员工工作生活的质量，帮助员工解决在社会、心理、经济与健康等方面的问题，解决他们在工作和生活中遇到的难题,最终目的是预防各种问题的产生。

2003年,国内学者方隆彰提出,EAP是在企业内提供的服务,目的是援助员工处理个人问题、家庭与工作上的困扰或问题等,是由专业人员利用专业知识,如心理学、社会性、跨文化管理等相关知识,运用相关的专业方法,如沟通、访谈、团体辅导、活动策划与执行、调查、评估、压力放松、转借等技术和方法,协助员工建立正确的价值观和工作态度,提高工作绩效。2004年,罗业勤提出,EAP是组织对员工提供的福利措施,是一种关心员工生活和工作的项目,在劳资双方的共识下,由企业提供资源、预约时间和严格的程序,由特定人员帮助员工处理有关酗酒、情绪、家庭等问题,参与人员必须不歧视而是以接纳的态度来实施项目,还可以帮助员工处理有关人际关系的问题,如上下级之间、同事之间、男女之间的情感交流问题,或者相关的工作问题,如绩效满意度、晋升渠道、待遇满意度、惩戒惩罚措施等。

赵然和张西超认为EAP是心理辅导项目在企业实际应用中的产物,在企业隶属于人力资源管理的一部分,经过专业人员对员工的工作环境和工作压力等进行专业调研、判断等,并给出专业建议和专业指导,如通过心理咨询、心理讲座、团体辅导等技术,对员工及其直系亲属开展帮助工作,提供专业建议和指导,进行长期服务的系统化项目,来帮助员工及其家庭成员改变不良的沟通习惯和行为习惯,改善家庭氛围和工作氛围,改善工作环境,解决他们的心理行为及问题,促使员工的人力资本得以开发和增值,从而提高其工作绩效和幸福感。

二、员工援助计划的本质特征

(一)员工援助计划的服务内容

根据国际EAP协会对EAP概念及本质的界定,员工援助计划提供的服务被分为以下七类。

(1)EAP内容包括冲突处理、情商提高、工作心理健康、情感处理、职业规划与发展、员工满意度管理、员工纪律管理和不良行为管理、裁员心理危机、灾难性事件、健康管理、家庭关系、各种问题纠纷处理、财产安全问题、安全管理等各个方面,帮助员工处理遇到的工作和生活的问题。

(2)员工管理问题、人事制度问题、福利待遇问题、员工工作环境问题、职业升迁问题、技能提升问题、职业氛围与文化建设问题、非正式团体建设问题、企业核心竞争力建设问题、工作与生活矛盾处理问题、协调人际关系等。

（3）确保员工咨询问题的保密性，能够及时发现问题并提供解决措施和实施帮助，最终保证员工的个人心理问题不会对企业的业绩水平产生负面影响。

（4）运用积极正向的建设方法，进行建设性的研讨、判断、调研、激励等活动形式，让员工个人认知到自己的工作行为与工作业绩之间的关系，对于不能促进业绩发展的行为进行改进或消除，尽量保持和学习促进业绩成长的工作方法和工作行为方式。

（5）对于发现问题的员工要及时进行辅导、咨询，如果感觉有不妥，抓紧时间把企业员工转介到权威的专业机构，进行专业心理、医学等方面的治疗、咨询，并进行跟踪案例工作，及时了解情况。

（6）企业在建立外部EAP项目时，需要了解专业服务机构的情况，了解他们在业内的经验及做过的成功案例等，了解他们的口碑情况及信誉情况。帮助企业提供这些信息，建立企业与专业服务机构的联系，帮他们牵线搭桥。

（7）在企业内部进行EAP项目的实施，要尽量全面建立组织机制，设计的咨询内容要尽量广泛，能够更多地帮助员工解决实际问题，如酗酒、药物滥用、情绪问题、家庭问题等。另外，如心理障碍及精神疾病和行为问题需要进行的医学治疗要尽量依托专业服务机构。解决员工的心理顾虑，要积极使用这一公司提供的福利项目，以提高个体和企业的工作绩效。

（二）员工援助计划的特征

（1）严格保密。专业的EAP咨询机构应该严格恪守职业道德规范的要求，不得以任何理由向任何人泄露任何资料，管理者和员工都不必担心自己的隐私被泄露。

（2）秉承对企业和员工双向负责的原则。不仅为前来咨询的管理者和员工的隐私保密，也要积极参与协调员工关系管理双方的分歧和问题，一旦有重大状况（如危及他人生命财产安全）发生时，及时和企业方沟通解决并做好善后工作。

（3）建立来访者心理档案。心理档案应该既有纸质版又有电子版，纸质版是保留原始档案，电子版是为了更好进行数据分析，获取准确的心理健康监测数据，撰写心理素质报告，并向企业反馈报告的要点。

（4）EAP辅导形式多种多样。有团体辅导和个体辅导，还有各种形式的培训课程，如面对面咨询、小规模心理培训、大规模心理讲座等；辅导时间安排灵活，可以根据来访者的时间进行自主安排；24小时心理热线，来访者根据个人需求可以选择线上咨询或线下咨询。

(三）员工援助计划的分类

1. 根据项目实施的时间，分为长期 EAP 和短期 EAP

EAP 项目作为企业实施的整体系统项目，理应是长期实施效果更好，持续几个月、几年甚至无结束时间。因为不论是企业还是员工个人都在不断地成长和发展，如企业在初创阶段和快速发展阶段还有成熟阶段遇到的问题肯定不同，他们采取的措施也不同，管理者和员工在这个过程中有个适应的过程。无论从哪个角度来说，EAP 项目从理论上说应该是属于人力资源管理的一部分，应该是企业的常态工作项目。

然而有些企业只选择在某种特殊状况下才实施员工援助计划，比如企业裁员期间出现的心理恐慌、沟通困难以及被裁员工的应激状态；企业兼并整合过程中由于流程再造、角色转换重新定位、企业文化冲突等导致的压力和情绪问题；又如船难、空难等灾难性事件，员工的生活境遇会导致企业内害怕等负面情绪的蔓延，这种时间相对较短的员工援助计划能帮助企业顺利渡过这些特殊阶段。

2. 根据服务提供者，分为内部 EAP 和外部 EAP

内部 EAP 是在企业内部设立专门机构，配备专门人员负责这个项目，为本企业的员工进行 EAP 服务。这种内部服务最大的优点是比较了解企业和员工的具体情况，可以很容易找到问题所在，能够提供比较适合企业实际的解决措施；还有助于及早发现一些潜在的问题，避免问题被延误或耽误。当然也有不足之处，因为是本企业的同事进行辅导，在实施过程中员工难免会有所顾忌，担心自己的隐私被同事知晓，会有负面效应而不信任对方，以至于问题得不到解决；另外，内部 EAP 还需要企业培养这方面的专业人士，成立专门的部门，所以一般企业很难实施，只有比较大型和成熟的企业会建立内部 EAP。

外部 EAP 是由企业聘请第三方专业 EAP 服务机构实施项目。双方是通过合同的方式来约定项目实施的细节、费用及其效果等。企业在选择第三方服务机构时要注意一定要选择专业比较权威的、在业内有一定知名度并给本行业的企业有辅导经验的更好，而且也要看大家对对方的服务口碑如何等。企业方需要安排 1～2 名 EAP 专员负责联络和配合，需要提供给第三方服务机构本公司的基本资料。

一般来讲，内部 EAP 比外部 EAP 花费更少，更节省开支。专业 EAP 服务机构会有广泛的服务网络遍及全国甚至全世界，都能够为企业提供服务，这是内部 EAP 难以达到的。所以在企业运作中，内部和外部的 EAP 常常是互相补充、取长补短、结合使用。

另外,企业在没有实施经验以及专业机构指导和帮助的情况下,想立刻建立内部 EAP 会有难度,毕竟这个项目需要更多的专业人士和专业知识,还要经过专业的培训,所以绝大多数企业都选择先实施外部 EAP,最后建立内部的、长期的 EAP。

三、员工援助计划的历史沿革

(一)产生背景

EAP 实际起源于工人们的过度饮酒行为。19 世纪中期的西方,在工作场所饮酒是一种常见现象,包括雇主在内的大多数人都普遍接受这种行为,工人们在休息之余都跑去喝酒,就连工人在喝酒上的花销都由雇主来买单。

(二)萌芽阶段

20 世纪 20～30 年代起源于美国,当时美国一些企业雇主发现员工的酗酒现象非常多,甚至有些严重到影响工作效率和工作质量,经过不断的反思,人们已意识到酒精依赖不是道德问题,也不是精神问题,而是一种疾病。后来就有企业开始有意识聘请相关专业专家指导员工处理应对这些问题,建立了职业酒精依赖项目(Occupational Alcoholism Program,OAP),诞生了最初形式的员工援助计划。

1935 年,酗酒者匿名团体(Alcoholics Anonymous,AA)即 EAP 的前身,在俄亥俄州成立,这一团体成立之初是为那些有严重酗酒行为的员工提供援助。后来,第二次世界大战之前的几十年中,我们对于酗酒现象的关注点不再仅仅限于酗酒者的健康问题,而是将重点转移到酗酒对员工工作业绩产生的不良后果。这些关注首先来自企业的管理一线,他们首先发现了工作绩效降低与酗酒之间的内部联系,为了提升工作业绩,他们开始思考如何使工人们在正常状态下更好地完成工作。

(三)初步发展

在这个阶段,各种工作场所在第二次世界大战的背景下都不断出台了禁酒规定,此外,战争的爆发也对禁酒运动起到了重要的推动作用。第二次世界大战期间,参战各国对军需物资的需要急剧增加,致使各个生产工厂不得不对工作效率进行精确核算,如不断延长员工的绝对工作时间,增加员工的生产量,在这种生产压力最大化的情况下,管理者特别重视任何能够引起工作效率下降的因素。员工的大量饮酒一方面会造成工人的旷工，即使不旷工，工作状态也会受到影响，继而工作效率低下；另一方面工人们在大强度的体力劳动下，因为压力也会加大饮酒的次数，但是饮酒在生产过程中就存在着很大的安全隐患，这引起了越来越多管理者的关注，时刻警惕在工作场所的饮酒问题。

1938年，美国一共只有三个AA小组和大约100名成员，而第二年这一组织就已经遍及美国中西部和东部地区。越来越多的人在AA的帮助下，从不断酗酒的糟糕状态中解脱出来，继续工作，为企业创造绩效。

在这个阶段，OAP的实施都在秘密进行。为了保证企业内部的戒酒方案不为外人所知，管理者希望尽量减少参与其中的人数。这个时期出现的戒酒方案大多面临一个共同的困难，就是难以得到高层管理人员的支持。

1947年，联合爱迪生公司正式承认酗酒是一种疾病，并建立了三层治疗程序，帮助酗酒员工恢复健康。公司高层管理者在方案的展开过程中提供了更多正式的干预，工会在其中也起到了促进作用。

（四）快速成长

20世纪50年代，越来越多企业在内部实施OAP，此时的OAP不是隐蔽的而是公开的存在。他们开展了一系列课程，并经常组织会议进行讨论，议题基本都与酗酒相关，美国工业医疗协会（American Occupational Medical Association）成立了一个酗酒委员会，并在1950年，更名为饮酒问题委员会（Ommittee Problem Drinking）。在耶鲁大学的带领下，很多机构开始举办酗酒研究班，将酗酒问题列入他们的课程大纲和研究课题中。在这个时期工会也参与其中，工会的参与使得戒酒方案更加正规化和公开化。

（五）发展成熟

20世纪60～70年代，随着社会的发展，美国酗酒、吸毒、滥用药物等社会形势日益严峻，继而出现的家庭暴力、离婚、精神抑郁越来越影响员工在工作场所的表现，因此很多OAP项目服务扩大范围，把服务对象延伸到员工亲属，服务科目不断增多，服务内容也更加多样。1971年，在美国洛杉矶设立了EAP专业组织，即现在国际EAP协会的前身。这个机构的最初目标是帮助员工解决酗酒等不良行为。

随着经济的发展和社会的进步，国际交流不断加深，跨国公司不断扩张，国际间的学术交流越来越多，跨国留学生培养的需求日益增加等，起源于美国的EAP项目逐渐引入到欧洲及其他地区。特别是20世纪80年代以来，EAP在英国、加拿大、澳大利亚等发达国家都有长足发展和广泛应用。EAP 组织建立了 CEAP 协会（EAP 认证咨询师协会），开创了 EAP 咨询师这一职业。作为一名专业的 EAP 工作者，CEAP 需要达到 EAP 组织设定的标准，最重要的是对一些特定信息的保密。经过近 60 年的发展，EAP 已经从初期的酗酒、滥用药物等行为矫正发展到现在对个人心理和行为问题全面提供援助，现在的 EAP 项目还包括与员工心理问题相关的企业和工作流程设计、组织文化的塑造、管理风格的形成、员工职业发展规划等方面，越来越多地与企业的人力资源管理联系在一起。

1997 年，韩国三星集团第一次开展心理培训，心理学专家在三星集团陆陆续续做了二十余次的培训。2001 年朗讯科技（中国）有限公司、2002 年北京国际交换系统有限公司也分别请专家做了针对裁员的心理培训和辅导。企业裁员期间员工和管理者的心理帮助非常重要，包括裁员和裁员环境的心理调查、培训和辅导，可以减轻压力和恐慌，帮助企业顺利走过这个艰难的时期。2001 年 10 月，易普斯企业咨询服务中心在北京成立，这是一家专门的 EAP 项目服务机构，这表示中国的 EAP 发展逐渐迈上了正轨，开启了专业化和商业化发展的新征程。目前为止，管理者解决员工个人心理和行为问题的最经济有效的方法就是开展 EAP 项目，这一点被很多实践过 EAP 项目的企业所证实。企业为 EAP 每投入 1 美元，可在员工问题方面为企业节省 5～16 美元。

不仅是在企业，有很多国家的政府部门对 EAP 项目的实施也越来越持积极的态度，认为 EAP 项目不仅给企业带来绩效，也给社会带来很多益处，从此 EAP 项目在政府部门和军队也得到广泛传播使用。有的政府从立法方面加强了对 EAP 项目的监管力度，有助于帮助 EAP 项目更加规范地发展、传播。

《思想政治工作研究》杂志在 2014 年第 9 期"政工大讲堂"特邀中国 EAP 学院名誉院长李不言主讲"EAP 时代，你准备好了吗？"其提出继农业文明、工业文明之后，我国社会已经全面迎来了 EAP 的时代。

四、员工援助计划的应用与发展

（一）在国外的应用发展

1. AA——EAP 的前身

在西方，19 世纪中期酒精依赖是一种普遍存在的现象。在工作场所的酗酒也被很多人接受，但是管理者越来越发现，工作场所酗酒不仅影响员工的工作效率、伤害员工身体，也接二连三给企业带来了很多的问题，如旷工、怠工、离职,甚至引起很多工作安全事故。这时候,有些管理者、农场主和雇主开始有意识地控制酒精依赖对工作场所的负面影响。到了20世纪初,政府也参与到这项运动中,随着泰勒制生产模式的迅速应用和工人抚恤金的发放,禁酒运动出现前所未有的高速发展。

酗酒者匿名团体(AA)于1935年6月10日在禁酒运动高速发展的情况下成立了,它由美国人比尔·威尔森(Bill Wilson)在美国俄亥俄州倡导成立。作为一个互助戒酒机构,主要活动是由已经戒酒成功的员工帮助正在受到酗酒折磨的人彻底戒酒,重新回到正常人的生活。在组织的活动中,已经戒酒者主动分享自己酗酒以及戒酒的经历,带给酗酒者更多希望,以实现在大家的互助下都能戒掉酒瘾,过上正常人的生活,之后也要加入团队,共同帮助其他人员,此间,所有参与者对外都保持匿名。

2. OAP——EAP 的雏形

其实早在20世纪初期,有些美国企业就关注到来源于员工个人生活的问题,如吸毒、酗酒、滥用其他药物等问题影响了员工的工作效率和企业业绩,并开始帮助他们顺利渡过这个难关。到了20世纪30～40年代,EAP项目在美国得到早期发展。关注AA小组的越来越多,数量不断增加,成员人数也持续扩大。越来越多陷入酒精依赖的人在AA帮助下戒除酒瘾,重新过上正常的生活,为企业带来了效益,同时也为社会创造了新的财富。

它们的戒酒方案得到了很多企业的支持,企业开始主动聘请专家协助员工解决酗酒问题,企业内部形成了职业酒精依赖项目(OAP),这个项目是公开的,OAP是EAP的雏形。

其中,有两个人对OAP项目的促进作用比较大,一位是大卫,他独自在雷明顿武器公司进行着坚持不懈的努力;另一位是耶鲁酒精研究中心的拉尔夫·亨德森,从1948年起他就以咨询师的身份,向受困企业推荐戒酒设计方案,足迹踏遍整个美国。这两个人有一个共同特征:都曾遭受过酗酒的困扰,知道酗酒对正常人生活的危害,因此他们俩都自发地执着帮助那些仍受到酗酒困扰的同胞。还有两位工业医疗专家也分别为杜邦公司和伊斯曼柯达公司的OAP项目作出了巨大贡献,使得这两个OAP项目成为当时最有影响力的职业戒酒项目。这两位工业医疗专家是乔治·葛荷曼医生和约翰·诺里斯医生。

从20世纪40年代中期到50年代结束,美国酗酒委员会下设的劳动管理委员会建立酗酒治疗项目,这个项目是它与许多公司、工会及政府机构合作建立的,并不断进行摸索探究，取得了一些重大进步，促进了酗酒活动的规范化，越来越规范的酗酒方案设计在商业环境中变得越来越容易被接受。到了20世纪60~70年代，美国社会剧烈变动，致使药物滥用、家庭暴力、离婚、工作压力、疾病缠身、法律纠纷等个人生活问题影响企业员工的情绪和工作业绩。此时，OAP在项目工作中考虑的只是员工酗酒问题本身，还没有开始考虑酗酒问题背后深层次的原因。发起这些运动的人也没有意识到导致员工工作效率不高的社会环境、工作压力问题和心理问题。随着社会生活的不断进步，人们需求的越来越多样化，EAP项目才开始逐渐增多起来，很多项目也延伸了服务范围，把服务对象扩展到员工亲属，项目不断增多，内容也更加多样，此时的EAP项目是以解决与绩效相关的员工个人问题为主，这也开始了真正意义上的员工援助计划。

1971年，在美国洛杉矶成立了EAP专业组织，本组织就是现在国际EAP协会的前身。截至2002年9月，国际EAP协会已经有103个分会和6200多名会员。这些分会除了大部分都在美国本土，还有一些在澳大利亚、英国、智利以及其他国家，如2000年成立的日本分会，是国际EAP协会在亚洲的第一个代表组织。20世纪80年代，EAP组建了CEAP（Certified Employee Assistance Professional，国际员工咨询师，即EAP认证咨询师）协会，第一次开创了EAP咨询师这一职业。2009年国际员工咨询师在北京成立了中国第一个EAP分会，国际员工咨询师同时也开始了中国EAP咨询师的资格认证。从2007~2009年，CEAP在中国举办了三期EAP咨询师的培训班，并对部分学员进行EAP专业督导，帮助他们做好参加CEAP的资格认证考试准备，他们成为第一批在中国内地参加培训并通过考试的CEAP认证的中国EAP咨询师。

中国石油天然气集团总公司（简称中石油）获得国际EAP专业协会2016年度"EAP质量奖"。EAPA是全球规模最大，历史最悠久的EAP行业协会，会员遍布世界各地。EAPA举办的一年一度的"世界EAP大会"是行业内规模最大、水平最高、最具权威性的专业会议。EAPA每届大会会从全球优秀企业中评选一个机构作为EAP质量奖获得者，获奖机构的EAP服务商也同时获得表彰。这一奖项代表了国际EAP服务实践的最高水准。评奖委员会一致认为中石油的海外员工EAP项目符合国际EAP的标准和原则，拥有逻辑清晰、全面系统而且行之有效的持续提升质量策略，创造性地满足了员工和组织的需要。中石油是第一个获得此项荣誉的中国企业。中石油的获奖说明中国企业的员工关爱、心理管理以及EAP质量达到了国际水平。

3. EEP——EAP 的发展

从 20 世纪 80 年代开始，EAP 发展至 EEP（Employee Enhancement Program，员工增强计划），它更加强调人际关系管理、冲突管理、压力管理、全面健康生活模式、工作生活质量等问题，更加关心关注员工在工作生活中可能诱发健康问题的行为，侧重于不良状态和行为的预防。EEP 所关心的员工健康问题不仅是指身体上的健康状况，也指员工的整体身心健康，包括员工的情绪管理、人际沟通管理和压力管理等，以及其他各种成瘾因素，比如暴食、减肥、吸烟等，来指导员工维持健康的身心状态。EEP 的服务目标不同于 OAP，它已经由解决问题转为预防问题发生。EEP 注重从根本上寻找原因，找到解决员工问题的技巧方法。系统性、全面性、灵活性、前瞻性是其特点。

自 20 世纪 80 年代以来，随着社会的不断进步，员工的生活水平不断提高，企业规模越来越壮大，探究新管理思想的学派不断涌现，以人为本的管理得到广泛认可，企业员工对于心理服务的需求越来越迫切，于是在发达国家和地区，如美国、英国、加拿大等国，都涌现了大量 EAP 项目的实施。

总而言之，EAP 目前在美国非常盛行。特别是在企业、政府部门和军队都有着广泛应用。据不完全统计，美国近 25% 的企业不惜重金，为企业内部员工常年提供 EAP 服务；员工数量超过 500 人的企业目前基本都有 EAP 项目，员工人数在 100～499 人的企业超过 70% 也有 EAP 服务项目。在英国，员工中有 10% 能够得到 EAP 服务。在日本，有一种管理模式叫爱抚管理模式，这种管理模式就是 EAP 内容的翻版。政府每隔五年会进行一次压力普查，同时很多企业也在内部机构设置了许多用于缓解员工压力的设施设备，如发泄室、放松室、茶室等，来缓解员工职业压力和工作紧张；有的企业制订了员工健康计划或者健康增进方案等，帮助员工克服负面情绪的困扰，解决身心方面疾病的烦恼，缓解员工的职业压力，增加他们对企业的忠诚度。在 20 世纪 90 年代末期，《财富》杂志刊载的 500 强企业中，约有 90% 的企业建立了 EAP 项目。

在北美，EAP 项目服务企业的发展速度非常快，在 1971 年就已经有 300 家左右提供 EAP 服务的公司。1981～1992 年，提供这样服务的公司从 8000 家左右发展到 20000 家左右（美国 EAP 协会 1992 年数据）。随着这些服务的快速成长和发展，大学教授关注到了这点，开始了关于 EAP 服务的研究项目，1987 年在北美洲的大学中就达到 150 个左右，直到今天，这项数据不断在增长。于是在北美成立了国际员工援助计划专业教育委员会，到现在已经发展到接近 120 个成员国家。

在英国，我们没有搜集到关于EAP服务公司的准确数据信息，但我们可以说明的是这一数据很显然在持续增长中，特别是在针对个人的EAP服务项目。1996年，英国大约有600家EAP服务公司，曾经服务过80万名员工。1995年，英国工业协会的调查数据显示有超过半数的公司宣称拥有EAP服务项目，它的数据来源于699家企业。许多在实施EAP服务的英国公司设有美国分公司，像美孚、葛兰素等，促进了这个服务项目的国际融合。除此以外，还有强生、中东集团和英国航空也在实施EAP项目的服务。EAP服务项目于20世纪90年代后也开始出现在英国公共服务领域，如卫生管理局等。

（二）EAP服务在国内的开展

1. 在国内的发展

在我国，EAP服务开始得比较晚，它主要是从一些跨国公司开始开展活动的，这些公司设立在海外的分公司都已经实施过EAP服务，EAP项目的实施有比较完善的体系设计，我们本土的公司开始实施EAP服务才仅仅十几年的时间。

国内在2001年3月首次诞生了完整的EAP服务项目——联想集团客户服务部实施的员工援助计划。该项目是由北京师范大学心理系博士张西超主持，先对客户服务部的员工进行心理健康状况的调查，在对调查数据进行分析、研究和诊断的基础上，继续对员工的心理状况进行全面、深入地了解，然后提供给员工相关的指导策略，并给予组织相应管理措施和建议。紧接着又在公司内部针对员工开展了大量宣传指导活动，对管理者进行咨询式的培训，还开展了各种专题项目小组团体咨询，在管理层和员工中引起了很大的反响。另外，项目还开通了心理辅导热线电话进行服务。该项目设置了顺畅的反馈体系，在各种个体咨询、团体咨询以及培训中发现的问题及时反馈给企业，并集中给出措施进行处理，来改善组织的管理、帮助员工改进行为。同时在我国，政府部门也开展了一些类似项目。2000年，深圳市公安局成立了心理咨询中心为警员服务，开展心理咨询活动和其他培训服务等。2004年12月，上海市徐汇区人民政府的EAP项目正式启动，标志EAP正式进入我国政府机构。广东省总工会近年来十分注重职工人文关怀工作，于2012年5月在虎门设立了千万职工之家"心灵驿站"，并在全省启动"心灵驿站"的建设，为职工提供专业的心理服务。2018年8月，全国社会心理服务体系建设经验交流会在湖北十堰市成功举办。2020年1月，由中国科学院大学、亚洲组织与员工促进（EAP）协会、中国EAP学院（集团）、金企（北京）

科技有限公司主办的"健康中国行动·全员心理关爱（EAP）高峰公益论坛"在北京举行，500 名中外专家共谋"全员心理关爱"。2021 年经国家卫生健康委员会"十四五"规划重点课题专家委员会审议通过，"全员心理关爱计划"被确定为国家卫生健康委员会"十四五"规划全国重点课题。该课题负责人由国家卫生健康委员会重点课题研究员、全国首届优秀心理学工作者李不言担纲。将 EAP 的定义拓展为全员心理关爱计划，是课题组对 EAP 服务在中国本土化发展所作出的实质性探索和贡献。

同时，一大批外商投资企业如可口可乐、杜邦、惠普、宝洁等，特别是 IT 行业的外企争先开始实施他们在中国的 EAP 项目。有部分外企采用 EAP 内部服务的模式，即由企业内部的 EAP 服务专门人员来实施，给员工提供心理咨询和行为调整等相关的服务，但是还有很多企业为了保护员工个人的隐私，选择由外部专业机构来实施 EAP 服务，这样便于更加专业为员工和企业服务。随之国外的 EAP 服务机构逐渐进入中国市场，还有的 EAP 服务公司采用远程咨询的方式从国外向在中国本土的员工提供心理咨询辅导。

数据显示，在中国接受 EAP 服务的对象绝大多数是中国本土的员工，虽然也有少数的外籍员工，但是不具有典型性。以面向本土员工为主的 EAP 项目服务内容和方式因为在文化差异、员工的意识观念和思考方式等存在差异，必须进行必要的调整。其中最重要的是必须由本土的专业咨询人员来向本土员工提供这项服务，一个非常重要原因是保证沟通的顺畅和到位的理解，服务效果才能有效，达到员工和企业想要的结果。由此，一些本土的 EAP 服务机构不断成立涌现出来，经过培训后为本土企业提供相关的 EAP 服务，如上海大众集团、中国国家研发银行和联想集团等企业走在了前面。

我们坚信，随着本土企业接受越来越人性化的管理理念，会更加关心和关注员工的工作生活状况，再加上来自各类专业服务机构的推动、本土高校及研究单位开展的项目支持等，我国本土的 EAP 服务行业会日益发展，EAP 项目也将成为中国企业向员工提供的一种具有普遍性的福利项目。

2. 在中国发展遇到的挑战

EAP 项目作为一种源于西方世界的服务项目，在我国的发展和壮大也会经历一个逐渐适应的过程，这个过程中难免会面临很多挑战，遇到很多水土不服的问题。

在 EAP 的发展推广方面。EAP 项目服务机构提供的是有偿服务，在实施过程中需要企业做出投资，然后由企业作为一项福利项目免费提供给员工。既然是投资，自然有投资回报率的计算，所以企业或组织会特别关注成本效益或投资回报，这样企业就遇到了一个非常具有挑战性的问题，即如何在短时间内来评价一个 EAP 项目的成功与否。实践中，一个企业或组织是否接受 EAP 项目，与企业高层决策者对员工的态度，即对人性的认知有非常大的相关性，同时也取决于他们对企业员工的心理健康和行为问题及其对组织绩效的影响等方面的关注程度。所以，这个项目的成功实施仅靠专业的 EAP 项目服务机构单枪匹马作战，效果不会很明显。如果几个部门形成合力效果会更好，如政府部门在某种政策上的倾斜，或者要求加强对员工心理健康和行为保护的宣传等，这些措施都能够或多或少减轻 EAP 项目服务机构的压力，减轻企业用户的心理负担，加大 EAP 项目的推广力度。当然，最核心的还是来自专业服务公司业务能力的提升，在专业的领域深耕专业的事情，不断进行宣传和市场培育，这样就能从 EAP 项目本身去吸引和加强决策者的合作意向，促进 EAP 项目的推广和发展。

EAP 项目服务秉承最重要的一项原则是保密性，但是这项原则对在中国实施 EAP 服务带来很大的挑战。因为这种保护隐私的特殊要求，要实施 EAP 项目就必须建立在服务公司、员工以及企业三方面之间非常信任的基础上。但在实际运作中，专业服务公司通常会受到来自员工方面的怀疑，怀疑他们是否能够真正确保员工的隐私不受到侵害，真正做到中立，而不受项目费用支付方的支配和制约。这种怀疑如果不被消除，员工就不会主动把自己的真实状态提供给专业服务公司，专业服务工作在非真实数据的基础上做出的结论，其效果一定会有限，这样 EAP 项目实施的效果就大打折扣，最终导致项目以失败而告终。因此，前期的项目推广中一定要特别注意这点，要确保员工从内心认可自己的隐私权得到充分保护，这是成功实施 EAP 项目的关键点。

理论上来说 EAP 项目服务是一个很好的概念，但是当服务在某个企业或组织机构以一系列具体形式去实施的时候，对 EAP 项目服务公司来说具有很大的挑战性。因为不同的企业或组织机构的所有制性质、所处行业、企业规模、地理位置以及人力资源构成上都有很大不同，所以，服务机构在实施 EAP 项目时，首先，一定要对企业认真进行前期调查工作，需要通过一系列途径来深入了解这个特定企业或组织机构及其员工的需求，比如在企业层面的项目前期调查和在员工层面的相关调查等；其次，要根据调查数据分析结果来决定实施项目中的教育推广工作，设计出符合企业真正需要的 EAP 项目的计划，并决定采用什么样的具体服务形式更加适合企业的具体情况。最后，在实施EAP项目过程中，管理层和员工对项目的认知可能是遇到的最大困难，这就需要服务人员不断地向管理层和员工进行EAP项目知识的普及，并开展相关教育和培训工作，以期提高他们对项目的认可，使得项目取得最终成功。

EAP项目基本上应该包括以下三个层面的工作：

一级预防：清除引起问题的来源。

一级预防又叫初级预防，一级预防的目的是建立一个积极向上的、健康的工作氛围。通过积极调查，及时发现企业中导致员工出现职业心理问题和健康问题的因素，通过专业技巧减少或消除这些因素，更重要的是要利用原有企业的规章制度如人力资源管理制度方面的政策，对企业进行"望闻问切"，能够及时发现问题和解决问题，进行准确的诊断。按照经验来说，一级预防可以通过改变一些人事管理政策来实现，如对企业内员工间的信息沟通进行改善，进行流程再设计，让基层员工参与企业的管理，发挥更多的主动性、积极性等。

二级预防：教育和培训。

二级预防的目的是通过教育和培训，让企业员工获得专业心理健康知识，懂得怎样提高自己的心理健康水平，改善心理素质，提高心理抗挫能力，提高工作效率。在EAP项目的设计中，有很多课程有助于实现这个目标，如应对工作压力管理课程、放松技术课程、自信心训练课程、指导生活问题以及解决问题技能等方面的课程。二级预防的另一个重要目的是向企业的人力资源管理人员提供特定的培训课程，让他们把项目里的很多人本管理的方法技巧用于日常人力资源管理过程中；并向组织内从事人事员工保健的专业人员提供专门的培训课程，提高他们对员工心理健康水平的认知，同时提高他们对员工处理个人问题的能力，帮助员工更好处理问题，提升企业的工作绩效。

三级预防：员工心理咨询与辅导。

三级预防的目的是通过专业的心理咨询和辅导，解决员工存在的心理问题，改变心理状态，以应对工作和生活中的各种压力。员工心理咨询和辅导是由专业的心理咨询人员向员工提供个别、私密的心理辅导服务和咨询，来解决各种心理问题的方式。通过专业的服务方式，促使员工保持较好的心理状况来生活、工作和学习。但是现实中员工有很多职业心理健康问题与家庭生活方面密不可分的，因此，员工的心理咨询和服务通常也要针对员工的家庭成员展开，才能达到最终的目的。

EAP 项目在中国发展的一个很重要的挑战是 EAP 专业服务人员的培养和素质提升。从 EAP 项目提供的服务性质来看，EAP 项目专业服务人员应该具有心理学、社会学、行为科学知识，还应该具有职业发展咨询、社会工作实践、管理学、教育学等方面的专业知识，或者正在从事相关专业方面的工作。除此以外，EAP 专业服务人员必须具备相关领域的专业实践资格，如心理咨询师或职业规划师等职业资格证书。另外，要做好企业的 EAP 项目，就必须熟悉和了解所服务企业的行业性质、组织机构设计、企业战略、企业文化及其员工的水平和素质等，还有熟悉公司内部作业流程的一般知识，并且能够了解企业员工的一般心理状态，预测员工在此企业工作可能会面临的各种问题。

EAP 项目的最大挑战还来自项目实施效果的评估。多项研究对 EAP 项目的投资回报或成本效益做了说明，进行了比较系统地分析，但是在实际项目操作中，评估 EAP 项目效果是一项长期系统的工程，需要大量数据的支持，企业必须有多年的数据积累，而且需要对所有的相关数据资料进行比较系统化的分析。所以，实施 EAP 项目是个长期的工程，对于急功近利希望在短时期内看到效益的企业组织机构来说，挑战是非常严峻的，或者是前所未有的。

3. EAP 在中国的发展前景

EAP 项目在中国未来的 5～10 年中，随着中国经济的快速发展，它会有一个飞速发展的过程。因为经济的发展会带动支持经济发展的相关行业的发展，包括 EAP 服务行业的快速发展。一方面，经济快速的发展，需要高质量的人力资源参与进来，高质量的员工就需要具备更健康的心理和情绪状态，始终保持积极向上的精神状态，用全部的精力和饱满的状态投入到经济建设过程中；另一方面，经济的快速发展促使人们的生活节奏加快，物质生活水平也随之不断调高，个人发展的需求越来越强烈，致使人际关系变得越来越脆弱，处理起来更加具有挑战性，这就需要 EAP 项目来帮助员工处理好情绪对工作和人际交往的积极促进作用。经济的纵深发展也对个人发展和在社会中的竞争力和适应性等要求也变得越来越高，促使组织机构的高层管理人员和员工越来越关注对心理健康水平的提高上，更加关注自我和团队的融合发展中。

在中国，EAP 项目的发展必然带上某种形式的本土特色，因为我们必须从实际发展出发，融入 EAP 项目的精髓，促进服务的本土化发展，避免出现水土不服。其中很多形式，还需要政府相关部门的推进和支持才能更好发展。如员工的职业安全与健康福利以及工会和妇联的工作都可以作为一个切入点来进行推进。

我们坚信政府在这个领域给予政策上的支持会越来越多，再加之财政上的支持和资助，就更体现了整个社会对这个服务项目的认可，就更能够充分地体现员工的身心健康对推动或加快经济发展的重要性不言而喻。

　　EAP 项目起源于西方国家，并在西方经济发达国家得到了快速成长。在这个过程中，国际 EAP 行业积累了相当多数据，这些数据分析承载了行业的成功经验，形成了行业标准；通过借鉴这些经验，促进 EAP 项目在我国的发展，让我们从高标准开始，少走弯路、提高和规范 EAP 的服务质量，对我们提升 EAP 项目的发展潜力等将起到很好的促进作用，特别是来自我国香港地区和台湾地区的实践经验更加宝贵，因为它能帮助我们更好探索 EAP 项目中国特色化，探索具有中国特色的 EAP 项目发展道路。因此，EAP 在中国未来的发展中，除了需要借鉴就近的经验以外，必然会与广大同行进行大量的经验交流，还要加强包括与国际 EAP 协会的沟通和合作等。

　　中国最早关于 EAP 项目的服务，偏重于员工的心理辅导、情绪困扰，解决员工工作中的职业压力、职业规划、组织公平感等问题，而很少涉及与员工个人生活有关的服务项目。随着 EAP 项目在中国的普及和企业以人为本观念的加强，中国 EAP 项目计划的服务项目开始更加关注员工的个人生活，如法律援助、健康的生活方式、理财、饮食习惯、情感困扰等方面的问题。随着国内企业对员工关怀的日益加强和各类专业服务机构的推进，以及来自高校和其他研究单位的支持，中国的 EAP 项目正在成为向企业员工提供的一种普及的心理健康援助服务。在某种意义上，EAP 中的"E"还可以理解为 Enterprise，即称为 Enterprise Assistance Programs；EAP 还可以称为 OAP，即 Organization Assistance Programs。EAP 项目在中国未来发展的过程中，秉承最基本的帮助员工提升个人心理能力和素质，还同时要协助企业达成提高工作绩效、完成工作目标的任务，调节员工、管理者以及组织机构三者之间关系的协调工作，所以，EAP 不仅关注员工的个人发展问题，还会为企业目标的实现带来关键性的决定。

　　在中国 EAP 项目未来发展中，要寻求持续不断地发展，就一定要转移到更切合本土实际需要的关注点上。在我国存在不同性质的各类企业，即使是同样的性质，也有规模发展的不同，企业也有不同的发展阶段，会采取不同的发展战略，员工在不同的发展战略下享受到的企业福利也不同，因而他们对 EAP 服务的形式和内容要求也不尽相同。所以 EAP 项目在未来的发展，必须考虑目前我国这种特定的社会文化和经济发展环境，应该采用灵活多变的形式来满足不同企业和各类员工的需求。

目前在我国香港和台湾地区，成立了许多 EAP 专业服务机构，致力于员工和企业整体的心理健康问题服务。在我国内地，EAP 项目进入较晚，没有一定的发展基础，而且在很多企业中还存在着根深蒂固的物质情结，没有真正把人力资源作为最重要的资源，许多企业还没有意识到 EAP 的作用以及它会给个人和企业带来什么收益。因此企业对员工心理健康和心理卫生方面的关注度不高，意识还比较淡薄。我们坚信这种现状正在逐步改变，中央电视台公布的"中国年度最佳雇主调查"显示，越来越多的企业特别是 IT 企业已经改变了传统的认知，逐渐认为员工才是企业最大的资本，进而针对员工的身心健康的维护工作不断开展，这将成为企业成长发展中必须认真处理和谨慎对待的人力资源管理工作。

第三章
IT企业研发人员职业环境现状及需求分析

第一节 相关概念的界定

一、IT 企业研发人员的界定

我国 IT 行业中，主要存在两种典型的软件研发模式：一是团体研发模式，团体研发模式是以项目组为单位，由多个 IT 企业研发人员组成项目团队，根据研发产品的技术要求和能力要求，选拔符合项目团队能力和素质要求的成员，进行分工协作，互相配合，互相商讨，集体完成一项科研项目的模式。二是个体研发模式，个体研发模式是指研发人员个体独立进行科研项目，没有其他团队成员，没有分工协作，所有的工作全部由个人承担并完成。从实际数据来看，我国乃至全球的 IT 企业采用的研发模式，多是选择团队研发模式。因此，本文研究选取团体研发模式下的 IT 企业研发人员为研究对象。

在团体研发模式下，软件设计研发和软件产品实现是分离的，软件设计研发主要由系统分析员完成，这项工作要求独立探究精神、独立创造的能力和素质，也要注重团队的协作运行。而软件产品实现主要是由普通 IT 企业研发人员来完成的。实际项目实施中，系统分析员人数很少，一个项目团队常常配备一个系统分析员，因此，本研究中的 IT 企业研发人员特指普通 IT 企业研发人员。

IT 企业研究开发人员主要包括研发人员、技术人员和辅助人员，应根据企业的技术研发过程研发人员身份、确认技术人员，确定是否应纳入统计范围。

（一）研发人员

研发人员是指主要从事研究开发项目的专业人员。

（二）技术人员

具有自然科学、工程技术和生命科学中一个及一个以上领域的知识技术人员和技术经验的人员，通常在研究人员的指导下参加研发活动，应用有关原理和操作方法执行科学技术任务：搜集整理关键资料；在实验、测试和分析前期准备材料和设备；操作实验、进行测试和分析；编制计算机程序；记录测量测试数据；进行计算，编制图表，从事统计调查。

（三）辅助人员

辅助人员是指参加研究开发项目或直接协助这些研究开发项目的有关人员。

本研究中的 IT 企业研发人数的统计范围，主要统计与企业签订了劳动合同的企业的全职工作人员。对于兼职或临时聘用人员的数据统计，全年需在企业累计工作 183 天以上。

二、IT 企业研发人员的群体特征

从事研发工作的人员普遍年龄比较小，呈现年轻化的特点，一般接受教育的程度和水平比较高，个性鲜明，善于独立思考，独立工作能力强，创造创新性强，观点新颖独到，通常他们收入水平比较高。

研发人员的需求层次比较高，有着强烈的"受他人尊重及自我实现"的需要。受到学历背景和工作特点的影响，他们非常重视维护自身的权利，喜欢自由、平等的氛围，具有强烈的独立意识和自我意识，一直孜孜不倦保持着对专业知识和研发技术的探索热情，注重更新自己的技能和知识，是典型的学习型和知识型群体；对个人的成长和事业有着清晰明确的目标，工作中他们积极争取自立自主，喜欢用自己认为有效的方式进行工作，不喜欢被领导指挥，并且享受与自己素质能力和贡献相称的薪酬水平，同样喜欢自由支配和分享自己创造的财富。

研发人员是企业发展的核心，是知识型人才的重要代表，主要负责企业新产品的科研和开发。作为知识型员工的重要代表，研发人员的工作特征相比较于其他类型的员工，也具有一定的特殊性。研发人员在企业发展中主要负责新产品的研究开发，主要从事创意性的工作，因此研发人员的工作时间和工作地点不太受限，工作流程和工作计划都无法提前预知，也导致企业领导层无法对研发人员的工作过程和工作效果进行具体的监控和量化。对于研发人员来说，创新和创意是工作价值的体现，研发人员所做工作没有任何客观性的规律可言，研发人员自身对专业知识的学习、重构和创新，是新产品研发的关键，通过发挥自身的知识价值，推动企业更好发展新产品。

不管是何种形式的工作种类，都越来越重视团队间的合作，研发人员也不例外。在竞争激烈的市场环境下，研发人员之间的团队合作尤显重要，每一个研发人员在团队中各自发挥自身的优势，综合发挥团队合作的力量，开发新产品，促进企业的发展。为了适应激烈的市场竞争环境，团队合作是目前企业研发人员主要的工作模式，团队合作也是研发人员工作特征的主要体现。

三、IT 企业研发人员职业环境界定

依据人性需求理论，本文中 IT 企业研发人员的职业环境包括具体的工作环境、生活环境、人际环境、成长环境及个体的情感、心理等虚拟环境。

四、软件研发的工作特点

软件行业的知识更新很快，一种新的语言或一种新的研发模式很快会淘汰旧的技术，要跟上业界的发展趋势，研发人员的学习压力很大，要求研发人员高度关注业界动态，及时更新自己的知识。

软件研发是一门实践性很强的科学，要求研发人员勤于操练。软件研发是一种高强度的脑力劳动，研发人员经常会为了一段代码或一个模块通宵加班。封闭式研发时，一两个月不离开研发地点是常有的事，因此对研发人员的身体素质和精力要求比较高，有很多研发人员由于健康的原因不得不离开这个行业。

第二节　职业环境现状调查分析

随着互联网和高新技术的迅速发展，IT 企业的竞争越来越激烈，给软件研发行业从业人员的工作和生活带来了越来越大的压力。一方面，面对行业经济周期越来越短的困境，从业人员必须不断更新知识和技能，孜孜不倦地进行自我更新，避免被替代。另一方面，创新的工作环境，繁重的工作压力，更高层次的精神追求，又迫使他们必须积极正面应对。

一、日常生活和工作方面

搜狐 IT 与国内著名咨询机构易观国际、《IT 时代周刊》、《知识经济》、硅谷动力、《21 世纪经济报道》、海龙资讯网、《新京报》等媒体共同进行了一个专项调查，是专门针对 IT 企业研发人员的。本次调查以问卷方式实施，回收有效问卷共 30315 份，以下是调研分析结果。

（一）工作量大，大量占用休息时间

调查表明，IT 软件研发行业从业人员常常存在"工作时间过长、休息时间被

第三章 IT企业研发人员职业环境现状及需求分析

占用"的情况。

如图 3-1 所示,比例高达 77.8% 的软件研发人员每天工作 8 小时以上,其中竟有 22.5% 的人每天工作 11 小时以上,说明研发人员的工作量严重饱和。此外,调查还显示,IT 企业软件研发人员每天一直在电脑前工作的人数超过 8 小时的占比为 64.3%。每天工作时间越长的人员,面对电脑的时间也就越多,在每天工作 11 小时以上的人员中,每天面对电脑时间达 10 小时以上的人数占比为 56.6%。

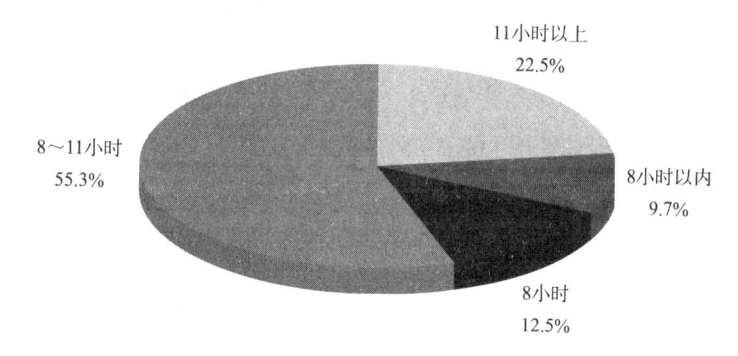

图3-1 每天工作时间

每天工作时间超长造成的结果就是休息时间严重不够,从图 3-2 中可以看出,每天休息 8 小时以下的软件研发人员占比为 82.8%,在如此短的休息时间中,用来睡眠的时间就更短。此外调查还显示,接近一半(48.0%)的软件研发人员每天上班途中花费的时间在 30 分钟以上,照这样推算,平均来说,我国软件研发人员每天在路上的时间至少为 1 个小时。

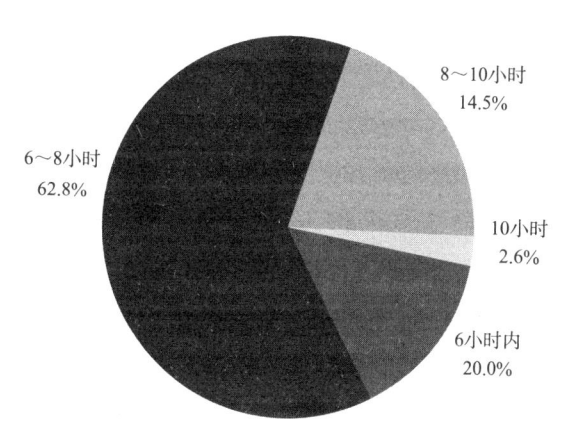

图3-2 每天休息时间

IT 企业研发人员EAP项目研究

加班是这个行业的常态。调查表明（图3-3），软件研发人员中有33.2%的人下班回家后经常加班，下班回家后不加班者仅占20.5%；40.9%的人在周末经常加班，周末不加班者仅占9.3%（图3-3）。

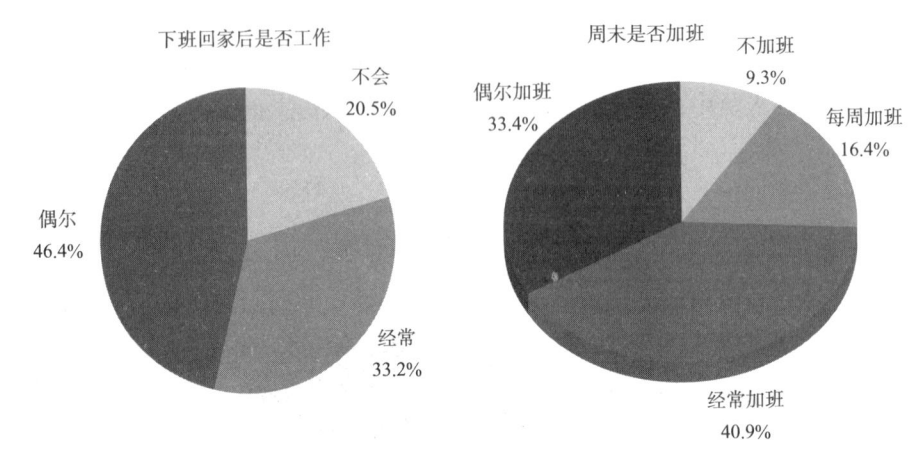

图3-3　下班回家后是否工作、周末是否加班

除去正常的吃喝拉撒消耗的时间（大概2～3个小时），我们可以如此归纳典型的软件研发人员每天的时间分配：每天有1个小时左右的时间在上下班的途中度过，有6～8个小时的时间在休息（包括睡眠和其他休闲活动），其余的时间全部处于繁忙的工作中，甚至在下班后以及周末时工作仍然伴随着他们。保健常识告诉我们，要维持正常的新陈代谢水平，一个人每天的纯睡眠时间至少应有7.5小时，很显然，每天共计6～8个小时的休息时间无法保证充足的睡眠，睡眠时间不足已经成为软件研发人员的健康隐患之一。

（二）饮食不规律，进餐不科学

科学、规律的饮食习惯是健康的重要保障，然而本次调查显示，我国软件研发人员的饮食习惯令人担忧。

早餐在一日三餐中显得尤为重要，长期不吃早餐可能给身体健康带来严重的隐患，现代人由于工作时间紧张，很多人有不吃早餐的习惯，这在软件研发人员中表现尤为明显，调查表明，几乎每天都不吃早饭者占26.0%，早饭不固定的占29.1%，几乎每天都吃早饭者占44.9%。而且每天工作时间越长的软件研发人，不吃早饭的习惯越普遍，如图3-4所示，每天工作8小时及以下的软件研发人员中，基本每天都吃早饭者的比例为60%左右，而在每天工作11小时以上的软件研发人员中，这个比例降为33.5%；相应的，几乎每天都不吃早饭者的比例在每天工作8小时及以下的人群中稳定在20%左右，而对于每天工作11小时以上的人群，这个比例上升为35.0%；值得注意的是，工作时间越长，吃早餐越不规律，每日工作8小时及以下的人群中，早餐无规律者的比例为20%左右，而每日工作8小时以上的人群中，该比例上升为32%左右。

在每日进餐次数方面，同样表现出上述趋势，即每日工作时间越长的人进餐越没有规律。如图3-5所示，正常进餐者的比例（每日三餐），在每日工作8小时及以下的人群中为73%以上，而在每日工作11小时以上的人群中仅为45.0%，而每日进餐2次和4次以及每日进餐次数无规律者的比例在每日工作11小时以上的人群中均超过其他人群。在每顿饭平均进餐时间方面（图3-6），有47.9%的软件研发人员吃一顿饭仅用不到15分钟的时间，另有46.0%的软件研发人员每次进餐时间为15～30分钟，总体而言，93.9%的软件研发人员每次进餐时间不超过30分钟。

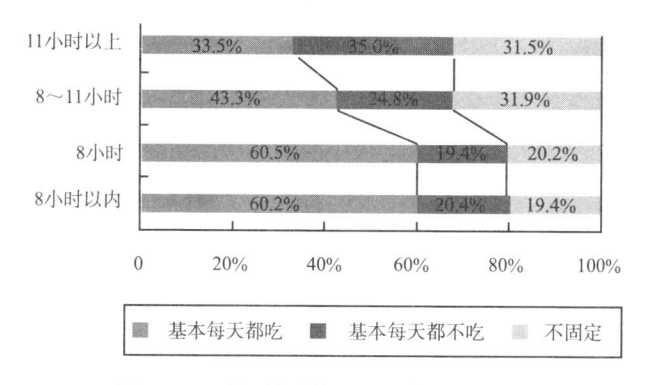

图3-4 工作时间越长，早饭越易被忽略

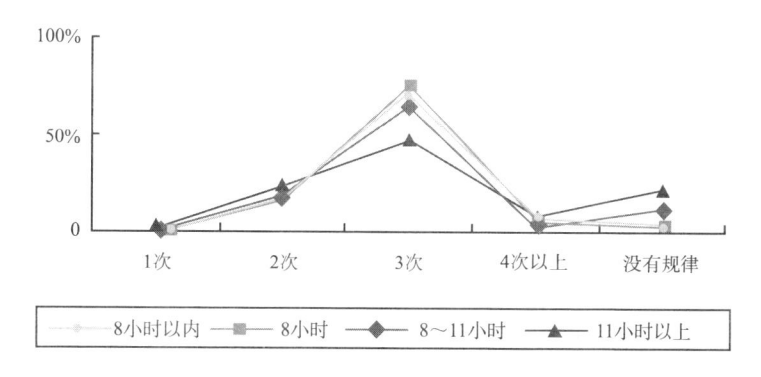

图3-5 工作时间越长，吃饭越没有规律

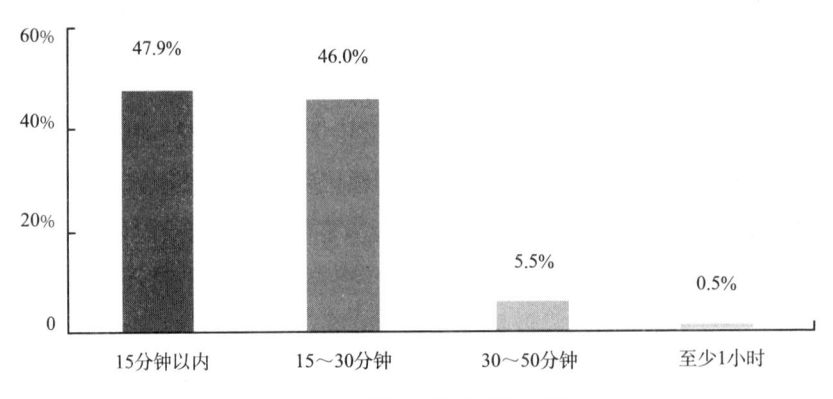

图3-6 每顿饭平均花费的时间

总之，我国软件研发人员在饮食方面表现出较明显的不科学性和不规律性，有相当比例的人不吃早餐或早餐不规律，超过1/3的人不能按照每日三餐正常进餐，有将近一半的人每顿饭仅用不到15分钟的时间，吃饭成了应付差事！

（三）工作之余忙补觉，正常锻炼遭荒废

充分的睡眠和娱乐是身心健康的重要保障，长期超负荷工作，不但身体健康难以保证，而且工作效率也会大打折扣，本次调查表明，高达41.3%的软件研发人员无休假，而在工作之余，睡觉成为最主要的活动，而且随着工作时间的延长，睡觉的重要性越强。如图3-7所示，在每日工作11小时以上的软件研发人员中，44.5%的人工作之后首要活动为睡觉，而在每日工作8小时及以下的人群中，这一比例仅为23.2%；上网和看电视等被动娱乐方式紧随"睡觉"之后，成为软件研发人员下班后的主要活动。选择主动锻炼身体的人占比在不同工作时间的人群中均较低。在每日工作11小时以上的人群中，以锻炼身体为下班后的主要活动的比例仅为1.5%。时间不充裕成为软件研发人员不锻炼身体的主要"借口"。如图3-8所示，有高达71.4%的软件研发人员反映之所以不锻炼身体是因为"没时间"，时间资源的严重缺乏成为软件研发人员面临的最严重的发展"瓶颈"之一，工作和身体正在成为"鱼与熊掌"的二元悖论，使得软件研发人员左右彷徨，得失不能兼顾！

众所周知，软件研发从业人员的工作和生活压力都非常大，他们对自己的要求不断提高。那么业内人士是如何进行自我评价的呢？调查数据显示，占比近55.5%的软件研发人员明显感受到来自工作和生活方面的压力，他们用"特别大"来形容这种压力，只有占比3.0%的人员表示可以轻松处理工作和生活的压力，从容应对遇到的问题。

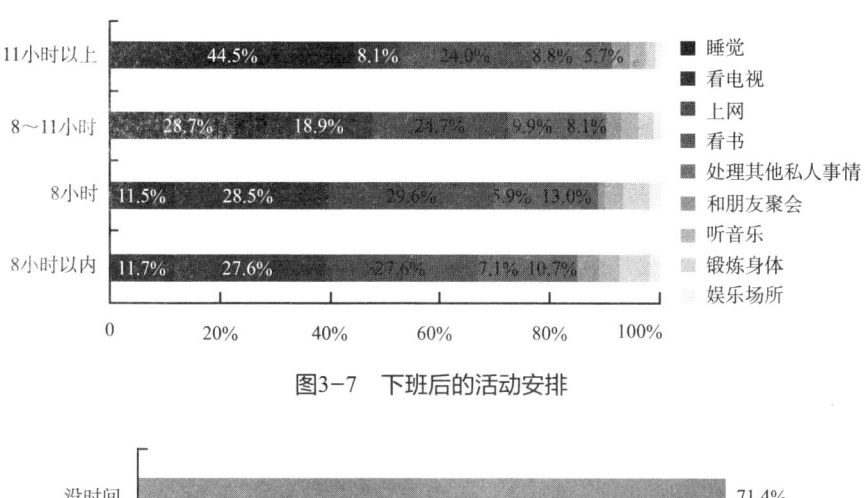

第三章 IT企业研发人员职业环境现状及需求分析

图3-7 下班后的活动安排

图3-8 不锻炼身体的原因

生活上的巨大压力使得软件开发人员对于自己目前的生活状态不是很满意，过大的职业压力也造成了他们对自我工作状态的评价较低。如图3-9所示，若以2分为满分计，0分为最低分，软件研发人员的自我评价不高。平均来看，软件研发人员对自己工作的满意度评分为1.58，对自己身体的满意度评分仅为1.47，而且工作时间越长，满意度评价就越低，在每天工作11小时以上的人群中，对工作的满意度评分为1.46，而对身体状况满意度的评分竟然只有1.30。好在软件研发行业较高的薪酬水平弥补了软件研发人员对工作和身体的不满，每天工作时间不同的软件研发从业者对薪水的满意度评价均能达到1.8以上。

既然对自身目前生活和工作状态满意度不高，那么软件研发人员为什么不另觅他业，换掉工作呢？调查显示，绝大多数软件研发从业者认为，即使更换到其他行业工作，生活状态能否好转也存在诸多不确定因素，如图3-10所示，有54.5%的人表示若不从事软件研发工作，工作和生活状况是否会改善很难说，只有30.2%的人认为工作生活状况肯定会改善。

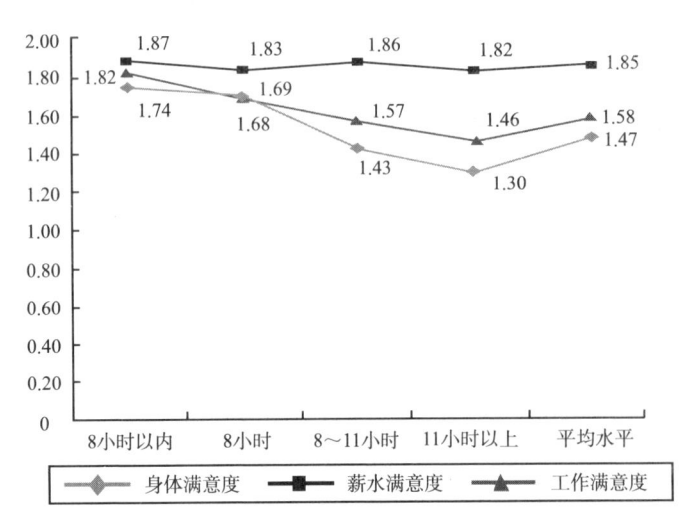

图3-9 对自身状态的满意度评价

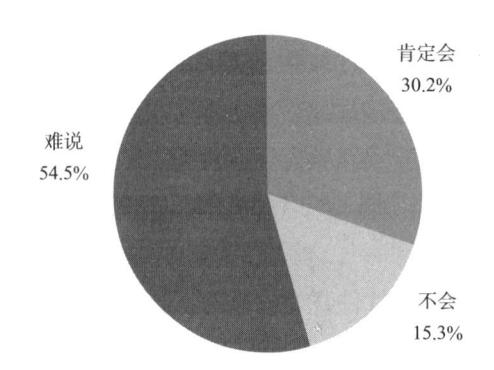

图3-10 若不从事软件研发工作，状况是否会改善

据调查显示（图3-11），持有"若没有各方面压力，肯定会从事软件研发工作"观点的比例占56.4%，持有"若没有各方面压力，不愿意从事软件研发工作"的比例仅占17.6%，数据充分说明虽然职业压力偏大，但软件研发行业从业者仍然喜欢自己的工作。

除了工作压力大之外，还有许多问题困扰着软件研发人员。首先，软件研发人员认为"工作枯燥没有成就感"是他们最大的困惑，这个比例占42.0%；其次，持有"身体越来越差"占比为18.6%，持有"正常情感生活受影响"占比为13.8%，这两方面也是软件研发人员面临的主要困惑；最后，占比19.3%的人虽

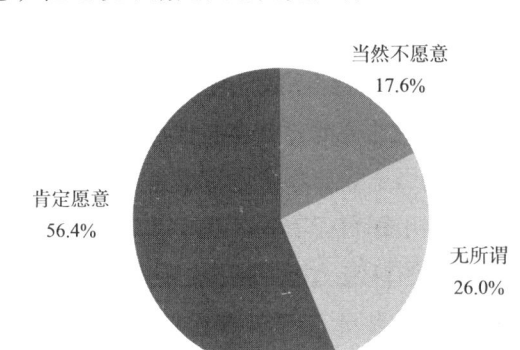

然感觉到有些困惑,但还说不清楚困惑究竟是什么。

图3-11 若没有各方面压力,是否会从事软件研发工作

本次调查勾勒出一幅软件研发人员真实的工作状态和生活图景:他们无时无刻不在与时间赛跑,每天长达超过10小时的工作时间,其中大多数时间在电脑屏幕前度过。长期的脑力劳动,巨大的工作压力让他们长时间得不到充足的睡眠和休息,甚至每次的吃饭时间也被压缩至15分钟之内。由于无法保证充足的睡眠时间,大多数员工都养成了不吃早餐的习惯。除了工作,补觉成了他们的第一任务,很显然锻炼身体、增强体质对他们来说就是奢望。虽然他们对自己的工作情况和身体状态非常担忧,但是来自生活的各方面压力促使他们固守在软件研发行业。

二、身体及心理需求方面

除此之外,笔者对IT企业研发人员的工作状态、人际关系、生理疲劳、情感与心理感受等方面做了一系列调查借鉴分析。

(一)难以承受的躯体之痛

1. 最严重的受损部位是眼睛

据权威分析,计算机辐射量,键盘为1000V/m、鼠标为450V/m、屏幕为218V/m、主机为170V/m。

从事IT软件行业,工作特点决定了眼睛必须长时间紧盯屏幕,导致眨眼次数会不自觉地减少,正常普通人每分钟眨眼次数是20~25次,研发人员则减少至每分钟5~10次,从而影响了眼内润滑剂——泪液的分泌减少了。眨眼次数的减少导致眼球长时间暴露在空气中,眼球水分蒸发过快,导致眼睛发干、发涩等不舒服的感觉。长期这样,容易形成干眼症,如眼干、眼红、眼疲劳等,特别严

重的会损伤眼角膜。

此外，电脑荧光屏由小荧光点构成，它的亮度一直保持不变，眼睛必须不断运转，不断调整焦距，保证能够看得清晰，长时间这样，肯定会造成眼肌疲劳。电脑的电磁波、紫外线、刺眼的亮度等也会伤害眼睛，造成眼睛出现病症，如干涩、疲劳、重影、视力模糊、头痛等症状。根据美国全国职业保健与安全研究所的一项调查表明：在电脑前工作每天3小时以上的人群中，有90%的人会出现眼睛干涩、疲劳、烦躁、头痛、注意力难以集中等症状。

2. 损伤最频繁的部位是腕部

数据显示，操作计算机者中有60%的患者诉说有手痉挛、手腕疼痛等症状。因为长时间保持键盘击打、数据输入这种单一反复的动作，腕部要长时间保持背屈状态，而且动作幅度变化很小，还要不断地伸屈用力来敲击键盘，这需要的静态支持力相当大。所以，由强迫体位保持加之频繁的活动共同诱发腕管综合征、滑囊炎、肌腱炎等。

3. 其他部位的损伤

肘部损伤：因为长期敲击键盘，上臂持续处于前伸状态，上臂的斜方肌一直保持紧张状态，引起肩部疼痛。这个症状常与颈部症状共存，称为颈肩综合征。当手腕不断背屈时，腕部肌保持紧张，致使操作者的肘部疼痛症状，俗称网球肘肩部损伤。

颈部损伤：进行电脑操作时，颈部始终处于一种前倾姿势，这种姿势会造成颈部软组织的疲劳，损伤椎间盘，称为颈椎病。

腰部损伤：进行电脑操作时，因为电脑操作台与电脑椅的设计问题，导致操作者腰部常处于一种固定前倾的姿势，造成腰部酸痛，严重者可患上椎间盘退行性病变、腰肌劳损等慢性疾病。

4. 泌尿系结石

连续数小时坐着一动不动地敲代码、改方案……有时为了保持效率，上厕所的事情也是能忍则忍，实在憋不住了才去厕所。其实憋尿对膀胱的刺激很大，尿液在体内停留太久，泌尿系结石的发病率也会提高。

5. 过劳死

2015年12月25日，日本的高桥茉莉从电通公司女员工宿舍楼一跃而下，结束了她24年的短暂人生。在外人眼中，高桥茉莉是社会精英，拥有让普通人艳羡的履历——毕业于东京大学、就职于日本首屈一指的广告公司。直到她离世，家人才意识到她过得并不快乐。生前，她在 Twitter 上留下大量让人绝望的字句："假日加班准备的材料，竟然被批得一文不值，让人身心俱疲""人生是为了活着才工作，还是为了工作才活着，我已经分不清""我真的很想死"……

高桥茉莉的自杀在日本各界引起极大的关注和讨论。厚生劳动省调查发现，根据高桥茉莉的打卡记录，她曾在一个月内加班 130 个小时，远远超过电通公司员工协议规定的一个月最多加班 70 个小时的上限。

2016 年 10 月，高桥茉莉之死被劳动基准监督署认定为"过劳死"。

当时任电通公司社长的石井直为此引咎辞职，经过谈判，电通公司以支付赔偿金的方式与家属达成民事和解。这是日本第一宗被官方认定为"过劳自杀"的案例。

互联网、手机和笔记本电脑的出现，提供了 24 小时随时随地办公的可能性。同时，信息技术让人们对时间的感知力钝化了，无形中延长了人们的工作时长。

"过劳死"如瘟疫般蔓延，开始威胁到越来越多的软件研发人员。"过劳死"是长期过度劳累，引发人体心衰、肺衰、肾衰、心肌梗、脑出血等病症造成的猝死。这种猝死的主要原因是冠心病、主动脉瘤、心瓣膜病、心肌病和脑出血，与一般猝死没什么不同。只不过这些病的潜在危险性常被过劳者忽略，以至酿成严重后果。

（二）持久僵化的工作状态

IT 企业研发人员走进办公室的第一个动作是开电脑，离开办公室的最后一个动作是关电脑，即使是回到家里还习惯性地打开电脑娱乐。他们经常长时间不休息，持续工作着。这种状态类似于心理学上的"强迫行为"与"沉溺行为"。这种成瘾的工作状态，让他们形成了不工作就觉得浑身不自在，无所事事并被痛苦困扰着。引用一位做了 6 年软件程序研发人员的话说，他的青春年华都与程序同行，最开始进入 IT 行业单纯是因为热爱和喜欢，经历了 6 年的磨炼历练为熟练的程序员。他每天工作就是面对电脑，面对程序，面对一切的未知！几乎没有出差的机会，即使出差也是换个地方面对电脑拼命编程。许多人心中的环境优越、拿着高薪的神秘职业，顶多是个灰领。具备一定规模的软件公司，都是靠程序员、测试员、需求员创造效益，他们与流水线上的工人从这点上看本质相同。而且干这个工作时间一长，生活方式、思维方式都被训练得十分程序化。看到彩虹，本来是浪漫的事情，他却开始试图分析它的光学原理；挑选女友，他会先做需求分析，把对方各方面的情况加权平均计算总分；稍复杂的事情，都得借助流程图来思考……死板吗？严谨吗？因为天天对着电脑，人变得不善说话，表情呆板，寡言少语，这并不代表他心情不好，只是不想太放松，保持沉闷更容易重新投入工作。他评价说自己是个边缘人：生活在一个世界，工作在另一个世界；不愿意接受这个世界里的事物，也无法融入另一个世界。

研发人员长期封闭式的超负荷工作，产生的压力会更大，而且通常是无处诉说，或者是不会诉说，这会导致身心各种病症。他们工作不顺利产生的挫折感会更强，产生负面情绪，如紧张、不安、苦闷和恐惧，主要担心自己没有足够的能力解决技术问题，就会产生消极失望情绪，严重者还有悲观、抑郁等症状，甚至有愤世嫉俗的心态。长此以往，当这种精神压力超过自己的忍受限度时，就会失去自控力而把握不了自己，容易患上抑郁症等心理方面的疾病或高血压、缺血性心脏病等身体上的疾病。

（三）不可名状的内心折磨

比身体疾病更严重的是心理问题。根据《中关村白领健康调查》，在1320个参加心理测试的人中，表现为焦虑的有690人，人际关系有障碍的为490人，与周围环境处于敌对状态的有137人。

中国科学院心理研究所发布的《2019年科技工作者心理健康状况调查报告》显示，对比2009年和2017年两次大规模调查结果，科技工作者的抑郁水平呈逐渐升高的趋势；近两次的调查中，科技工作者的轻、中、重度焦虑问题比例均在上升。尤其是青年科研人员的心理健康问题不容忽视。在参与调查的科技工作者中，平均抑郁得分为6.31±5.66分；总体上，有24%的科技工作者可能有一定程度抑郁表现。其中，有6.4%的科技工作者抑郁得分较高，属于高风险群体；有17.6%的科技工作者有一定的抑郁倾向，需进行干预和治疗。需要注意的是，科技工作者的抑郁和焦虑水平随着时间发展呈现逐渐上升的趋势。科技工作者存在抑郁倾向或抑郁高风险的比例从2009年的17.2%增长到2019年的24%；科技工作者的轻、中、重度焦虑问题比例从2017年的39.9%、6.3%和1.9%分别上升至2019年的42.2%、8.8%和4.5%。

1. 沉重的职业压力

工作过程中，当工作要求的能力素质条件超出员工的技能和能力时，紧张的感觉就会产生，这是一种由于对潜在危险的认知及应对危险而产生的身体和心理的状态。科学研究发现，压力过大将直接导致身体上的疾病，如高血压、冠心病、肠胃溃疡等，以及容易疲劳、肌肉酸痛、手脚麻木、偏头痛等身体的各种亚健康症状，人体免疫力随之下降。因为存在较大的职业压力的困扰，造成如缺勤率、事故率高、离职率以及精神恍惚、体力衰竭、效率缺失、抑郁症和自杀等一系列心理和生理的不良后果，并最终影响企业的业绩。职业压力的各种症状见下表。

表 职业压力症状

心理症状	生理症状	行为症状
（1）紧张，焦虑，急躁，易怒 （2）生气，愤恨 （3）情绪低落，压抑，退缩 （4）对工作不满，厌烦 （5）注意力分散 （6）自卑，受挫感 （7）缺乏主动性和创造性 （8）孤独感，疏远感，无助感 （9）精神疲劳和工作低效能 （10）交流效果降低 （11）多疑，敏感 （12）迷茫，不安，惊慌	（1）代谢紊乱，免疫功，能下降 （2）心跳加快，血压升高 （3）消化系统功能下降，肠胃失调 （4）头痛，腰酸背疼 （5）疲劳，眼睛酸胀 （6）肌肉紧张 （7）睡眠状况不好 （8）易患心脏疾病 （9）皮肤功能失调，汗流量增加 （10）呼吸问题 （11）尿频，便秘 （12）癌症 （13）失声，口腔溃疡 （14）发抖，手脚冰凉	（1）工作效率下降，能力降低 （2）拖延和逃避工作 （3）缺勤 （4）跳槽 （5）过早退休 （6）抽烟，酗酒 （7）暴饮暴食或没有胃口 （8）人际关系疏远、恶化 （9）去医院的次数增加 （10）冒险和破坏行为出现或增多 （11）完全无法工作 （12）有自杀念头或行为

IT 企业的生活、工作快节奏，以及技术的日新月异，企业对人才的苛刻需求，更是使得技术研发人员面临强大的心理压力。国外曾有报道，一些人为了给自己留一些时间而愿意降薪从事一些比较轻松的工作，以提高生活质量、缓解压力。IT 企业研发人员压力的产生有两个方面的原因：一类人水平不是很高，需要有太多新的知识和技术，需要学习，因而不是特别胜任本职工作，就会感觉到压力比较大；另一类人是工作量特别大。我国的 IT 企业里中小企业偏多，不可能长期保持较多员工，而业务经常是项目型的，一个项目的人员经常很少，人手不够，工作量很大，带给员工的压力就会比较大。

2. 痛苦地追求完美情结

软件产品无论是从程序设计、技术攻关还是外观创意上，都力求精益求精，对研发人员个人所设计的程序、版块都努力追求新颖、美观大方、简便快速，所以每位设计人员在设计、研发过程中都有一种完善化的追求。如果他们受挫，除了强烈的挫败感，伴随而来的是工作效率、自尊心的受损，有种孤独感，在短时间不能达到预期目的，情绪上会有大幅消极的波动，人际交往上也会受到极大影响。这种完美主义会导致心理上的强迫，降低工作、生活质量。

3. 强烈的职业枯竭感

职业枯竭感是在生理、情绪和心理上消耗殆尽的一种状态。在职业枯竭状态下，员工会持续感受到一种悲观失望、厌倦沮丧的情绪，进而就会有身心疲惫不堪、失去创造力和活力的感觉。这种状况的表现一般为：无缘无故担心自己与同事的人际关系，整天不知道自己在做什么、怎样做，每天对自己工作的满意度评价很低；每天疑惑自己未来到底会怎样，对前途缺乏自信心，不断抱怨企业的人事管理、组织结构，推脱责任；家庭也成为加重心理负担的因素，不再是缓解压力之源的港湾等。员工的负面情绪会在企业中扩散和感染，形成一种消极、悲观、压抑的组织氛围，在这种氛围下，每个人都会怀疑自己的能力，促使员工对组织的满意度和忠诚度大大降低，造成员工士气低下，由此缺勤率、事故率、离职率不断上升，交往中的人际冲突增加，增加了招聘、培训等的人力资源管理成本，致使工作效率下降，影响整体业绩水平。所以，当技术人员有强烈的受挫体验或是欲望长期得不到满足时，极易出现职业枯竭症状。

4. 孤独的守望者

人际关系是指人与人之间的关系和距离。特指员工心理上的关系和心理上的距离。有问题的人际关系通常表现在人际冲突和交往厌烦两个方面。由于沟通不够或沟通不当，造成人与人之间的所有关系中几乎都存在人际冲突。人际冲突常常表现为员工之间互不信任，相互猜疑，不愿协作，缺少沟通等现象，会造成企业的人际关系紧张，进而致使企业凝聚力不足，工作效率低下。

人际关系紧张常造成不愉快的情绪，如抑郁、烦躁、焦虑、孤独、憎恨及愤怒等；持久且表现强烈的不良情绪反应会导致免疫功能降低、自主神经功能失调和内分泌功能紊乱，损害身心健康。然而，人际关系的和谐可带来愉悦的情绪，和谐的人际关系可以产生安全感、满足感和舒适感，可以减少孤独感、恐惧感和心理上的痛苦，并能正确处理不愉快情绪，从而减少心理压力。

而软件业的行业特点虽然从之前的个人核心式研发逐渐向团队合作研发形式转变，但是每个技术环节人员之间的沟通大部分还都是通过内部网络信息沟通，更是少有时间面对面坐在一起交流。这一特殊的群体还有一个更为明显的特点：在技术上，表面上互通有无，而实际内心都互相不服气。所以更加减少了他们交流的意愿，从而使员工之间的人际关系变得不够融洽。很多时候，在内心深处他们都有一种强烈的孤独感。

（四）多种综合并发症的侵蚀

1. 信息焦虑综合征

这种综合征表现为身体突然出现恶心、呕吐、神经衰弱等症状，还伴有焦躁和精神疲惫，但是却没有任何器质性改变，也没有任何病理上的改变。紧接着心理上同时出现被抛弃感、紧张感，自信心丧失。

2. 现场抑郁

工作中突然感觉到身体某个部位不舒服或疼痛，经常发作，心理压力很大，导致吃不下饭、睡不着觉、体重逐渐下降，工作集中不了精力，也不想做任何事情。通常会去大医院检查身体，而结果总是不如人意，总是没有结果，导致更加担心病情，总是无缘无故发脾气，脾气越来越让人捉摸不透，甚至还会有结束生命的念头。

3. 计算机躁狂症

在计算机显示出研发人员难以应付的故障时对计算机拳打脚踢，甚至有想摔掉计算机的冲动，或干脆把鼠标或键盘扔掉！经常感到口渴，处于紧张不安的状态，也会抱怨同事不帮忙，或攻击别人，甚至会把事情归罪于管理者。

4. 技能落后症

因为这个行业经济周期越来越短，技术更新速度非常快，许多IT企业研发人员很难在短时间内赶上技术的更新速度，他们通常会自怨自艾，看着计算机发呆，感觉自己的能力有问题，会被时代抛弃，甚至会觉得自己一无是处，形成心理障碍。这种病呈现两种不同的形式，但是又割裂不开，表现出：一种是不想再碰计算机；另一种是彻底沦陷计算机，没有计算机什么都不会干。前者的主要表现是工作时烦躁难受，沮丧不安，精神低落；后者的主要表现是头部、背部、臂部难受疼痛，恶心，呕吐，心悸和失眠。

5. 心理恐惧症

瑞典心理学家莱曼称这种始于20世纪80年代初的病为"心理恐惧症"。也有人称这种病为"群体伤害症"。这种病源于"两人以上的群体在工作地点对某一个人进行持续性（不少于6个月）过度精神伤害"。这种伤害可以是双向的，可能发生在上级对下级、下级对上级，或者平级之间；通常发生在上级与下级之间。伤害到一定程度就会爆发，出现干戈之前人际关系紧张。IT企业研发人员张扬的个性和倔强的性格很容易出现人际关系紧张的局面。

6. 睡眠缺乏症

很多技术人员长期形成一种习惯，工作只求问题的解决与否，而无规律作息的时间观念。工作只凭心情、喜好，所以很多时候工作起来就忘了休息，经常工作到深夜，白天还要继续上班。这种无规律的生活方式，长此以往，因对神经系统的刺激而带来身体、精神的伤害是显而易见的。

7. 时间综合征

软件研发人员过大的工作压力使他们总是感到焦躁不安，紧张过度。具体表现就是做任何事情都会特别地关注时间，崇尚"快节奏"，总感到时间越来越不够用。总是不让自己闲暇下来，一旦闲下来就会心里慌张、神情恍惚，感到无所事事。在日常生活中如逛街购物，都会不自觉地看手表，想尽快结束，总是心不在焉。这种长期强迫性适应的快节奏，会造成各种功能失调，如中枢神经和自主神经系统功能失调，也会出现很多病症如神经性头痛、神经性呕吐、神经性厌食等症状。长此以往，还会引起其他的身心反应，如情绪波动，引发呼吸急促、心跳加快、血压升高等。

第三节　职业环境现状归因

有关调查显示：60%以上的IT企业研发人员在自己的行业工作已经达到三年及以上了。从最初的对工作本身持有的热爱和激情，能够在工作中寻求到创造的乐趣和满足自我的快感，到逐步走向机械性操作与重复，一直在编码、编程，工作方式和模式反而越来越像传统的行业。最初的工作热情已经消磨殆尽，大多数人以"痛并快乐着"来概括自己的生活状态和工作状态。这样的工作状态能够坚持多久？工作和身体真的不能兼顾吗？当我们透支完身体资源时，我们又将如何？也许我们该再一次强调那句朴素的口号：身体是革命的本钱！IT企业研人员，注意你的身体！

到底是什么原因造成了软件研发人员如此低质量的职业环境？研究发现，原因是多方面的，有宏观因素也有微观因素，有主观因素也有客观因素。

一、经济与高科技产业迅猛发展的牵引

在我国大力支持推进智能化、信息化社会的今天，整个国家、大众对高科技产业注入更多的希望。高科技产业的高速发展直接带动其他行业的快速进步，以数字化实现工业化，以工业化促进信息化，这已成为大众共同的认知，我们都期望未来的中国是一个智能化、信息化大国，一个高科技强国。近年来，我国经济的不断持续发展和稳定增长与我们信息科技的发展是密不可分的。在宏观环境下，软件行业从业人员肩上背负的是民族强盛的重担，整个信息产业不能懈怠，软件产业不能松懈，软件研发人员不能停止创新的步伐。

1. 现状

IT研发企业处于初始发展阶段，普遍在人力资源管理制度建设及执行方面做得比较好，如制定完善员工指导手册，不断修改人员招聘录用制度、劳动合同管理制度、定期考核制度、新员工岗前培训或新员工见习等制度，为了激励年轻的科研骨干，积极完善奖惩制度、薪酬制度、职工社会保障制度等激励保障制度。然而有些管理制度却做得不够好或不完善，如在与企业发展战略相结合的人力资源规划、岗位管理办法、培训制度、职业安全与劳动保护制度等基本的人事制度，尤其表现在后备干部培养制度和员工的职业生涯管理制度方面考虑得不够周全，如干部竞聘上岗制度、后备干部管理办法、员工职业生涯发展计划、员工合理化建议制度、员工申诉制度等人力资源管理制度建立建设及落实方面表现比较差。

这一现象正说明了IT行业作为朝阳产业的特点，企业普遍没有对员工管理进行长远思考，没有精力和余力关注员工职业生涯规划的发展，虽然绩效制度建立和执行比较完善，但是没有长久的人事计划，也会大大降低员工对企业的忠诚度，从而影响企业获得稳定的、确保企业长期发展所需要的、长治久安的骨干研发人才。如果企业制度制定不完善或是执行不到位，实际上就丧失了制度建设本身应有的价值，随之就会失去对员工的约束和规范，同时也失去了员工对企业的信赖和认可。

2. 途径

在所调查的企业中，占比65.6%的高科技研发企业是由自己企业建立的人力

资源管理制度，选择咨询公司帮助建立相关制度的仅占比 2.3%，由自己的上级企业建立制度的占比 7.4%，借用其他企业管理制度的占比 1.9%，有 22.8% 企业是结合以上几种办法来建立和完善自己的人事管理制度。

对于处在不断转型时期的中国企业，着手自己建立符合企业发展战略需要的现代人力资源管理制度体系还存在很大困难，因为无论从企业自身的经营和发展情况，还是从管理层掌握的先进的人力资源管理理论和使用技术看，都难以完成这样的任务。所以选择用自己的力量来建立本企业的人力资源管理制度，容易发展成为雇主立场的管理制度和用人制度，而雇主导向型的企业管理制度与员工导向型的、以人为本的管理制度体系一定是存在巨大的差异，必然会影响员工在企业目标实现过程中发挥作用的程度，因为这样的制度难以兼顾企业发展战略目标与员工职业发展目标同时实现。很多企业"自己建立"的制度存在明显的局限性，这一点在人力资源管理制度执行情况之间的显著性差异就证明了。虽然我们承认世界上不可能只有一种管理模式，也不可能只有一种价值观，但是"以人为本"的管理理念却是 21 世纪人类共同追求的管理目标。

二、IT 企业本身的行业特点因素

如果说 IT 行业是一个技术不断更新的行业，那么软件研发行业则可以说是技术更新最为明显的 IT 行业。软件研发技术人员职业压力过大的原因很大程度上是来自于技术更新速度的不断加快及企业高效快捷的运作方式。技术的探索和创新是无止境的，但是人的精力和时间是有限的，为了用有限的时间来探索更高的技术，紧跟技术发展速度，很多软件研发人员不得不付出更多的时间和精力，牺牲自己的休息时间和陪伴家人的时间，这更加剧了他们的压力，也加剧了和家人关系的不睦。造成这些现状的直接原因是技术的大量累积和传播已经使得软件研发行业不再神秘，越来越多的人已经能够通过自主学习来达到一定的技术高度，这是专业研发人员面临的又一个大挑战。

众所周知，工作经验在传统行业可以算是一笔财富，但在软件研发行业恰恰相反。工作经验越多就显示年龄越大，对于普通的技术研发人员来说，"青春"成了绕不开的一道坎，如果在 30～35 岁软件研发技术人员不能成功转型，顺利发展进入管理层或是转行，那他以后的生存和发展，就已经失去了优势。以后的职业生涯怎么规划？难道一直在这个吃"青春饭"的岗位上继续走下去吗？这也是让大多数软件研发技术人员焦虑的问题之一，也带给他们的工作和生活更多的困惑。

"35岁就退休"是IT人最先提出的一句口号。这句口号隐含着软件研发人员对快速成功的强烈愿望,更多的人在后面的职业规划都有"就苦10年"然后开始过幸福人生的设计。而现在"现在是拿命换钱,以后恐怕得拿钱换命"成为越来越多IT人的无奈选择,他们也经常用这样一句话来形容自己的工作和生活状态。

三、IT企业与人才的双向选择之痛

随着互联网越来越普及,软件行业不断发展壮大,软件市场不断规范与饱和,培养的软件开发人才越来越多,导致软件研发人员的薪资待遇整体上也呈现下降趋势,而大多数的IT企业研发人员认为,他们所得到的薪酬福利无法满足其高负荷的付出。但越来越多的事实证明,软件研发行业曾经的风光不再,IT企业研发人员却仍然把价值的期望值放在行业的最高端,对于自己能力按照开始的市值普遍高估,造成很大的心理落差和心理不平衡感。这种落差和不平衡感是致使企业人才不稳定和高流动性的重要诱因,人才流动导致工作地点的变化,导致人脉关系的淡薄,没有了社会信任的人际交往,导致达到大龄了还没有解决个人问题的比例一直居高不下。从企业方来看,这个行业发展越来越专业,分工也越来越精细,市场日趋成熟,因此行业的利润就变得越来越少,在被摊薄的行业利润下,企业对于人才的选择变得越来越苛刻,要求的技术和能力越来越高,而且很多小企业在竞争中会成为牺牲品,行业逐渐形成了几家大企业共同博弈的局面,那对于业内人才选择岗位的压力就越来越大。为保证企业绩效,企业也会选择裁员,来降低运营成本,精简结构,缩小规模,提高组织效率,扩大利润空间,最终实现企业目标。竞争上岗,择优录用的行业氛围也加重了IT企业研发人员选择职业的心理压力。

四、IT企业特有的人员管理与考核机制约束

IT企业研发人员是一群知识素质非常高,技术能力非常强,对自己要求非常苛刻和完美的一族。当然,他们这样的条件使得他们比较清高,同时对企业的要求也比较高,如企业文化是不是重视学习创新等,对企业的薪酬福利待遇方面也会要求很高,他们认为企业大多数的利润都来自他们的创新创造,因为他们通常会要求企业提供给他们一份与自己的贡献相当的薪酬,并且要求能够分享他们所创造的财富。如果企业没有这样的管理制度,或者是管理制度不允许,他们就

会受到打击，并试图寻找能够满足自己需求的下一家公司。因为他们对企业的认同感和归属感都比较低。

知识型技术型研发人员对知识、技术和事业的上升有着永不满足的追求愿望，如果公司满足不了他们这些需求条件，他们就会很难接受这个企业的现状，由于他们对生活质量要求也比较高，因此，对财富和个体能力的发挥也很看重，同时他们对企业未来的发展前景也非常关心，如果企业没有一个明确的未来发展目标或远景目标，他们会很失望，觉得自己的能力和技术受到了歧视，转而对企业生出厌烦，就很难全心服务企业。

IT企业研发人员大多数都是追求自我实现的需求，希望在企业承担有挑战性的任务工作，这样他们就会获得更多的尊重和价值体现的机会，也是证明自己能力和技术的一个平台和机会。他们非常喜欢这样的考验，这种考验可以证明他们比其他人优秀，企业的管理制度和人力资源管理制度要很好满足他们这样的需求，否则，他们会很失望，导致他们失去工作积极性和热情。

当然，有些因素如职业发展、晋升机会，高水平的管理者，培训学习的机会，工作的稳定性与安全性等同样对研发人员的工作积极性、主动性和满意度产生很大作用。

五、员工自身的因素

软件研发人员主要由年轻人组成，年轻人通常性格比较直率，有强烈的进取心和上进心，处理事情时缺少柔性，刚性的成分居多，缺乏弹性和技巧。由于长期从事技术工作，常年与电脑打交道，不善于与人打交道，不善于语言沟通和人际沟通。但是他们驾驭文字和文字处理的能力比较强，做任何事情都追求完美，希望自己能做到最好。因此也导致一部分人心高气傲，眼高手低。

大部分研发人员个性鲜明，立场坚定，他们的智商较高，很有主见，不容易被引导或被说服。相当多的研发人员有些偏执的倾向，一旦观念形成就难以转变。

从以上对于研发人员个性特征的分析可以看出，他们常常放在首要位置的是自我的需要，觉得自己从事的是技能型特别强的很难被替代的岗位。因此，他们很难被驯服，很难接受传统的领导方式和领导观念，除非是他们从内心里非常认可的管理者。在与团队成员的合作中，通常积极性、主动性不强，喜欢孤芳自赏，职业协作性不强，职业约束和道德感也不强，内心不太容易向资本低头，忠诚感和归属感有待加强。

第四节 职业保健需求分析

IT企业研发人员这个群体是经济增长和科技发展所造就的一批特殊的职业人员。说他们特殊是因为他们是一个年轻化、思维敏捷、有着强烈求知欲望的群体,他们肩负民族科技强盛的重任;他们不拘礼节,性格独立,眼光独特;他们是高收入阶层中的"金领"一族,却每时每刻几乎都奔跑在工作生产线上的人。他们少言寡语,疏于交往,却有着与众不同的生活方式;他们所受的职业健康伤害远远高于普通职业人群;多少人给了他们羡慕和敬重的目光,却很少有人能真正读懂他们的情感世界。他们也有着与普通人同样的各种需求。

一、生活需求(消费、收入、交往)

软件行业可算得上是行业中的"佼佼者""白领一族",技术研发人员则是IT行业的"佼佼者"团体。他们的个人收入一直处于比较高的水平,特别是和其他行业技术人员相比有非常大的优势,当然他们的日常生活开支同样较其他收入群体要高。但相对于同行的管理者,他们的薪酬水平就没有任何优势。为了应对技术更新的压力,他们必须在个人技术成长方面进行大量的投资,如学历、知识、技能等。他们在生活方面的需求也要高于普通的其他岗位员工,在很多方面有更高的要求,如社会保险、生活质量、子女教育、医疗资源、赡养老人、日常开支等方面,这一系列的高质量的生活压力会对研发人员的工作态度、工作状态、生活状态等产生很多消极影响。

工作与生活平衡会影响员工职业生涯的发展,也是影响个人生活幸福的重要因素。随着经济全球化,越来越多国家的劳动者开始面临如何平衡工作和生活的挑战。工作与生活平衡的理论和实践研究在很多国家和地区开展起来,比如美国、加拿大、英国以及其他欧洲国家。工作—生活平衡已经在世界范围内被越来越多地讨论。事实上,我国很多外国企业的分支机构已经推出"工作—生活平衡计划",希望可以达到提高员工平衡工作和生活的能力的效果。

但是在我国的很多IT企业,这种生活与工作之间平衡还没有引起企业管理层的足够重视,致使我们员工的总体工作满意度不高,他们对自我健康程度的感知也偏低。据数据显示，有37%的员工对自己的工作满意度并不高，工作与家庭关系的问题也会成为影响工作满意度的因素之一；有近70%的人出现不同程度的工作倦怠，IT企业的研发人员普遍存在工作与家庭冲突问题，这种冲突如果长时间存在就会引起对职业的倦怠，状况不容乐观。

工作与生活平衡计划从企业方面来说有很多的益处。如果把研发人员家庭方面的支持力量争取过来，可以让员工全身心在企业打拼，由此可以提高员工特别是研发人员的工作效率，增强员工参与管理的意识，企业对员工的吸引力不断加大，并能够成功留住优秀人才，减少与健康相关的成本（如缺勤、病假），改善提升客户体验，增强团队成员的激励性和满足感；对个人方面来说，员工能够在内心平静的基础上努力工作，克服心理烦恼。因此制订工作与生活平衡计划、寻求工作和生活平衡已经成为企业和员工必须共同探讨的重要内容，已经成为现代IT企业与员工共同实现的目标。

软件技术人员的人际交往能力往往比较不高，这与他们的性格和工作特点等有直接关系，但是他们要想在职业生涯上有所成就，还不得不面对这个问题，因为虽然技术能力攻关与提升是其主要进步的方向，但是他们毕竟属于组织的成员，现在的技术创新更多的是依靠团队的力量，而不是单打独斗的时代。团队间的协作要求他们不得不尽最大能力去处理好各种人际关系，而且还要在人际关系中扮演多种多样的角色，如同上司相处时要尊重而负责，与同事相处时谦虚和真诚，同客户相处时规范而严谨。这些对所有员工的共性要求对软件技术研发人员来讲是比较难的。同时他们的群体个性也决定了他们在与人沟通上所花费的时间相对较少，但他们与其他职场人士一样有着各种交往的需求，包括与同龄异性朋友的交往。

和谐社会需要和谐的人际关系，在工作和生活中人与人之间的交往不可避免，当某些关系发生变化、引起矛盾时，往往会影响研发人员的情绪，造成他们之间的敌对，导致企业内部不融洽，降低工作效率，影响企业内部的和谐发展。

人际冲突和交往厌烦是高科技企业中研发人员人际关系面临的两个主要问题。人际冲突在人际交往中比较常见，而且这个也没法避免，我们对它的危害也有比较清醒的认知，知道怎么处理和应对。但是对于交往厌烦，我们却知之甚少，也没有太多的研究。人作为一个信息加工的机体，有各种不同的需要，各种需要之间也互相作用，如我们努力使自己接收到的信息刺激总量保持一定的水平，也努力使得各种刺激需要之间保持匹配和平衡。所以，人际交往对研发人员处理团队问题时很有必要，也很重要，但同时他们对它的需要也是有一定限度的，超过这个限度，就会产生交往厌烦，交往厌烦也是研发人员需要面临的问题。

能否处理好人际关系的问题也是影响IT企业研发人员压力的主要因素之一。如与客户之间的关系直接影响着对客户的服务质量，服务质量好，说明企业内人际信息传递的速度和质量是顺畅的、优秀的，如果服务质量不好，会直接影响组织的业绩水平，破坏组织气氛和企业文化的健康发展，因此与组织运行的效率是息息相关的。

二、健康需求（生理健康需求、心理健康需求、情感需求等）

2015年8月的《当代劳模》刊载了一篇钟南山院士的健康科普文章，其中有一句话是这样的："我国知识分子的平均寿命只有58岁，北京市中关村的中年高级知识分子平均死亡年龄为53岁。"很多发生在50岁以上人群的疾病却出现在平均年龄只有35岁的软件研发人员身上，这是我们所不能接受的。如脂肪肝、骨质疏松、颈椎增生等疾病，我们还发现有40%的人出现了该年龄段不应该出现的微量元素缺乏，这些都说明我们必须要重视研发人员的身体健康。

不可否认，经济和社会的发展，我们一贯倡导可持续性，当然对于IT企业中这类高科技人才群体，我们也更希望他们能够保持一贯可持续发展的态势，只有作为保障因素的生理健康和心理健康都处于正常状态，他们才能充分发挥自己的创造力，保持科技的可持续发展，保证研发型企业的长盛不衰。因此只有在保证健康的身体和健全的心理的前提下，研发人员才能全身心投入工作，为企业创造更多的价值。

员工的心理健康状况不佳，便会失去工作热情，工作情绪低下，进而工作效率、工作满意度、客户服务质量降低。主要表现在工作压力方面。

压力（stress）是在压力源作用的基础上，反应在心理上一种认知和行为体验过程。英语中的"stress"是一个外来词，来源于拉丁文"stringere"，原意是痛苦，有"紧张、压力、强调"等意思。压力会影响人们的身心健康，这一点早已被公认。心理学家汉斯·塞尔斯是第一个使用术语"stress"（压力）的人。

现代工作和生活的快节奏给人们带来巨大的职业压力，尤其是IT企业的研发人员。根据美国国家职业安全健康机构的一项研究表明，美国超过半数的劳动者表示他们的职业压力很大，是始终绕不开的工作和生活难题，这一数字比20

世纪 90 年代增加了一倍多。随着我国经济的飞速发展，工作节奏的不断加快，职业压力的妥善处理也提上了议事日程。2016 年中国软件开发者调查针对软件开发技术、应用开发领域等方面对调查问卷进行了重新设计，同时还新增加了 VR、直播、人工智能等新兴软件开发领域的相关调查，更能体现中国 IT 业，尤其是软件开发领域的发展现状。《2016 年度中国软件开发者白皮书》，解读中国软件开发者的现实状态。报告指出：全国有近五成开发者月均收入过万，其中近七成来自一线城市。软件开发者在获得较高收入的同时，承受的工作压力也在加大，70% 左右的开发者处于长期需要加班的状态；40% 以上的开发者会经常处于工作压力之下；30% 的开发者考虑换岗，不再从事技术开发工作。职业压力在我国已经成为不容忽视的问题。

1. 职业压力产生的原因

心理压力来源于人体内外环境向人体提出的应激或应对的需求。这些导致人的机体产生刺激反应的紧张性刺激物称为应激源。对人体来讲，有包括来源于社会生活中经常遇到的挫折、人际冲突、人际紧张等内在的应激源，如工作在同一个项目组的同事在意见不一的情况下引发的冲突；也有包括各种物理、化学刺激在内的生物性应激源，如过高或过低的温度、机械性的受伤、刺耳的噪音、辐射、刺眼的光线、病毒、病菌的侵害等；还包括文化性应激源，如不断变化着的政治、经济、社会文化、区域亚文化、技术变革、年龄等因素。

（1）工业文明。工业化要求社会分工，社会分工可以提高工作效率，现代经济发展更加讲究团队协作，对于 IT 企业的研发人员这一点要求更高，这就使得每个人的工作只是团队协作的一个分支。个人成就感逐步消失，工作压力感逐步增强，使人更容易在生理和心理方面出现各种各样的问题，从而引发各种躯体上和精神上的疾病，如偏头疼、抑郁症、心脑血管疾病等，这些疾病严重威胁着研发人员的生理和心理健康，这是基于职业心理压力所产生的工作环境因素所致。

（2）城镇化。城镇化对人产生的压力可以从几个方面进行说明：一是人口过密，城镇化速度的加快发展，使得原来的几个村合成了现在的一个小区，大家由原来的平房住进了楼房，这使得人口的密度越来越大，每个人的自由和安全空间有限，需要与更多的人处理邻里关系；二是居住空间狭窄，由于大家居住的环境更加狭小，摩擦就越来越多，与原来大家分散居住的环境相比，导致人的心情不舒畅情况就更多；三是公共设施不足，每个人本来都有区别于别人的娱乐方式，但是因为城镇化的发展，致使城市交通阻塞概率更大、空气污染指数更高等而影响到大家追求娱乐方式的要求；四是治安不良，城镇化的发展，使得更多的人聚在一起居住，人与人之间的交往面临很多挑战，致使人们常常感到危险，总觉得自己的生命和财产安全受到威胁。

传统的村居居住环境中，每个村子的人们都是非常熟悉的，多代人居住在一起，有很多是由血缘关系的亲属居住在一起，这样无论从血缘上还是感情上都觉得安全、踏实。而城镇化打破了原来的居住模式，人们心理状态的稳定性被打破，他们就会在一定程度上感受到压力，陌生的居住环境、陌生的摆设、陌生的人际沟通，这可以说是职业压力产生的生活环境原因。

（3）信息现代化。IT企业研发人员每天都要处理和吸收大量的电子信息，不管你愿不愿意，大量杂乱无章的信息也会成为他们工作和生活的压力的来源。信息的多样化不仅增加了他们处理心理的压力，更促使他们在工作和生活中扮演着不同的角色，无形中增加了员工特别是研发人员的心理压力。因为每天要处理的信息量过大，致使他们关注自己和家人的时间和精力越来越少，造成他们的情感缺失会越来越多，因此，心理愧疚和压力会越来越重，这是职业压力产生的应激源之一。

在我国，除了上述原因外，我们处于社会转型期间，心理压力产生还来自各种不可预测的因素。据不完全统计，近几年我国企业因为心理压力问题造成经济损失每年达到几十亿元，因为心理压力造成家庭问题也很多，由此引发的各种社会问题所造成的损失更是无法用数字来衡量。

2. 职业压力对研发人员个人的影响

研发人员在工作、生活及社会上扮演着各种各样不同的角色，承担着不同的责任和义务，无论是哪一种角色都要经过训练，才能更好适应已有的工作生活形式，找准自己在其中的定位，在学习培训的过程中，通常研发人员会学习和模仿已有人员的处事态度和行事方式，逐渐建立起适合自己的生活方式和价值方式。研发人员基于自己的工作特点和性格特点，他们往往不善于与人进行沟通，不擅长进行人际交往，对社会文化及规范的认知比较简单。所以，在激烈的工作和社会竞争中，学会应对和处理压力过大对他们的负面效应，脱颖而出，成长为职场的优秀人士，需要长期不断自我成熟和成长的过程。

心理压力是一种综合性的心理应激状态。通常表现在个体身心健康的各个方面。

（1）心理压力是在对自我和周围环境认知的基础上产生的，是我们在意识层面认知的结果。人在没有意识或潜意识的状态下,是没有心理压力的;人在婴幼儿阶段,自我意识辨别能力很差或者是没有形成的情况下,也没有心理压力,他们完全是根据自己的感觉去表达自己的情绪,如饿了就会通过哭来表达。即使人具有了很强认知能力,如果没有意识到威胁性的内外刺激时,即使有刺激源,也感受不到压力,只能等到危险已经发生,我们事后分析才知道。如果外部环境因素本身对我们没有危险,但是由于我们的认知水平有限,错误地认为他们对我们的生活存在危险或伤害,我们也会担心,从而产生莫须有的心理压力。

(2)当个体感到心理压力时,通常会同时出现负面的情绪、情感体验,如紧张、害怕、担心、忧虑、焦虑、愤怒等。这些负面情绪长期存在势必会影响研发人员的身体健康,必须让他们正面面对这些压力并采取有效的措施进行应对;是不是所有的心理压力都必然会产生负面情绪呢?其实不然,如对于有强烈的自我实现需求的研发人员来说,给他们提供有一定挑战的工作,虽然会产生一定的心理压力,但是在这种压力下反而会促使他产生积极的应对心态,积极想办法,调动各方面的资源,去完成这项有挑战性的任务,这期间,正面积极的情绪情感会占更大比重,而不是消极情绪。

(3)心理压力一定伴随着行为表现。研发人员感到有心理压力时,会采取行为应对负面情绪的困扰,通常不会让其发展下去。正面的处理方式是积极面对,找到压力源,从根本上解决问题;如果找不到压力源,就选择离开压力环境,来保持正常的生活状态。如果采取消极应对的方式,不正面解决压力,反而被负面情绪一直困扰着,时间一长,就会形成心理障碍。因此,我们可以看出心理压力是由压力的根源、对压力的情绪情感的感受和采取的行为反应等形成的综合化的心理状态。

心理学家指出,过度的心理压力造成的紧张症状可以分为生理症状、心理症状和行为症状。

(1)生理症状。当一个人感觉压力过大时,从心理上人们也许认为还能承受,但是生理上的一些反应可能会比较明显表现出来,主要包括新陈代谢紊乱、心跳加快、呼吸加快、血压升高、头痛、易患心脏病等。

(2)心理症状。对于IT企业来说,研发人员是创新的主力军,他们承受着过度的工作压力,过度的工作压力最简单、最明显的心理影响后果是工作满意度下降。当个人工作繁杂,工作方式过于单调,绩效反馈机构和机制不健全,对工作缺乏控制感,并常常伴随着角色混乱以及角色冲突时,压力感和不满意感就会随之而来，进而对工作丧失兴趣。除了工作满意度下降外，还会出现紧张、焦虑、易怒、情绪低落等心理症状。

（3）行为症状。很多员工在面对沉重的压力时，在行为方面也会发生相应的改变，包括工作效率不高、缺勤、离职、饮食习惯改变、嗜烟、嗜酒、烦躁、睡眠失调等。

以上压力对研发人员产生了各种消极影响，如果企业不采取一定的措施，企业最宝贵的财富——研发人员就会因此严重受挫，企业也将会因丧失人力资本而蒙受重大损失。

因此，帮助组织成员克服职业压力和心理方面的困扰，成为我国企业必须解决的难题，心理健康援助服务——EAP就承担了这样的任务。

三、个人成长需求（进步、升迁、培训）

IT企业研发人员的工作性质决定了他们对于技术创新创造的渴望，因此他们每时每刻都在对程序进行新的设计和创意，所以，他们在工作的同时，也必须同时兼顾不断成长进步、提升个人业务技能的需求，低端的重复性的工作内容对他们来讲，不仅不会激发他们的工作热情，反而是一种痛苦的体验。

心理学研究表明，个体创造力的发挥和抽象思维的活跃性与个体当时的情感情境有直接的关系。个体身体状态、心境程度越好，其创造力和抽象思维、开阔思维就更活跃；反之，个体抑郁、烦躁的心境会直接阻碍创造力的发展和抽象思维的扩展维度。所以要想充分发挥研发人员的创造力，挖掘他们的潜能，就需要他们有良好的生理、心理环境。

职业生涯的发展对于企业研发人员来说尤为重要，因为它关系到研发人员事业的方方面面。下面是职业生涯规划的理论基础。

1. 理性决策理论

这是来自经济学的决策论在职业发展规划方面的应用，职业发展对于研发人员的重要性不言而喻，通过理性决策来指导研发人员在进行职业规划时，要从自己所处的现实内外部环境出发，培养和加强他们的决策能力或问题解决能力，选择自己最优化的职业规划目标，并为之努力。

人们都倾向于选择最优化的方案，但是有许多因素造成在实际条件下，只能选择最满意的决策而非最优化的方案。其一，人们面临的是一个复杂多变的世界，而且还是一个不断变化的动态世界，要想做一个最优化的决策，就要把握住所有影响决策的因素，并把所有因素最后导致的决策结果完全准确计算出来，不论你面对的是一个多么纷繁复杂的业务模块，而且实际情况是很多因素预测不到的，每种因素的最后结果也不一定能够计算出来，因此，做决策面对的因素越多，结果就越不确定，决策双方的信息就很难对称；其二，人对环境的认识能力是有限的，而且环境是动态多变的，即使我们的内环境也会动态变化，人不可能完全准确认知到决定我们决策因素的所有环境因素；其三，人们在很大程度上还会受到情绪情感以及所处情境的影响，"第一印象"在很多人的决策中占有很大的比重，实际上这是感性做出的决策，并不是经过严格的计算对比之后的结果，因此就没有发挥理性决策的作用，这种结论往往是带有感情色彩的，可能是最满意的，但绝不是最优化的决策。

20世纪40年代，赫伯特·亚历山大·西蒙深刻而严肃地分析了新古典经济学理论的不现实的观点和地方，分析了它的两个致命缺点：

（1）假定事情现状的发展情况与未来的发展状况存在必然的一致性。

（2）假定所有可供我们选择的全部"备选方案"和"决策"的结果我们都能够计算出来。但实际情况是这些都是不可能实现的。

西蒙的结论使得管理学理论失去了存在的前提，使得整个新古典经济学理论失去了基础。西蒙分析，传统管理理论是以一种"经济人"为假设前提。这种人性认为人具有唯利的特征，具备知晓所处环境的认知知识并做出判断，虽然知识不是绝对完全具备，但是也相当丰富和明白；人还具有条理性分析的能力，能够把握住自己到底想要什么，在稳定的偏好体系指导下，通过自己强大的计算判断能力和逻辑思维能力，计算出所有可供选择的备选方案的成本和收益，然后选择最节省成本、收益最大的那个方案，即最优化的方案。但是基于这个前提不存在，西蒙认为人们在进行备选方案的选择过程中寻找的并非"最大化"或"最优化"的方案，而是坚持最满意的原则来进行决策。

西蒙提出以有限理性的管理人代替完全理性的经济人。并用在稻草堆中寻针为例来说明两者的差别：经济人的愿望和行动是在稻草堆中找到最锋利的针，即寻求最优化的结果，所以他从所有的备选方案中选择最优的方案。身为经济人的"堂哥"认为管理人只要能够找到足可以缝衣服的针就满足了，可以把问题尽快解决，即寻求满意的结果，寻求从自己能力出发能够找到的最满意的方案即可。西蒙提出的两个命题有限理性和满意准则，很好解决了传统的理性选择理论的存在误区，把理性选择的前提条件与现实的实际情况相结合，这是大家很容易接受和信服的。

2. 职业发展理论

职业发展理论是从发展的观点来看待职业的选择及规划，发展的观点就是动态的而非一成不变的。用发展的眼光指导职业发展阶段、个体职业行为和职业成熟的职业指导理论。

职业发展理论的主要代表人物是美国学者金兹伯格和苏帕尔。他们从20世纪40年代初开始研究，提出了发展性职业咨询和指导的概念。

职业发展可分为不同阶段，这几个阶段是连续的。金兹伯格把它分为幻想、尝试和现实三个阶段；苏帕尔则把它分为成长、探索、确定、维持和衰退五个阶段。每个阶段都有不同的特征和任务，人在每个阶段的表现和成熟度不一样。

他们坚持认为，职业指导非常有效，只要进行了有效的职业指导，每个人就能在各个阶段达到职业上的发展和成熟。苏帕尔是以自我概念为基础，认为人在不断的成长发展过程中就会形成自我概念，自我概念的内涵会不断发展，这与职业指导和就业培训紧密相连，每个人的自我概念、职业爱好、职业素质、职业能力、生活能力等，都随着时间的流逝而不断发展和提高，这也是个体不断积累经验的结果。人们同时也把培训途径扩展到不断的探索，探索分为就业探索和尝试性探索，人们不断地尝试探索之后就会慢慢确定下自己的职业方向、职业选择，在就业的过程中，自己的就业决定不断得到评价和修正，这个修正和评价有来自他人的，也有来自自己的，最后就会形成成熟的职业行为和职业决策，选择适合自己的职业岗位。苏帕尔还指出，个人的职业生涯取决于父母的社会经济水平、精神能力、个性特征及个人所面对的机会，但职业发展只取决于自我概念的发展和完善，而自我概念又依赖于个人在一定工作机构中的职位。

个体生涯的发展，离不开职业这一平台。我们在选择职业时，一般都会从两个方面做准备：一是认识个体，也就是认识自我；二是认识职业。这形成两个基本的思考模式：一是什么样的职业适合我；二是我该怎样适应职业。因此这种归纳法认为，不同的个体生涯发展理论采取了不同的思考模式，产生了不同的研究重心，因此将个体生涯发展理论分为前职业生涯理论（pre-career，又称前进入理论）、后职业生涯理论（post-career，又称后进入理论），以及整合的生涯理论。但我们不能望文生义地认为，前职业生涯理论就是研究从事职业前的理论，后职业生涯理论就是研究从事职业后的理论，整合的职业生涯理论就是贯穿从事职业前后的理论。

3. 心理发展理论

把心理分析的方法用于研究职业选择过程，认为选择职业是为了满足个人工作的需要，满足自己不断成长进步的需要，我们选择职业应该具有一定的挑战性，能够促使我们更好发现自我、发展自我、完善自我。所以心理发展理论用于职业指导主张"自我功能"的加强，如果个人的能力强大了，所遇到的心理和行为问题都能够顺利解决，那职业选择和规划的决策也就没有问题，我们是完全有能力来处理这些问题而不需要别人的指导。

瑞士当代心理学家 J.皮亚杰的理论提出了四个基本因素：

（1）成熟。指身体的成长，特别是神经系统和内分泌系统的成熟。成熟的作用是面对新的可能性，是很多成长后行为出现的必要条件，但不是充分条件。虽然成长、成熟在心理发展的各阶段中都起着非常重要的作用，但随着儿童身心年龄的不断成长，外部社会环境对儿童成长的思想和行为影响的重要性就随之扩大。

（2）练习和经验。指个体对物体施加动作过程中的练习和习得的经验。他把经验分为两类：物理经验，指个体作用于物体抽象出物体的特性（如体积、重量等）；逻辑数理经验，指个体对自身动作协调的经验或者反省，如五六岁的儿童发现物体的总数与它们在空间上的排列位置和计数的次序无关。这类经验并不是来源于物体，而是来源于动作。

（3）社会经验。指在社会上发生的人与人之间的沟通交流，以及很多文化的传递传输。皮亚杰认为个体是主动适应这个社会文化发展的，不是被动地去改变，他认为在社会化的过程中，缺乏主动积极性，获得社会技能也是无效的。

（4）能够自我调节的平衡过程。他认为平衡是个体心理发展的内部机制，它不仅仅由遗传来决定，也不是人不自觉的提前构建的，而是在成长的过程中，不断构建认知结构的过程。婴儿最初只具有一些本能动作的遗传性图式，图式指动作，包括认知动作的结构。之后在个体与环境相互作用的过程中，经过同化和顺应，图式就不断改变或复杂化，儿童的心理随之不断发展。皮亚杰说："刺激输入的过滤或改变，称为同化；内部图式的改变以适应现实，称为顺应。"同化是主体把客体纳入其已有的图式之中，这可以引起图式量上的变化；顺应则是主体已有图式不能同化客体，促使调整原有图式，因而这可能引起图式在质上的变化。平衡是指同化和顺应两种机能的平衡。个体遇到新事物，总是先试图用已有图式去同化，如获成功，便达到认识上的暂时平衡；反之，个体就做出顺应，调整已有图式，改变认识结构以适应新事物，直至达到认识上的新的平衡。这种新的平衡不是静止的,是走向另一个更高水平平衡的起点。这就是皮亚杰所说的认知结构形成和发展的基本过程,个体心理发展的内部机制。

皮亚杰认为,所有儿童的心理都以确定不移的顺序经过各认知阶段发展。他把儿童心理发展分为四个阶段:

①感知运动阶段(出生至2岁)。这时婴儿只具有"感知运动性智慧",开始协调感知觉和动作间的活动,还没出现表象和思维;婴儿开始能区分自己和物体,并进一步了解到动作与效果的关系等。

②前运算阶段(2~7岁)。这时表象和语言的信号性功能出现,儿童能用表象和语言来描述外部世界,这大大扩展了儿童的智慧活动能力,但这个阶段的儿童还没有"守恒"和"可逆性",且自我中心比较突出。

③具体运算阶段(7~12岁)。这时儿童有了具体运算能力,出现了"守恒"和"可逆性"。运算是皮亚杰的智力成长理论的核心概念。所谓运算是指为了某种目的而变换信息的一种特殊的智力程序,而且它是可逆的。如我们为了求64而给8平方,还可以完成逆运算,为了得到8而求64的平方根,这就是一种运算。但这个时期儿童的运算还不能离开具体事物或形象的帮助。

④形式运算阶段(12~15岁)。这时的青少年已有形式运算能力,其心理水平已接近成人。所谓形式运算,是"使形式从内容解放出来",思维超出了所感知的事实或事物的具体内容,而朝着非直接感知的或未来的事物的方向发展。如根据假设对各种命题进行推理,解决问题等。皮亚杰的研究和理论,受到世界许多国家的重视,影响很大。

心理发展精神分析论,是奥地利精神病学家弗洛伊德创立的。弗洛伊德的这种理论强调人的生物性本能,尤其是性本性。他认为所有心理成长发展都是本能发展的结果,本能是形成人格主要刺激原因,是心理成长和行为发生的推动力。弗洛伊德坚持认为,人格是由本我、自我和超我组成。婴儿时期是由无意识、非理性的本能冲动(本我)支配的。本我所遵循的是趋利避害原则。随着儿童的成长,自我就从本我中发展起来,自我由帮助儿童建立适应现实的理性思维、知觉和感觉,它遵循的是现实原则。后来被社会化了,在内化社会道德规范基础上就发展出超我,超我代表理想而非现实,它追求完美而非快乐。心理活动的这三个部分之间的冲突,使人产生焦虑。

弗洛伊德认为,由于上述心理结构的演化,个体在达到成熟的过程中就经历了许多特殊的阶段。他把身体的不同部位置于中心地位,以生物本能能量投入这些部位的顺序来划分阶段。如出生后的第一年，婴儿被说成处于口唇期，这时生物能量投入口唇活动，婴儿从口唇活动获得最大快乐；此后依次是肛门期（2~3岁）、生殖器期（4~5岁）、潜伏期（6~12岁）、生殖期（13~19岁）等。

弗洛伊德认为，在儿童的成长发展过程中，一定要快快乐乐的健健康康的成长，如果他们在现实生活中获得的快乐太少，或者是有不幸的事情发生，他们就会体验到负面的情绪，如悲伤、害怕、伤心、消极、自恋等，他的发展就会停滞不前，负面情绪会影响饮食、消化、食欲、睡眠等，会出现成长挫折。

弗洛伊德的心理发展精神分析论，提倡本能决定论，受到许多心理学家的批判。一般认为他的理论是缺乏科学证明的假设。但他的某些观点，如无意识的动机能够影响人的活动和思想，儿童的早期经验可能影响人格的某些方面，则被认为是有启发作用的。

心理发展刺激反应论，是行为主义心理学家的一种理论。这种理论的主要代表人物早期是美国的华生。这种理论关注的是个体的外现行为，而不是他们的思维（像皮亚杰那样），也不是他们的情感和欲望（像弗洛伊德那样）。持这种观点的人认为，儿童的活动可以分析为看得见的刺激和看得见的反应，以及二者之间的相互关系；而儿童的发展，不外乎是行为的习得和改变，是经验的累积。刺激反应理论强调的是外部环境对于行为的影响，环境中有很多因素，有有利于成长的也有不利于成长的因素，这些综合起来影响儿童的发展和行为的形成。

刺激反应论认为，儿童的行为经过学习后会得到改善，如果受到了外部环境不良的刺激，经过规范的学习和教育，人的行为会有所改变，而儿童学习新的行为方式主要通过两种途径：一种是条件反射形成，由于一定的行为受到了奖励，而其他行为受到了惩罚，儿童就学会了新的行为方式；另一种是观察，儿童行为和思想的形成会受到所观察的事物和人的影响，会模仿他们认为优秀的行为，抵制他们认为不良的行为，所以，教育也要让儿童有观察的过程，去模仿优秀的学生或老师的行为来调整自己的行为。因此，在儿童学习复杂的行为时，把教导、示范和奖惩结合起来是必要的。

在刺激反应论中，没有谈到儿童发展的阶段，而且它也不强调向任何特定的目标前进，因为在这个理论中没有"理想的"成人。许多心理学家认为，刺激反应论强调对心理进行客观研究，这有一定的道理，但它否定意识、个体主动性的观点，则不能阐明不易归于条件反射或观察学习的信念及能力的发展变化、解决问题的创造性观念的出现等心理发展的事实。在西方的心理发展理论中，除了上述三种主要观点外,还有强调行为的遗传基础的习性学观点,以及强调个体的独特性、自我、潜能、理想和信念的人本主义观点等。

4. 人—职匹配理论

人—职匹配理论认为每个人都有自己独特的性格、个性特点,这些特点一定与某些职位相关联,而且每个人都有自己所擅长的专业能力和领域。每个人都愿意选择与其特质和能力相匹配的职业,通过了解人的这些特质来选择职业,就会达到人与职位相匹配的契合度,当然前提是我们可以通过测量手段了解人的能力高低和其所擅长的领域。

关于人的个性特征与职业性质一致的理论,即人—职匹配理论,其基本思想是每个人都存在差异性,每个人都有自己独特的个性特点、个性倾向性和性格特点,每个不同的职业也存在着差异,如工作性质的差异、环境的差异、工作条件和方式的差异等,其对职位选择者也有不同的要求,如能力、技能、态度、技巧及性格特点等。每个人进行职业选择(如选拔、安置、职业指导)时,每个人都首先会选择自己熟悉的领域,选择跟自己的个性、能力相符的职业,工作起来才更加顺手,在这样的工作岗位上也更容易出成绩,工作效率更高,职业成功的可能性就更大,这就是进行人—职匹配的魅力所在。反之,则工作效率和职业成功的可能性就很低。因此,对于企业和个人来说,进行完美、合适的人职匹配具有非常重要的意义。当然要顺利对人—职进行匹配,就必须充分了解个人的特点和职业的特点,个人的特点我们现在更多的是选择人才测评技术来进行客观的测评,以帮助我们对个体的特性有充分了解和掌握,而人才测评是了解个人特征最有效的方法。所以,人—职匹配理论是现代人才测评的理论前提。

在对职业指导充分认可的国家,人—职匹配理论的辅导模式一直占据着重要的地位。

职业生涯的发展可划分为四个阶段,即职业探索阶段、职业发展阶段、职业中期阶段、职业后期阶段。在不同的阶段,企业研发人员会出现不同的职业生涯发展问题,主要包括离职、跳槽、升职和外派。这些问题可能会严重影响企业的日常工作和发展。

(一)离职

很多专业调查表明,目前国内企业占比超过67%的研发人员不知道怎样正确进行离职流程,合理办理离职手续。有约70%左右的人力资源管理经理持有这样的观点,自己对研发人员全周期人力资源管理上是"虎头蛇尾",即他们在任职时表现出色，但离职手续的办理过于简单和草率，一般不走正式流程。随着人力资源管理发展越来越规范，研发人员为了争取获得更好的薪酬福利待遇和发展空间，找到更加适合自己的岗位，离职在整个职业生涯里难免的。从人力资源管理的方面考虑，对研发人员的离职管理是企业对人才"招、养、育、留"的最后一环，如果留不住优秀的人，企业就不可能发展得好。离职管理是企业管理很重要的一项制度，如果得好，可能会吸引离职的员工还会回来进行合作，因为研发人员离职的原因有很多，如果是因为个人原因离职，最后可以自己做抉择的时候，他还会选择服务原来的企业。这才是离职管理要达到的目标。

研发人员离职前的心理状态呈现出以下共同特点。

1. 缺乏安全感

安全感的存在是研发人员能够不离职的重要原因，安全感是研发人员对自己工作情况和环境的判断，对未来自己是否失去或获得相关岗位的认知。如果在一个企业缺乏最基本的安全感，那么员工就会时刻担心因自己不能胜任工作而失去这份工作，所以安全感是维持职业选择的重要因素。离职研发人员不仅是对目前岗位是否失去而担心，更主要的是担心自己的技能水平是否能够胜任职业未来的需要，自己能够通过不断努力与现有职业的要求相匹配。这种不安全感会严重影响员工的工作态度、工作业绩和工作效率，最终会影响企业目标的实现和公司对他们的认可程度。

2. 缺乏信任感

信任是合作的前提，它使得每个人都感觉到自己对他人或企业的价值，有利于满足个人更高层次的需求；信任也是企业管理的基石，信任是由多种复杂的感受组合而成的。美国著名的财经杂志《财富》除了推出"全球500强排行榜"之外，还有一项"最受雇员喜欢的100家公司排行榜"，后者的评价标准除了收入之外，更在乎的评价标准还包括精神上的"收获"，如成长培训的机会、公司对员工信任程度及其对家庭的关心关注程度，如果公司允许员工参与公司管理，这就说明公司对员工充分信任，可以参与管理，适当进行分权。总而言之，领导对员工的信任是挖掘研发人员工作潜力、实施人性化管理、防止员工跳槽转行的一剂良药。

3. 缺乏公平感

企业研发人员公平感是指研发人员对企业管理制度和管理措施是否感到公平的评价。当研发人员对管理制度或分配制度或绩效考核制度感到不公平时，他们就会表现出抱怨甚至怨恨情绪，对组织承诺的事情就信任度很低，最终会导致离职行为。特别是企业的评价体系不跟员工的付出、能力和绩效挂钩，而是通过论资排辈或者是任人唯亲，这样他们就会对企业感到失望，为企业贡献大的反而得不到奖励，全心全意付出的得不到高的薪酬福利水平，这样优秀的骨干人员会因为失望而离职，企业留下的员工都是懒惰或投机取巧的人，最终的恶果会由企业来承担。

4. 强烈的挫折感

挫折感是一种内心的体验，它是人在实现目标或者是自我价值的过程中遇到的无法克服的干扰或障碍而产生的多种负面情绪的心理状态，如沮丧、焦虑紧张、失意等。挫折感是每个人都能遇到的，因为每个人总是喜欢不断地进行自我评价和他人评价，在评价的过程中，有些无法达到自己的目标，就会有挫折感。决定要离职的研发人员，挫折感会更加强烈，他们担心自己在本企业里面会不如意而离职，也担心离职后是否能够找到自己适合的工作岗位，而且即使到了新的工作岗位，自己的能力是否能与之匹配，并且顺利留住新的岗位，这些不可控的因素更加增加他们的挫折感。因此，这都会影响研发人员的情绪，使精神、士气等非常低落。

（二）跳槽

不同阶段，研发人员跳槽的心态是不一样的，从萌芽阶段开始，陆续暴露出来的抱怨、倦怠、抗拒心理其实只是员工整个心态的冰山一角，他们内心深处还是渴望有留任的机会。只有在离职阶段，他们的心态才可能完全转变为失望或失落。从整个过程来看，在每一阶段，人力资源管理者如能及时介入，并采取适当措施，就会有更多的机会留住人才，即使人才已经跳槽，仍有回流的希望。

跳槽使得企业为培养一名合格研发人员所付出的投入付之东流。这些投入包括招聘费用，培训所花费的时间、精力和费用，研发人员进入市场初期的各项花销，为研发人员支付的与业绩不相符的报酬等。核心研发人才的流失，不仅是人力投入的浪费，而且会影响到企业战略的实施和实现。掌握关键技术的核心人才，往往会带走核心的技术，企业的核心产品受到影响，企业盈利能力就会下降，战略目标就实现不了。这样就要调整战略目标或方向，这对于整个企业就是天大的事情，一切规章制度和计划都要发生改变，有时候还是毁灭性地破坏。

更严重的是，部分员工的跳槽会对其他正在安心工作的研发人员产生一种触动式的影响，潜移默化地带动更多的研发人员纷纷效仿。这种情况在一些国有企业比较普遍，如一个企业的一部分优秀研发人员集体跳槽到一个机制灵活、福利较高的民营企业或外资企业的事情时有发生。

其实，跳槽对于企业研发人员个体也不是好事，虽然有些员工看似找到了薪酬待遇比较高的岗位，但是不论是新企业还是原来的企业，大家对他的评价可能都不会太高，特别是现代社会是讲究诚信的社会，如果员工违背了当初与原来企业的协议，而带走了核心技术，新企业可能暂时因为新技术的到来会高薪聘请他，但是随着时间的推移，这个优势逐渐在消失，新企业对他也会有防备，不会把企业的新技术和资料放心交到他手里，这样员工就会非常被动，没有了利用价值，人的品质被质疑，在新的企业也是寸步难行。所以，在讲究诚信的今天，不要因为小事就不辞而别、背叛原公司或者带走原来企业客户的行为都会成为个人品质上的污点，甚至有可能还有受到法律的制裁。即使没事，这些压力也会给研发人员造成很大的身心伤害，如果再因为这个事情不能在行业内生存了，只能去陌生的行业里工作，难度就更大了，岗位的陌生、工作内容和环境的不同，企业性质的不同，领导风格的不同都会给研发人员带来更多的职业上的困难，而且职业生涯发展也就从此断送了。

通过向研发人员提供 EAP 项目服务，可以检测团体中每位成员的职业方向感、职业倦怠感、职业压力感、人际亲和感和组织归属感处于上佳、一般还是不佳状态，并借助具体评测数据找出隐藏在各种状态背后的深层次心理问题，使研发人员对自己的心理状态有一个比较科学、客观的认识，找到影响工作状态的原因，从而自觉地调节职业心态，减少跳槽对企业造成的损失和对个人造成的机会成本的增加。

（三）升职

升职是指企业员工离开原来的工作岗位，担任级别更高的职位。升职的原因多种多样，心理学家马斯洛曾经提出了金字塔式的需求理论，在这个"金字塔"中，第一是对衣食住行的需求，第二是对安全的需求，第三是对归属和爱的需求，第四是对名誉和尊重的需求，第五是对自我实现的需求。在这其中，第四需求与我们所说的晋升休戚相关。每当公司传出升职的消息，总是让人欢欣鼓舞，升职的人开心，周边人祝贺羡慕，升职确实是一件大快人心的好事。

尽管通过升职可以得到他人的认可，得到社会对自我存在的认可，并由此得到个人的满足，但是无论如何，升职在一定程度上也必然会带来各种各样的相关问题。其中，工作适应和人际关系问题在其中表现得最为突出。

升职后意味着工作环境会有很大的改变，这就要求研发人员在工作心态和方法上做出相应的调整，而这样的调整的结果如果与预期产生了偏差，就容易引发一系列问题。企业研发人员对于新工作环境的不适应，也会对企业本身造成严重的影响。

另外，如果升职的研发人员与其所处的职位不相适应，就会使得其模糊目标与方向，从而使得能力下降。管理学中有一个说法，要把适当的人放在他自己期望职位的下面一点点，才能充分发挥他的潜能。做着普通职位时表现很优秀的研发人员，一旦得到提升，短期内他们自己甚至整个部门的业务能力会下降很多，究其原因主要有两个方面：一个是心态，另一个是行为能力。研发人员的心态在得到提升时会发生比较大的变化，在潜意识中他们会期望尽快管理好原先似朋友般相处的同事，这时处理事情往往易不得当，而原先的同事往往也因为心态的原因，潜意识的防备和抵触情绪使他们与新领导易产生一定的隔阂，原有的团队合作和协调能力被破坏。这种现象也表明，在没有得到培训前，新任领导短时期内还不能胜任这个职位，也就是行为能力还不够。

因此，EAP 项目的使用在此时非常有必要，它不仅可以帮助员工迅速调整心态，对未来工作做出合理的预期和规划，同时也能够使研发人员在升职后主动适应全新的人际交往体系。

（四）外派

外派是一次艰难的挑战和难忘的经历，无论对被外派者本人还是家属来说都是如此。然而，随着中国企业国际化的加深以及跨国公司对中国市场的重视，跨国外派越来越常见。在国内，许多企业也在经历了初期创业阶段之后，进入全球化发展阶段，国内各地的短期外派也成为流行。

随着经济全球化的加速，IT 企业不断实现其全球化战略，企业内部研发人员出现多元化，使 IT 企业面临更高层次的管理问题。普华永道和克兰菲尔德管理学院共同进行的一项研究表明：外派研发型企业人员从海外归来结束外派生涯后，大约有 1/4 外派员工不想在原企业继续工作，想尽快换个新的环境，从这点可以看出外派员工回到原来的企业工作可能感受到的压力会更大；在回国两年内，外派员工流动率竟然高达 50%；平均约有 15% 的外派员工回国后一年内辞职。此外，外派员工在工资谈判、绩效认可、制度管控、职业发展等方面都存在着一定衔接的难点。

1. 外派对研发人员心理造成的冲击

（1）预期收益的不确定性风险。从企业与研发人员的关系来看，研发人员从企业获得收益，而为企业工作，提供技术、产品或服务，相对稳定的环境和条件让一切变得自然，但是研发人员为了某些原因被派往外地，就会面临不同的环境和不同的条件。对企业来说，外派员工是企业发展壮大必须要走的路；但是对研发人员来说，外派具有较大的经济风险和文化风险。研发人员在自己熟悉的地方和环境中工作，对周围的一切包括公司的规章制度和自己的预期收入都比较熟悉，被派往外地后，对他们所面临的环境会发生变化，又会遇到不同的管理者和文化氛围，自己是否能够顺利适应外地的生活和工作，这都是未知数，这些未知数就影响了他们的绩效和预期收入，一般来讲，派往的目的地与原工作所在地的社会文化环境差距越大，这种不确定性的情况就越多。

（2）环境压力。外派研发人员面临着两种来自环境方面的压力。其一，在人际环境方面，外派去外地工作意味着原有的人际关系逐渐消失，到了新的地方，要重新组建团队，重新建立新的工作伙伴关系，在新的环境中要结交新的朋友，有很多的未知性，形成心理压力。其二，在工作环境方面，研发人员到外地工作，要面临新的工作环境，在新的管理者的领导下进行工作，工作方式和方法很可能会改变，他们要重新适应。

（3）职业生涯发展的不连贯风险。研发人员在企业本部工作的时候，会逐渐摸索出职业成长的规律，如人际网络的构建、知识技能的积累、职务的提升以及职称的提高等，外派使得研发人员的职业生涯发展存在着断裂的危险。外派一定意味着原来的人脉资源逐渐弱化，原来的工作资源要发生改变，原来的职业发展之路会出现中断，从而使得原有的职业发展规划体系受到冲击。部分研发人员的观点是，外派后的主要工作不是原来的核心的软件研发工作了，而是从事非核心的外围服务工作，岗位技能要求比较低，成长和晋升机会很少，也不进入正式员工的考核评估体系，他们只要完成规定的工作任务即可，这样的考核体系完全不同于原来的绩效考核指标，从而使得他们把握不准职业的出路在哪里，职业发展目标会缺失或迷茫，职业发展空间变得很窄，他们的工作状态会受到极大的影响，对企业的满意感也随之下降。

（4）对企业产生错误定位。突然降临的外派任务会让员工对这件事情产生种种猜测：一是突然的外派不是正常工作计划内的，而是企业发展的临时抱佛脚，容易让员工产生这是企业的无奈之举的感觉，员工会感觉企业的经营可能会面临一些困境，企业经营不善，不得不拓展外地市场，从而对企业的经营状况产生担忧；二是在选择外派人员问题上，一般员工都会认为，外派员工是不受重视的，公司将自己外派到外地去工作，肯定是因为员工跟领导的关系处理不好，或者受到排挤，从而会造成管理层和外派员工关系方面不信任或者误解。

2. 困扰外派员工的家庭难题

（1）情感和婚姻危机。很大程度上对婚姻家庭的满意和情感的满足是人们幸福生活的决定因素，但是这一点对于外派员工来说很难做到两全其美，要么为了工作而缺失感情和婚姻生活，要么为了感情和婚姻生活而忽视工作。这个难题无论对于未婚者还是已婚者都是必须要面对的。对于未婚者来说，因为被外派，所以与原来的社交圈子不得不分开，变化的工作地点和工作环境严重影响了他们在原来居住地或外派地寻找合适伴侣的机会，因为外派而影响寻找感情另一半的事情在现实生活中经常见到。对于已经结婚的员工来说，难以应对婚姻关系，一般来讲，与配偶的关系有两种处理方式：其一，配偶随行。目前我们国家大多数企业没有专门针对配偶随行问题制定相关人事制度和薪酬福利政策。夫妻另一方为了团聚而放弃自己原有的事业和社交圈，这需要很大的勇气。而且既然放弃了原有的生活圈子随对方到外地去，肯定是为了联络感情，但是外派员工的工作往往是比较紧张的，随行家属如果在外地被忽视，又没有建立新的社交圈，他（她）们面对的是孤独、个性的丧失甚至是自尊的磨灭。其二，配偶不随行。考虑到经济、家庭、孩子等诸多因素，外派员工的配偶成了"留守妻子或者丈夫"，在家独自承担照顾家庭、孩子和老人的责任，同时还要忍受孤独，这样长此以往，也会对外派员工有怨言，造成感情的伤害。因此，他们面对的无论是"随行"还是"留守"，当配偶的怨言积累到一定程度，牺牲自我超过了自己能忍受的程度时，婚姻关系就越来越不可调和，就会出现破裂的危机。

美国 GMAC 全球迁移服务有限公司的数据显示：提前离开外派地的随行配偶数量正日益增多，2015 年有 7% 的外派任务未能圆满完成，主要原因是配偶的不满。对于外派员工来说，空间距离的阻隔加剧了时间上的稀缺，从时间、空间和感情上割裂了员工的职业生活和家庭生活，致使二者之间的冲突越来越尖锐和不可调和。正像越来越多的 IT 企业已经发觉的那样，外派员工的家庭问题是一个必须考虑的因素。

（2）难以履行家庭角色。美国学者克拉克的工作—家庭边界理论认为，"工作"和"家庭"是两个不同的世界，人们在其中就要遵守不同规则，人们每天徘徊在工作和家庭的边界，在工作中扮演职业角色，在家庭中扮演家庭角色。虽然人在社会生活中面对问题时有多种不同的选择甚至可以进行逆向选择，Edgar H. Schein 则认为，人作为子女、父母的角色是不可改变的，人们可以放弃一项工作或职业，却不能放弃扮演这些角色，相反，还要每天都想方设法更好完成这些角色的任务。但是，外派员工的工作和家庭边界被分化了，员工在空间距离上远离了家庭，促使员工在一定时间段内从一个跨边界者改变成为较纯粹的职业者。工作生活大部分时间掩盖了原有的家庭生活，职业角色阻碍了部分生活角色任务的完成，打破了原来家庭责任的分担格局，使得配偶必然在家庭里面承担更多的责任，员工的家庭作用被削弱而无法正常尽到该有的义务。配偶要同时履行夫妻双方的义务，员工父母由退休养老的角色被迫转化为帮助照顾家人尤其是小孩的角色。大量的事实说明，儿童的健康成长需要父母双方的共同见证，父母一方长期的角色缺失对儿童的性格塑造、身心发育、学业成绩及其未来的发展都有负面的影响。在寻求职业发展过程中造成家庭角色的缺失，使得外派科研人员在以后的生活中都背负着沉重的家庭包袱，特别是在教育孩子过程中的缺失可能是他们永远的痛。

（3）职业成功与家庭幸福不同步。几乎每个人都在追求职业上的成功和家庭中的幸福。但是随着经济全球化的普及，在竞争日益激烈的大背景下，外派已经成为IT企业和研发人员寻求职业突破和发展的捷径，尤其员工想要在职业上取得更高的成绩和层次。在传统的员工管理体系中，企业倾向于让员工把家庭和自我留在家庭里，随着时间的推移，企业需要为员工的职业发展和职业升迁创造机会。研发人员也坚持认为如果把时间和精力过多投入到家庭事务中，对其职业生涯的负面影响就很大，为了取得职业的发展和升迁，就必然要减少其在家庭方面时间和精力的投入。实际上这就要求其他家庭成员要通过牺牲自己的工作而在家庭生活中多投入，用来支持外派员工的工作，帮助他们提升工作绩效，同时也要保证家庭生活质量的提高。然而，正如前面谈到的因外派而引发的婚姻家庭危机已经客观存在，有时候家庭成员很难成为其工作的有力支持者，特别是现在的年轻人都在追求自我的发展和自我的快乐。虽然外派研发人员通过在外地的打拼而获得较快的职位的提升、较好的职业发展，但是他们在享受职业成功喜悦的同时也面临着即将失去的家庭幸福。

一般IT企业为了解决外派人员的实际生活问题，通常采用高薪酬、企业文化沟通、岗位轮换和提升这四种措施。然而，这些对于彻底改善外派研发人员的心理感受是远远不够的。针对研发人员的具体问题，企业应该相应给予适当的心理辅导，并以物质手段相辅助，才能从根本上解决外派研发人员的问题。

总之，在员工职业发展的不同阶段，企业要充分考虑到员工的个人成长需求，使企业和员工双向获益。

第四章
IT企业研发人员EAP项目设计

第一节　设计原则、总体方案与目标

一、设计原则

1. 科学性原则

所谓科学性原则是指决策活动必须在决策科学理论的指导下，遵循科学决策的程序，运用科学思维和方法来进行决策的决策行为准则。科学决策是相对于经验决策而言的，科学决策的特点是准确、严谨、客观、可靠，适用于解决多变量、大系统的各种新问题。现代社会发展规模越来越大，变化越来越快，影响越来越广，以前没有遇到过的新情况、新问题层出不穷，经济、科技发展的一体化，要求决策过程必须遵循科学性原则。

员工援助计划的设计是通过对IT企业研发人员工作、生活、心理环境进行科学地调查、分析、归因之后策划出来的。整个过程采用的是科学的调研手段，精确的分析方法，自始至终坚持科学的原则，不但体现在设计之前的调研，而且体现在保健计划的每一个流程的设计上。

2. 计划性原则

员工援助计划的设计包括IT企业研发人员的生理健康保健、生活需求的满足、心理危机的干预等各方面，是一个系统的设计实施过程。设计与实施遵循有前有后、有主有次、相互结合的原则，体现了科学严谨的计划性原则，目的是保证保健计划设计实施的成功率。

3. 适用性原则

IT企业研发人员的员工援助计划是为IT企业研发人员量身定制的一套职业保健套餐，从员工生理、心理健康到生活、成长需求；从现实的工作环境到未来的发展定位，完完全全是研发人员的护身铠甲。

4. 经济性原则

随着经济的发展，IT企业人力资源管理制度化、规范化越加明显，各公司的规章制度也越加健全和完善，对个人素质、技术要求以及每一个研发人员的分工、职责、权利和突发性问题处理的过程和政策都有规章可循。这种完善的制度建设，降低了管理成本，是现代企业经营的基础，同时也对研发人员的录用、评定、工资的制定、奖金的发放以及职务提升等提供了科学的依据，提高了管理效率。

IT企业研发人员的员工援助计划设计无论是从员工个人角度，还是从公司本身来讲，都需要时间和精力的投入，随之而来的是核算的经济投入，因此整个项目实施的流程、内容设计、方式方法等，都必然牵扯到投入产出比的问题，所以整个内容和流程的设计，充分考虑了投入与产出的关系，体现了经济实用性原则。

经济性原则是倡导用较低的成本获得较高的收益，但是有时候在企业的人力资源管理方面，如果投入相对较高的成本，可能会收获到比较大的回报，有些回报是隐形的，如对研发人员实施EAP项目，看似企业多付出了一个项目的资金，但是通过专业人员的咨询、辅导等，提高了员工的满意度、积极性、工作业绩等，企业业绩就提高了；相对比没有实施这个项目时，企业员工工作积极性比较低，每天来上班，到点走人，但是工作时间利用不上，工作绩效完不成，造成的重新招聘培训的费用会更高。因此企业的经济性原则应该从整体上来核算，而不是单一的某个项目的暂时性的投入，特别是对于人力资源的投入成本，一定要放到长远的角度来考察。因此，企业的经济性原则与激励性原则不一定是矛盾的，而是互相促进的，在EAP项目里面表现更加明显。项目的投入本身就是作为人力资源的一项福利来激励员工，促进员工对企业的认可和肯定，从而提升工作绩效。从另一个角度讲，当激励性原则和经济性原则一起作用于IT企业的薪酬设计时，激励原则就受到经济性原则的限制。企业管理者所考虑的因素就不仅仅是薪酬设计的吸引力和激励性的问题了，还会考虑企业成本承受能力的大小、利润的分配和合理的流动等效用了。

经济性原则的另一方面是要合理配置研发人员资源，当企业员工包括研发人员岗位设计过多，致使人力投入与同规模的企业相比过高，就会导致工资体系的浪费，反而产生不了绩效，因为人力资源的数量远远超过了所需要的数量，远远超过了饱和的程度，多余的人力资源产生不了绩效，因此，从岗位设置来说，每个岗位设置的人数和质量必须和工作内容、职责要求的标准对等，做到人尽其用，才能达到经济性原则的要求。

5. 客观性原则

所谓客观性原则，就是指研究者要尊重客观事实，按照事物的本来面貌反映事物。对员工援助计划研究项目来说，就是要从心理活动产生所依存的客观条件及其表现和作用来揭示研发人员心理的规律。由于心理活动本身纷繁复杂，很容易出现猜测、片面的缺点，因此，在我们研究 EAP 项目中，更应该注意遵循这一原则。

具体来说，研发人员在实际工作过程中会产生各种各样的心理活动，心理活动既受公司的各种条件所限制，也会在他们的各种工作实践活动中表现出来，不管研发人员的心理活动如何复杂，也不管他们会做出什么样的假象和掩饰，他们的心理活动都会在行为活动中有所表现。因此，EAP 项目的研究必须始终贯彻客观性原则，通过研究研发人员在工作和生活中产生心理活动的客观条件和心理活动的客观表现来揭示他们心理发展和变化的规律。任何结论都必须在所得到的全部事实材料和数据，甚至包括相互矛盾的事实进行全面分析的基础上进行，绝不可能任凭我们的主观臆断来肯定或否定某些结论或现象。另外还必须注意，不能只局限于描述现象的研究，而应该深入揭露现象背后隐藏的心理活动的实质和规律，以通过规律来发现研发人员存在的各种负面的情绪、情感，通过积极向上的心理措施使其建立正确的价值观。

6. 创新性原则

IT 企业的创造创新是推动企业快速发展、保持竞争优势的重中之重，核心的表现就是作为创新力量主体人力资源的研发人员的创新意识和创造能力。目前为止，IT 企业想要在行业中脱颖而出，研发人员的创新比例一般要达到 35% 以上甚至更高，这样就有可能保证企业的后续不断地研发创新，并有能力继续保持并推动创新科技优势转化成效益优势。IT 企业必须大量运用现代科技手段和科技成果，加大对研发的投入支持，积累更多的有知识和技术含量的技术，创造更多的科技思路和创新成果，让创新、创造成为企业的常态，在行业中竞争的源泉越来越依赖技术创新的灵感。因此，员工援助计划要保证充足的技术创新研发人力资源，实现研发人力资源的良性循环。

7. 重视员工培训

现代 IT 企业的大多数研发人员受大环境和大背景的影响，接受的教育程度都相对较高，他们的知识就相当丰富，大部分研发人员在研发中都有自己所擅长的领域和特长。他们有很多的选择条件、机会和很强的自主性，他们不仅是为了满足自己的基本需要，还需要通过自己的努力和业绩获得更多人生的自主权，包括物质上、精神上以及地位上的满足，他们还喜欢挑战特别富有创造性和创新性的工作来满足对自己技术和能力的肯定，来评估自己在同行技术领域的地位，体现自身的价值,因此他们更加关注国内国外科技领域的最前沿的发展趋势,紧跟最新的技术步伐,随时能够感知到更好的发展机遇。基于这样的一些特点,对于他们的员工援助计划的设计要尽量满足他们对技术的追求,结合他们的研究特长,加强研发人力资源优化配置,通过给予研发人员更多的培训发展机会,为其提供更广阔的发展空间。

8. 专用性原则

现代 IT 企业对于高素质人才的需求量不断增加,而培养高素质人才的速度永远也赶不上这个速度,致使高素质人才的缺口不断加大,这客观上造成企业人才资源的专有性日益突出,尤其体现在研发人员这个群体上。虽然现代 IT 企业特别重视科技人才的综合素质的提升和能力的多元化发展,但是现代高新技术的日益发展越来越精细,使得对科技人才的各方面素质和能力特别是专业化素质方面要求十分严格,致使不同岗位之间的替代性比较差,也没法做到工作的轮换,只有对科技人才进行企业再培训、再开发,才能使得科技人才转换成企业的绩效优势,才能使高新技术企业在高手如林的行业里独树一帜,立于不败之地,员工援助计划必须对研发人员这个特殊群体实行专业性的设计方案。

9. 时间性原则

根据一些科学家的测算,高科技人才创造性的最佳年龄是 25～45 岁,37 岁为最高峰值年。按照这个逻辑,既然人的最佳学习年龄和最佳创造年龄是一定的,不同年龄阶段会产生不同的想法观点,这些观点会影响人才达到不一样的职业高度,他们一旦因为错误的观念错过了最佳的创造年龄,个人发挥作用的程度和效率都会随之下降,工作能力、创新能力和创造性不会达到人生的峰值。因此,IT 企业要始终保持持续高速发展的速度,就要加强人力资源培训开发,特别是把握核心研发人员开发的最合适时间,其一,要保证企业对研发人员合理的开发与使用,使其才能的发挥周期与企业的生命周期相一致,在其能力、素质和智慧发挥的最佳年龄,从事关键的岗位。其二,又要注意及时、适当地引进新研发人才,员工援助计划在设计时要坚持这一时间性原则。

10. 公平原则

公平原则是员工援助计划设计的基础,是制定员工援助体系首先要考虑的一个重要原则,要使员工认识到人人平等,只要在相同岗位上做出相同的业绩,都将获得相同的福利待遇。只有在研发人员认为员工援助计划设计是公平的前提下,才可能产生认同感和满意度,才能吸引他接纳这一计划,才可能产生援助计划的激励作用。

员工对公平的感受通常包括以下五个方面的内容：

（1）与外部其他类似企业（或类似岗位）比较所产生的感受。

（2）员工对本企业员工援助体系设计机制和人才价值取向的感受。

（3）将个人福利待遇与公司其他类似职位相比较所产生的感受。

（4）对企业员工援助计划执行过程中的严格性、公正性和公开性所产生的感受。

（5）对最终获得援助计划支持的感受。

员工援助计划系统是否公平，会反映在员工工作的努力程度和工作态度上。当员工对员工援助系统感觉公平时，会受到良好的激励并保持旺盛的工作热情和积极性；当员工对员工援助系统感觉不公平时，通常会采取消极的应对措施，如降低对工作的投入和责任心，不再珍惜这份工作，对企业的亲和力也随之降低，寻找低层次的比较对象以求暂时的心理平衡，或者辞职等。

11. 竞争原则

IT企业想要获得具有真正竞争力的优秀研发人才，必须要制定出一套对他们具有吸引力并在行业中具有竞争力的人力资源管理政策，包括员工援助计划系统。如果企业不关心他们的情绪心理感受，他们的满意度太低，那么在与其他企业的研发人才竞争中必然处于劣势地位，甚至本企业的优秀研发人才也会流失。在进行薪酬设计时，除了对他们的情绪心理保持较高的关注度和恰当的价值认可外，企业还应针对研发人员的自身特点制定灵活的、多元化的员工援助计划结构，以增强对员工的吸引力。

12. 激励原则

科学合理的激励系统对员工的刺激是最持久也是最根本的，而员工援助计划作为激励系统的一部分也同样非常重要，因为对于较高知识水平的研发人员，相较于内在的精神激励而言，外在的物质激励给他们带来的价值感要低一点。对IT企业来说，通过内在奖励来激励员工的责任心和工作的积极性是最常见和最常用的方法。科学合理的激励系统解决了人力资源问题中最根本的分配问题。

简单的高薪并不能有效激励研发人员，一个能让员工有效发挥自身能力和责任的机制、一个努力越多回报就越多的机制、一个不努力就只有很少回报甚至没有回报的机制、一个按绩效分配而不是按"劳动"分配的机制，才能有效激励员工，也只有建立在这种机制之上的激励系统，才能真正解决IT企业的激励问题。

13. 合法原则

员工援助计划设计的合法性是必不可少的，合法是建立在遵守国家相关政策、法律法规和企业一系列管理制度基础之上的合法。如果企业的员工援助制度与现行的国家政策、法律法规、企业管理制度相抵触，企业则应该迅速做出改进，使其具有合法性。

二、总体方案设计

IT企业研发人员援助计划设计分析了影响研发人员的内外部环境、自身与非自身因素、宏观因素与微观因素等诸多方面，通过大量科学的调查和对调查数据的系统分析，针对性地提出了保健计划的总体方案设计。体现在整体方案的策划、管理方式的变革、经济投入，员工个体生活、行为方式的优化等一系列干预措施。

完整的员工援助计划分为三个部分：一是试图通过改变工作场所或外部环境压力源的方式来降低或消除不恰当的环境因素，主要方法有工作再设计、流程再造等；二是在没有引起严重的心理健康问题之前降低症状的反应，即帮助研发人员识别压力症状、提供应对措施和技巧，比如情绪情感的放松疏导、知识—行为等方面的技能培训等；三是改变研发人员自身不利于工作的个性性格特点，从改变不合理的认知理念开始到逐渐形成新的行为模式和生活方式，提高认知应对技巧与使用放松技术等。现在，随着EAP的不断应用和广泛发展，它包括很多综合性的咨询服务，其内容包括应急压力管理、职业生涯规划发展、心理健康咨询、心理危机、灾难性应急事件、健康生活方式等方面。处理这些问题的核心目的是使员工降低工作压力，改善员工关系，增加对员工的关注，提高员工的幸福感，促进其心理健康。

员工援助计划总体方案从以下三个层面进行设计：

初级预防：消除诱发问题的来源。初级预防的目的是减少或消除一切导致职业心理健康问题的因素，重要的是设法建立一个积极的、支持性的健康工作环境。

二级预防：教育和培训。教育和培训旨在帮助员工了解职业心理健康知识、帮助管理者掌握员工心理管理的技能。

三级预防：员工心理咨询。员工心理咨询是指由专业心理咨询人员向员工提供个别的、隐私的心理辅导服务，以解决他们的各种心理和行为问题，使他们能够保持较好的心理状态来生活和工作。

三、目标设计

1. 主体行为的干预

通过对 IT 企业研发人员日常生活、工作、交往行为的干预，让他们在生活、工作的细节上养成良好的、有利于生理健康的习惯，通过人际关系的改善，达到优化内心环境的目的。使他们的心态乐观向上，以一颗平常心来看待自己的现在和未来。

2. 辅助计划的实施

环境对一个人身心及世界观、人生观和习惯的养成和影响是巨大的，因此通过加强公司管理，优化管理体制、员工绩效考核体系，实施"人本管理"，是员工援助计划有效实施的制度保障。通过设立内部 EAP 机构或寻求外部专业机构的帮助，对员工实施员工援助计划，是必不可少的。

第二节　内容设计与实施

目前为止员工援助计划没有固定的统一模式，因为企业的具体情况不同，他们对员工援助计划的目的、设计和要求都不同，而且即使是同一个企业，不同的部门也有不同的需求和偏好，因为企业内部不同部门对员工援助计划的认知、定位和需求不一致；员工援助计划作为一个涉及不同学科的项目，社会工作者、心理学家和医生很难达成一致的意见；另外，员工援助计划在不同的文化背景和经济发展水平的国家和地区的发展都不同，所以员工援助计划很难有统一的固定标准模式。

依据标准的不同，员工援助计划的分类也不同。

依据实施 EAP 时间的长短，可以分为长期 EAP 项目和短期 EAP 项目。依据 EAP 项目的提供者，可以分为内部 EAP 项目和外部 EAP 项目。

对于 IT 研发行业来讲，最大的心理保健群体是技术研发人员，因为技术研发人员是企业发展的核心，稳定住这一群体，并使他们健康成长是企业制胜的法宝。要想达到长期科学有效的项目效果，就要采取系统、全面、全员参与、内外结合、长期与短期相结合的一体化援助方案。

一、思想上高度重视

从管理高层到研发基层员工都要引起高度重视，特别是管理高层在企业策划、目标制定过程中，也要考虑到各个环节中的职业心理保健细节，把EAP项目设计计划纳入企业管理的日常规划中。要认真调查了解研发人员的生活、工作情况，更要关注个体的各方面需求，并提供必要的各种资源，必要时还要给予充分授权。

著名的管理顾问尼尔森曾提出："未来企业经营的重要趋势之一，是企业经营管理者不再像过去那样扮演权威角色，而是要设法以更有效的方法，间接引爆员工潜力，创造企业最高效益。"EAP项目作为一项为某特定环境中的个体或团队乃至社会提供健康服务和咨询的工作，能够帮助个人解决个体情绪情感等问题，帮助团队人力资源管理人员了解员工对于团队的意见及其采用哪些措施进行改进等。具体措施如下。

（一）员工参与管理，进行目标制定

员工参与是指名义上不具有管理职权的员工参与企业经营决策或管理实践的过程。参与管理（Management by Participation）就是指在不同程度上让研发人员参与企业的决策以及参与管理工作的过程，可以让掌握关键技术和管理才能的员工日益成为对企业价值增值的核心资源，可以参与企业中重大问题的讨论。这本身就是一种激励，感觉到自己的权益与团队发展密切相关，从而产生强烈的成就感和使命感。

1. 人性假设理论是参与管理的理论基础

20世纪30年代，美国心理学家梅奥提出了"社会人"假设，这是通过霍桑实验得出的结论，认为人最看重的是社会性需求，只要满足了这种需求，人就会努力工作，社会性需求满足了员工交往沟通和尊重的需要。企业怎样给员工提供这样的机会呢？除了工作岗位之外，参与企业管理给员工提供了各个不同部门人员之间的交流沟通机会，并且有机会展示自己在其他方面的能力，来获得尊重，这就是参与管理的过程和存在的基础。

20世纪50年代末，麦格雷戈等人提出了"自我实现人"假设，并提出对这种人性假设所采取的管理措施，统称为Y理论。这种理论认为每个人都在积极实现自我价值，都有强烈的愿望展示自己的能力，获得他人的尊重，得到领导的肯

定。管理者也意识到了这个问题，就逐渐采用了员工参与管理的形式。员工参与管理在很大程度上满足了员工这一需求，它鼓励员工参与日常与职能和业务有关的管理决策，使得员工更加有积极性努力把自己的精力投入到对企业的贡献上，满足他们的尊重需求和自我实现的需要。

2. 员工参与管理的模式，需要注意以下四个关键性的因素

（1）权力。权力有很多种，如选择不同工作方法的权力、选择不同的员工从事岗位工作的权力、选拔优秀员工的权力、分派员工不同工作任务的权力、为不同的客户提供服务的权力等。企业鼓励研发人员参与管理，就必须给他们提供足够做出正确决策的权力和资源，当然权力大小、程度、层次都可以根据具体决策事务的大小来授予。如果是企业整体的决策，而且影响足够大，就考虑给他们更多的、更大的利于他们做正确决策的资源和信息权力；如果他们仅仅是做岗位工作的决策，那就提供给他们满足做决策的资源权力即可。

（2）信息。企业的信息也有很多种，如企业经营运作过程和结果的数据、产品计划、核心竞争资源资料、销售策略、组织采用的竞争策略等，有些信息在企业的保密层级比较高，对于鼓励员工参与管理这种模式，既然让员工参与，就要对他们十分信任，把需要提供的企业的相关信息都对参与管理的员工公开，并保证公开的信息能够顺利到达员工，这对做出有效的决策是至关重要的。

（3）知识和技能。研发人员参与企业管理，他们要参与企业做决策的过程，给出自己的建议和意见，但是如果他们缺乏做出正确决策的能力和素质，就必须先提升能力和素质，才能参与管理，这就要求企业对他们进行培训和提升，以提高相关知识、能力、技能和素质。

（4）报酬。报酬是指员工认为对自己有价值的各种形式的有形和无形的收入，报酬的形式都是围绕着员工的需求展开的，因此能有力推动研发人员参与管理。参与管理可以给员工提供有形的外在报酬，如各种福利待遇加之工资奖金，也可以给员工提供调动他们积极性的内在报酬，如工作的肯定、晋升的机会、提供实现自我价值的平台等。

3. 员工参与管理有多种形式，主要包括决策权的参与分享、代表参与、质量圈和员工持股计划

决策权的参与分享是指一般员工参与企业管理权的决策，可以分享高层管理者的决策权。现代管理面对复杂的员工，有不同层次的需求，而且需求的范围还在不断扩大。拥有决策权和管理权的管理者常常无法了解和把握研发人员所做的

工作，因此会选择拥有专业知识的研发人员来参与企业的管理，帮助其做出更准确的决策。员工参与决策权的管理促使各个部门的员工不断融合，善于集思广益，互相补充，共同商量和决议，需要组建团队委员会来共同解决管理中遇到的问题，协调他们之间的关系。研发人员共同参与企业的决策还可以提升决策的执行力，在理解决策过程的基础上更加主动地执行决策，如果企业执行了员工参与管理，那么在决策的实施环节他们就更容易支持这项决策。

代表参与不是指所有研发人员直接参与决策，而是一部分研发人员的工作代表参与决策过程，在实施理念上鼓励每个员工都积极参与管理。西方大多数国家都通过立法的形式要求公司实行员工代表参与。员工参与对企业和员工双方及其两者之间的关系都有积极的推动作用，代表参与管理对于管理方、员工和工会三者的传统关系定位产生了重大的影响，管理职权得到重新分配，把员工放在同管理方、股东的利益更为一致的层面上，从个人、群体和组织三个层次对劳资关系管理在企业中发展成和谐与互惠的关系。工作委员会和董事会代表是代表参与常用的两种形式。工作委员会是由员工选举的代表组成员工组织，进入企业决策的机制。当企业需要做出重大决策时必须要与员工组织进行商讨。董事会中的职工代表大会制度反映了公司制企业最高管理机构中的员工参与制，员工董事制是由员工民主选举一定数量的代表进入公司董事会，代表员工参与企业决策和行使监督的权力。

质量圈是一种企业促进基层员工自主管理、全员质量管理和持续质量改善的管理活动，通常是由基层员工和管理者组成的共同承担责任的质量管理团队。小组成员会定期召开会议，讨论提高产品质量和方法的关键问题，找到原因提出解决问题的建议并分头行动，合作加以实施，实施过程中不断地进行反馈，对每个反馈都要做出不同的评价，当然这个小组只具有建议权，最终决策权还是由管理层掌握。这种制度认为员工不一定具有解决企业决策问题的能力和方法，所以会定期对参与质量讨论方案的员工进行相关策略和技巧的培训。

员工持股计划是指研发人员出资认购本企业股份，拥有所在公司一定数额的股份，从而达到研发人员参与管理、分享企业利润的一种股权形式。这样研发人员目标与公司目标统一起来，他们做了企业的主人，既拥有公司的股份，又有权知道公司的经营运作情况，还有权对公司的经营施加影响。这些条件促使研发人员会对企业更加上心。员工持股计划能够大大提高研发人员对企业的认可程度，提升工作生产力。

（二）以身作则、一视同仁

管理层要以身作则，一视同仁，创造良好的企业文化氛围。首先管理者自身先要有打铁需要自身硬的正面形象，在企业营造一种公平公正、团队合作的工作氛围，在这种企业文化引导下，人际矛盾和摩擦会大幅度降低。然后在众所周知的人际冲突问题上，管理者要善于积极协调，用文化引导，情绪疏导等方法，让双方坐下来和平共处。在处理冲突的过程中管理者最忌讳的就是有私心，不能公平公正，不能一碗水端平。最后从情感管理出发，走入员工的内心，各个击破，管理工作一定会取得想不到的效果。任何一个人都会有所偏好，特别是研发人员都是非常有个性的，管理者尽量做好具体问题具体分析，本着满足个体需求原则，不可搞一刀切。尤其是面对较弱的一方，管理者要给予更多的关心和照顾，给他们足够的重视和温暖，让他们从内心站在管理者的立场考虑问题，放下冲突，做好团结，营造和谐的工作关系。

（三）融入与沟通

作为管理者，特别是"外来"管理者，不管你带来的是何种先进的管理模式和理念，不管有多么骄人的背景和阅历，千万要注意，你要首先融入这个团队，才能施展手脚，不要觉得自己比别人更强，能够融入新的团队，才能证明你可以胜任这个管理者的角色。至于外方管理人员，也要首先了解本土的文化，而且要尽量融入进来，要善于发挥本土管理者的联结作用，让他们及时了解员工的想法，及时协调汇报，同时也要及时把本土文化的习俗尽量传达给外方管理者，以免在不知情的情况下，无意做出伤害公司员工感情的事情，引起不必要的误会，给双方都带来压力。如果员工在语言沟通上有什么障碍，还要想方设法给予解决，因为语言沟通不便，不但会给团队合作带来很大的不便，而且还很有可能造成员工间不必要的误会和摩擦。

我们必须认识到管理者在组织心理健康方面的影响力和作用。盖洛普公司权威调研证明，员工对组织的认同度受直接上司的影响最大。所以，让管理者掌握一定的心理管理知识和方法，提升领导力，是提升员工心理健康的一个必要且有效的途径。通过有主题、有内容、有情景的训练，优化管理者的领导力，让管理者在岗位上能更多地激发正能量、带好自己的队伍。

（四）关注个体生活、家庭，施以职业健康投资

身体健康是工作保障。作为企业管理人员，我们不仅要在年终给予员工奖金，还要为他们办理医疗保险基金，当员工生病住院时，管理人员更应抽出时间

去医院看望。要从不同渠道了解员工的家庭状况,尤其是家庭成员的健康状况。在马斯洛的需求层次理论中,安全需要是基础需要,因此关心员工的健康是不无道理的。

有些管理者会认为员工的个人问题属于隐私范畴,不宜过问。其实不然,工作中,员工和管理者之间有一种上下级的关系,这种关系在维系工作要求与公司管理制度之中,有一种刚性和严肃性。但生活中,这种角色关系应该是朋友关系,管理者要多抽出一些时间和员工个别交流,更换管理者的角色,以朋友的角色来和员工交流谈心。了解他们的内心世界、情感需求、生活家庭状况。交流过程中,要以亲切关爱的眼神、和风细雨式的口吻,表示出极大的关注和理解,并和员工一起就困惑的问题交流解决方法。

通过与员工的交流了解员工的心态、需求,将这些信息汇总,交由人力资源部、董事会、公司大会讨论提出具体解决方案,必要时要做职业心理健康投资,包括情感投资、教育培训投资、心理疏导和治疗投资等。此外,员工需要处理家庭矛盾时,管理者不要袖手旁观,而是应该积极关注,提供帮助,协调家属和员工的矛盾,必要时可以给家属做工作,帮助员工处理好家庭与工作之间的关系,这也是管理者的职责之一,让员工可以没有后顾之忧地开展工作。

二、加大项目投资力度

(一)加大培训投资,实行情感管理

情感管理是指管理者以真挚的情感和感情纽带,增强管理者和员工之间的情感沟通,调动员工积极性,形成和谐的工作关系的一种管理方式。情感管理是社会化大生产的客观需要,市场经济条件下的企业,不是分散的小生产,而是以社会分工为基础的联合起来的社会化大生产。这就要求,必须通过各种交往与联系建立起与这种生产力发展水平相适应的人与人的关系,只有人与人之间的感情融洽、相互体贴、谅解,工作上互相配合协作,在比较宽松自由的环境下畅所欲言、群策群力,充分发挥每个人的聪明才智,才能充分发挥设备的生产能力,才能提高工作质量和生产效率,才能使企业在激烈的竞争中立于不败之地。

1. 情感管理的有效性通过有效的双向沟通来实现

"串门式管理"建议企业高层管理者主动经常深入各个操作现场,与员工进行近距离的交流,通过不断地沟通加强接触,促进感情交流,推动员工关系发展;另外,还可以了解一线员工的内在需求,检查基层员工贯彻执行企业战略的

真实状况。看似是以发展感情为主，其实质是通过情感交流，获得一线员工对公司的认可，了解他们的所思、所想，减少管理政策不落地的情况，这就是情感管理的魅力所在。IT企业研发人员经常限于创新和创造项目中，在与领导交流方面缺乏技巧，通常相处比较拘谨，如果领导不能走近他们，他们一般不轻易表达自己真实的想法和意见。这时候就需要领导在情感管理中展示出艺术的一面，可以提前不经意表露出自己的一些想法或看法，展示自己不完美的形象，拉进与研发人员的心理距离，促使他们表达自己的内在真实意见，对企业管理制度的改进会有很好的帮助。

2. 情感管理要更关注员工的内心所想

情感管理的重点是培养员工对企业的忠诚度，培养员工的主动积极性，同时加强他们的正能量，引导消除负能量。情感具有可塑性和稳定性的特点，IT企业的研发人员通常都是青年人，在情感方面可塑性强，利用这一特点管理层要多与他们进行沟通交流，对其进行企业文化、管理制度等方面的培训，通过培训对他们进行教育影响，有利于他们正确价值观的确立。比如，团队精神的认知方面，通常研发人员会看不起其他同事而高估自身实力，或者认为一两个高手就能做出好的软件而不需要太多人参与。这时就需要团队领导在项目中进行培训引导。现场讲解大型项目所必需的团队分工，加之在实际工作中的现实合作，他们的浮躁情绪会一点点改进，随之情绪的稳定性会加强，就不会轻易选择跳槽。在这样的氛围里工作时间一长，他们会逐渐意识到一个人如果要有效地发挥作用，就需要具备适合的外在环境，要有好的团队协作。

3. 情感管理，要发自内心的相信

任何人都有自己擅长的事情，既然员工成功成为公司的一员，就一定有闪光的一面，作为一位管理者最重要的是发现员工身上的闪光点并让他发光。所以管理者要善于给员工提供机会，鼓励他们发表意见，尊重他们的想法。更要适当放权，授权给研发人员，放手让他们承担责任，用实际做法来证明对他们的赏识，并要积极进行评价，每个人都需要肯定，特别是上级的肯定。

4. 情感管理要时刻关注员工的情感需求并给予满足

每个人都需要被鼓励表扬，企业管理者情感管理的重点是要善于表扬鼓励员工，并且要做到诚心诚意的鼓励。鼓励的方式有很多种，比如一个肯定的眼神、一句由衷的话语、给员工提供一个展示自己特长的平台和机会等。在领导的鼓励和肯定下，员工会获得极大的情感需求满足，虽然物质奖励是必需的，但是鼓励、表扬和肯定这些看似可有可无的精神奖励也同样重要。

管理者要进行有效的情感管理，需要一定的方式和方法。

（1）公平民主。沟通是促进管理者和员工感情的非常有效的方式，主动和员工沟通本身就表明管理者的一种尊重，这会充分调动员工工作的主动性，研发人员作为IT企业中的核心力量，只有平等的沟通方式，才能让他们感受到真正的民主，才会让他们在平等轻松的氛围中完成自己的工作。创新最忌讳的是压抑的环境。

（2）以身作则。管理者应该用自己的实际行动来表明自己对员工的情感，主动做出表率，表现的与普通员工一样有血有肉，不要总是给员工一种高高在上的压迫感。与员工保持良好的关系，增强企业的凝聚力。

（3）情感管理。人力资源管理是现代企业发展的关键因素，对管理起决定作用，所以人的管理是管理活动的核心，各种管理措施和方法都要围绕人来进行。人很大程度上是受感情支配的，因此管理者在进行管理时要重视感情管理，任何事情要晓之以理、动之以情，必然会达到事半功倍的效果。

管理者应该在感情上多做些努力，提高自己的情商，在工作中尽可能理解员工、关心员工、会用员工。理解员工就要了解员工的个性性格，熟悉员工的所思所想，便于留住优秀的骨干研发人员。关心员工是了解员工的需求，从人事制度和激励制度上制定措施满足员工的物质需要和精神需要，既关心员工在单位的表现，也要顾及员工在家庭中的角色，真正关心员工的实际困难，引导员工成长，给员工提供进步的机会，使得员工在工作中实现自我的价值，这是对员工最大的激励。会用员工是根据员工的特长配置到合适的岗位上，这就要求管理者善于发现员工的特长和技能，并发挥员工擅长的能力，避开员工的短板，让每个员工在岗位上大展手脚。

（二）评估员工职业心理健康水平

了解研发人员的心理健康状况，把握他们存在的问题，企业通常是利用各种方法开展职业心理健康状况调查，如访谈法、问卷法。最好是邀请心理专家或EAP项目咨询师分析研发人员的状况。整体来说，导致研发人员心理问题的原因大体分为两类：其一，与工作本身有关的因素。工作内容引不起研发人员的热情，或是因为工作内容太难造成压力太大，或是因为工作内容太简单、没有挑战性。如果太难，就需要提高研发人员的抗挫能力来应对比较复杂的工作，培养他们的恒心和毅力；如果工作简单，管理者可以适当地加压。其二，与工作有关的外部环境因素。如工作条件不具备、工作环境太嘈杂、岗位角色不清晰等，EAP项目实施者要通过调研，进行相应的辅导工作。

评估员工心理危机风险，及时预防恶性事件的发生，在员工心理健康测试的基础上，每年对重点人员进行分析和评估，及时发现员工的心理问题，将问题消灭在萌芽状态。防止小问题变成大问题，大问题变成恶性事件，降低心理危机发生的概率。对于确实需要强制干预的人员，需要以"工会关怀"或"困难员工"等名义请EAP咨询师主动接触，提供心理健康支持等服务。

（三）进行职业心理健康的培训和宣传

企业可以利用文化宣传阵地进行职业心理健康的宣传，使员工关注自己的心理健康问题，增强对心理知识的学习；还可以利用内部报刊、健康知识讲座等多种方式传播心理知识，正确认识心理健康的标准，及时发现自己或周围同事需要专业人员的辅导、明确怎样才可以获得辅导等，企业要经常请专业人员来做培训，如处理情绪管理、处理压力管理、应急状态管理、挫折应对和积极情绪保持等培训，指导员工能够自我解决，能够自我帮助，学会对抗挫折，学会处理压力等基本方法；还可以聘请专业服务人员对员工进行团体辅导，给员工及时减轻心理负担，也可以提供一对一的心理咨询服务，更有针对性地解决问题。员工的压力来源通常来自管理者或主管，特别要对这个群体进行心理技巧方面的训练，掌握情绪管理、压力管理、冲突管理和沟通管理等方面的处理方法，也可以及时调整自己的心理状态，以应对工作中的压力，不要把压力进行层级传递；掌握管理心理学的相关知识，正确认识员工在工作中的问题并及时地进行沟通。

（四）增加相关体育设施，鼓励员工进行体育锻炼

工会应定期开展文体活动，可以是竞技类也可以是娱乐类，一是可以使员工在劳累的工作之余锻炼身心，促使他们以更加饱满的热情投入工作；二是使员工在活动中交流感情，增进人际沟通，有助于缓解因紧张工作带来的压力。

1. 体育锻炼可以缓解心理压力

科学研究发现，运动本身可以促进人体内分泌的变化。大脑在运动后会产生名为内啡肽的物质，心情的好坏与大脑分泌出来的内啡肽多少相关。运动可以刺激内啡肽的分泌，当运动达到一定量时，内啡肽的分泌增多，在内啡肽的作用下，人的身心处于轻松愉悦的状态中。内啡肽也被称为"快乐激素"，它能让人感到欢愉和满足，可以帮助人排遣压力和不快。

2. 体育锻炼能激发自信心

自信心是一种积极的心态，是相信自己一定能够完成目标或把事情做到什么程度的心理状态。自信心虽然与先天的性格特点以及个性倾向性有关系，但是自信心的培养更重要的是依靠后天的培养和教育训练。

员工通过体育训练战胜原来的自己，重建自我的坚强，更重要的是让员工对自我有了更新的认识，重塑信心，这些优良的品质就反馈到工作过程中，员工遇到困难，也不要轻易放弃，而是正确定位自己，工作分析合理，把完成或完不成的原因——想清楚，想到对策进行解决。

3. 体育锻炼可以培养积极态度

参加体育锻炼的过程中，员工会发现自己比较擅长的项目，发现自己的优势，这个优势很可能在繁杂的工作中，已经遗忘好久了。突然回忆起这些让自己兴奋的运动项目，就会全身心投入进去，获得一种久违的幸福感，这种幸福感是多少鼓励的语言都难以达到的，感觉回来了，就会形成一种积极正向的习惯。

（五）把沟通放到重要的位置

美国一所大学研究了很多成功管理的案例后发现一个规律，大多数人在工作中的成功，专业技术经验只占15%，有效的人际沟通占成功因素的85%。人际沟通的顺畅可以有效缓解压力，释放能量，优化人际关系、促进自我发展和团队协作，沟通交流效率高的企业生产效率通常会高。

沟通要达到良好的效果，企业要做好以下两个方面：一是不断完善管理者的交流素质，改善他们的沟通态度。二是完善企业内部的沟通渠道。顺畅的沟通渠道应该是双向的、多元化的，包括管理层与部门领导、部门领导与一线员工、管理层与一线员工以及同事之间的沟通。

1. 企业是沟通活动中的参与主体

从广义上说，企业在沟通活动中的参与主体包括组织内部和外部所有的利益相关者。不同的沟通主体有不同的沟通动机，同时掌握着一定的信息资源；在沟通活动中他们既是信息的发送者，也可能成为信息的接收者。从本文的角度，我们将沟通参与者的范围限定在组织内部，主要包括高层管理人员、人力资源管理人员、部门经理和一线研发人员四个群体。

（1）高层管理人员。高层管理人员处于组织的最高层级，掌握大量有关企业整体经营状况的信息。在沟通活动中，高层管理人员根据传递信息和沟通动机的不同，借助于各种渠道参与纵向和横向的沟通。其中，横向沟通主要发生在高层管理人员团队内部，如董事会的例行会议、各执行董事间日常的信息交流等。沟通的目的在于传递有关企业战略层面的相关信息，协调不同职能和业务部门的资源配置和任务目标，统一组织发展的愿景和使命。

高层管理人员在纵向沟通中将企业的战略目标、部门绩效完成情况等组织层面信息向研发人员传达，并接收他们的信息反馈。信息的直接接收者既包括部门经理，也有一线研发人员。在为了创建并保持和谐的上下级关系，高层管理者应该积极主动鼓励员工表达对企业在经营和管理上的看法和态度，通过自上而下的沟通参与企业的日常管理和战略决策。在沟通渠道方面，高层管理者对各种沟通工具的使用有最高的支配权，除了应用电话、网络等技术手段，还可以深入各职能和业务部门，通过面对面交谈缩短与下属的沟通距离，及时、准确地了解研发人员的想法和态度。在直接参与沟通的同时，还应注意对沟通渠道的管理，及时诊断并清除影响信息正常流动的障碍，保持渠道的畅通。

（2）人力资源管理人员。人力资源部门除了直接参与有关组织、群体和个人的沟通活动外，其主要的任务在于为各沟通主体提供必要的培训和开发，提升其沟通技能，培训和开发的内容包括管理者组织间沟通、组织开发中的人际沟通、跨文化沟通，以及网络沟通技术的应用等。

人力资源部门的各项管理实践担负着吸引、保留、激励和开发企业人力资源的职能。人力资源管理人员通过与研发人员在不同层面的沟通，可以了解其对工作的满意度水平以及对组织的承诺状况，为改善研发人员与企业的关系提供依据。

（3）部门经理。部门经理在纵向沟通中同时扮演着信息发送者和接收者的角色。作为接收者，获取高层管理人员传递的战略目标和组织使命；作为信息的发送者，将组织目标和组织期待传递给研发人员。传统科层制的组织结构关注部门经理在沟通中的角色和作用，部门经理是高层管理人员和一线研发人员之间信息传递的中间环节。出于保护自身利益的目的，部门经理可能会在沟通渠道上拦截部分有利于自己的信息，如限制一线研发人员掌握必要的组织信息，防止其通过晋升或培训开发等手段威胁到自己的管理者地位和既得利益；隐瞒研发人员在工作中的不满情绪，阻止高层管理者全面了解下属的抱怨等。

在横向沟通中，部门经理作为组织间沟通的主体，在沟通中的作用是促进不同组织在工作流程中的相互配合，化解可能存在的部门矛盾。例如，部门经理在组织开发等活动中，需要与人力资源部门积极沟通，寻求必要的培训支持，同时将本部门的组织和人员信息提供给人力资源人员，以便其制定有针对性的开发方案。

（4）一线研发人员。和谐的同事关系在企业沟通活动中的体现之一是发挥一线研发人员作为信息发送者的作用，倡导自下而上、纵横交织的信息传递方式。例如，研发人员在掌握大量事务性信息的基础上，希望了解有关企业财务状况、发展目标等战略信息，并通过反馈，将个人的职业发展规划、对组织战略以及管理制度等方面的态度传递给部门经理和高层管理人员，通过纵向的信息互动参与企业的管理活动。同时，研发人员之间的信息交流，能够促进其在工作中的互相配合，增进彼此了解和信任，分享个人的专业知识、技能和价值观，从而可以客观地看待自己，改善对组织的认知。

2. 有效沟通的原则

为了减少沟通误差、防止沟通障碍，提高沟通主体的沟通技巧是非常重要的，特别是在人际关系交往中，需要遵循以下原则：

（1）准确性。沟通双方尤其是信息发送者在传递信息、表达意见时，要有换位思考的意识，即要从接收者的角度考虑问题，考虑接收者的个人特征、背景、情境和地位等，并准确挑选和运用词汇，确保信息表达准确无误。

（2）完整性。不管迫于时间还是环境的压力，都要尽量确保表达的内容全面完整、语言简练，但关键内容不能省略或缺失。

（3）及时性。对于紧急信息要尽量减少传递的层级，保证沟通及时、迅速和快捷。

（4）策略性。沟通方式的选择对于沟通的效果有很大影响，要注意表达的态度、技巧和效果，选择恰当的沟通策略。

3. 沟通对提高管理有效性的意义

（1）有助于管理信息传递。对于管理者而言，传达管理信息是沟通最重要的功能。管理者在做出决策之前必须掌握所需要的组织和研发人员各方面的信息。建立有效的沟通机制是管理者了解组织当前形势、做出正确决策的保证。

（2）提高研发人员对组织战略的理解和执行。随着经济全球化的发展，企业的生存环境愈加复杂，企业的管理理念也在不断发生变化。传统的单向沟通，不利于信息在组织内的有效流动，加剧了研发人员和管理者之间以及部门之间的矛盾，使得彼此之间缺乏信任，难以对组织目标达成共识，不利于企业的经营和发展。而积极有效的开放式沟通是企业建立和谐员工关系的实践基础，有利于研发人员与管理者达成统一的目标，减少彼此间存在的利益冲突，实现企业与员工的双赢。

（3）适应研发队伍多元化管理的需要。随着企业经营领域和范围的扩展，研发队伍的构成不断呈现出多元化的特征。性别、年龄、民族、家庭状况以及受教育背景等方面的差异，加上不同的工作经历、岗位职责和权力等与工作有关的因素，使得员工整体差异化特征日渐突出。个人和群体间的差异使得管理工作更加具有复杂性和不确定性，仅仅依靠法定契约关系和集体谈判等方式难以满足组织对研发人员个性化的需求。在这样的背景下，鼓励研发人员积极参与不同形式的沟通，成为增进群体间相互了解、化解个人和群体冲突的有效手段。

4.沟通对促进组织协调的作用

（1）避免冲突和矛盾。在组织中，冲突和矛盾是十分常见的。组织是员工的社交场所，是人们沟通和交流的地方，无效沟通或沟通不畅都会导致矛盾和冲突。因此，组织的重要管理职能之一，就是要确保员工沟通的畅通有效，及时发现和处理员工之间或员工与组织之间的矛盾，避免冲突。

在处理工作中的人际关系时，管理者要善于运用缓解冲突的办法，如冷处理、支配、迁就、折中、妥协、合作协同等，以收到良好的效果。在采取积极方式处理冲突中，沟通策略的运用必不可少。例如，在当事人发生冲突和矛盾时，组织作为第三方或沟通媒介，避免冲突者直接面对面，为冲突双方搭建一种沟通渠道，可以有效地化解矛盾和冲突。

（2）创建和谐的人际关系和组织氛围。组织的人际关系氛围不仅影响个人和组织绩效，更反映了一个组织的文化和价值观。人际关系与信息沟通之间是密不可分的，沟通的深度与开放程度决定了人际关系的发展程度。要建立良好的人际关系，就要求沟通双方能够最大限度地自我开放。而自我开放往往取决于三个因素：一是尊重个性；二是彼此间的信任；三是依赖于环境的影响。例如，性格封闭的人面对心理医生，在一个完全放松的环境下，也会打开心扉。这说明，病人对医生的信任和放松的环境是非常重要的。因此，组织应积极为员工创建能够提高他们自我开放程度的环境，这有利于员工之间的心理交流与和谐氛围的营造。在员工培训中加入"人际关系与沟通"的培训课程，使员工了解沟通的原理，为员工提供宣泄情绪的机会，鼓励员工多表达自己的想法、态度甚至价值观，或是上级领导以身作则，提高自身的沟通开放程度，以减轻员工的心理负担和心理戒备等。

（3）构建和谐的企业文化。企业文化作为一种被组织内员工所共同遵守的伦理、价值观和规范等，体现在日常的工作和人际互动中，需要在纵向的层级结构间，以及横向的员工群体间达成一致的认同。在员工关系管理实践中，要发挥不同沟通主体在企业文化建设中的作用。例如，与高管团队所倡导的企业文化与战略导向相适应，并通过战略分解的过程在组织间通过各种沟通渠道自上而下传播到不同业务和职能部门中。部门经理和研发人员作为企业文化信息的接收者，将对信息进行加工，并根据自己的主观认知在同事和上级间进行相关的信息反馈，从而实现企业文化在企业内部的传播。

（4）提高跨文化管理效能。沟通对跨文化管理的意义更为重大。目前，越来越多的企业面临跨文化管理的难题，即如何在不同文化背景下，实现员工对组织文化的认同。有效的沟通管理可以改善具有不同文化价值观员工的关系，调和企业战略执行中的文化差距，从而有利于维护组织文化在员工群体间的认同和传播。

5. 沟通对研发人员群体关系改善的作用

根据组织行为学的观点，有效沟通在组织管理中有四个重要的作用，即控制、激励、情绪表达和信任。

（1）控制。控制就是约束、规范，通过控制来规范研发人员的工作习惯和工作行为。直接领导在对研发人员的管理中，必须通过一定适合的工作方法，艺术性的规范他们不符合企业制度的工作习惯，达到既做到了规范又尊重了他们的管理艺术。例如，使他们遵守组织的劳动纪律和各项规章制度，让他们清楚自己的工作任务和岗位职责，及时了解他们的工作情况等，而这要靠组织中上下级的良好沟通来实现。

（2）激励。通过各种激励方法和手段促进研发人员绩效水平的提高。员工绩效水平的提高是"实现目标—得到激励—实现新目标"的过程，而绩效行为的改进也是"没有达到目标—得到反馈或刺激—行为改进"的过程，不管是绩效的改进还是提高，管理者都不要有太负面的情绪掺杂在其中，而应该有耐心地使用企业的激励制度和措施进行奖励或改进，这些措施就是他们与员工之间最好的沟通和交流。

（3）情绪表达。情绪表达是很好缓解压力和负面情绪的方式，这种方式不会触及别人的利益，对员工有很多帮助，因为长期的情绪压抑，会促使员工把工作压力放大化。而且情绪是不会永远被压抑的，总有一天要发泄出来，企业要给员工提供合理的宣泄和表达正常情绪的机会，通过这个机会，不仅可以舒缓员工本人的情绪，也可以创造一个大家互相交流消除误会的平台，构建一个和谐快乐、互相理解的团队氛围。

（4）信任。提高研发人员参与的积极性。在组织开发和研发人员参与管理实践中，沟通能够改善研发人员对组织环境的认知，加强同事间、上下级间的合作关系，从而提升员工对组织目标的认同。在实践中，他们通过沟通的方式，将彼此的知识、经验以及所掌握的环境信息进行相互交流，形成具有自发性的学习型组织；同时研发人员会根据自己所处具体工作环境的不同，对组织的战略目标做出不同的理解，并将此信息反馈给部门经理和高层管理人员，从而有利于组织战略决策的合理性和执行力。

三、改善环境，实施人本管理

人本管理是以人力资源为基础的管理制度和方式。研发人员就是企业最重要的人力资源，通过满足研发人员的需求，来达到企业目标实现的需求。研发人员最大的特点是对专业知识和科学技术的执着追求，企业要给他们提供一个不断强化学习技术的平台，不断挖掘潜力，提供公平、公正、宽容、和谐的竞争机制，让他们在知识和技术的海洋里畅游，这就是最大的满足。

（一）什么是人本管理思想

人本管理思想就是以人为本，把人力资源的重要性提到了核心位置，对每个员工都科学合理地安排岗位工作，以他们的兴趣特长、性格个性、心理状况等综合因素来考虑，进行职业发展规划，为企业员工提供挖掘潜力的机会，按照科学的管理原理，制订合理的全员人力资源培训计划，完善人力资源管理招聘、绩效考核设计，进行企业文化建设，激励员工在工作中的积极主动性，鼓励他们在各自的岗位上进行创新创造，促进工作绩效的进步，推动企业绩效的实现。

（二）以人为本的企业管理标准

（1）在企业人力、物力、财力、信息等四大资源要素之中，人力资源管理是第一位的。优秀的管理者认为"办企业就是办人"，人的因素处理妥当了，才能把更多人组成的企业的能量充分发挥出来。

（2）满足人的需要，以激励为主要方式。包括满足社会人的需要，企业不断创造客户；满足企业投资者的需要，实现利润最大化；满足企业全体员工的需要，使员工获取收入最大化。

（3）完善教育培训体系，培训人、开发人、完善人和发展人。人本管理的最高目标是企业人力资源不断地开发与发展，这也是从根本上进行人本管理核心意义所在。

（4）保持融洽和谐的人际关系。人际关系的好坏影响着企业工作氛围和员工的身心健康，和谐融洽的人际关系推动企业凝聚力的形成。

（5）个人与企业共赢。IT企业的生产和发展离不开员工，尤其是高素质的研发人才。当然个人的发展需要企业提供的平台，离开了企业这个平台，也就没有个人的发展和成长。所以个人和企业不是对立面，而是共成长、共发展、共命运。

（三）以人为本的企业管理的操作层次

目前较为普遍的方法是把人本管理由低至高分为以下五个层次。

1. 情感沟通管理是人本管理的最低层次

情绪和情感是人对客观事物的态度的体验，是人的需要是否获得满足的反映，喜、怒、哀、乐等是人最常见的情绪和情感。没有无缘无故的爱和恨，人对客观事物采取不同的态度是以该事物是否满足他的需要为中介的。需要是个体和社会生活中必需的事物在人脑中的反映。人的需要是多种多样的，一般来说，人的需要获得满足就会引起积极的情绪和情感，需要得不到满足，就会引起消极的情绪和情感。所以管理者需要跟研发人员进行适当的情感沟通，及时了解他们的情绪和情感以及产生这种情绪和情感的深层次原因。

2. 员工参与管理

企业管理层与研发人员的沟通不仅仅是岗位工作、日常生活的交流，而是扩展到企业各项规章制度的创新改进、企业目标的确立乃至企业战略的制定等方面的决策。所谓参与管理就是在不同程度上让员工和下属参加组织的决策过程及各级管理工作，让员工与企业的高层管理者处于平等的地位并研究和讨论组织中的重大问题，使员工体会到自己的利益与组织发展密切相关，从而产生强烈的责任感；同时，参与管理为员工提供了一个取得别人重视的机会，从而给人一种成就感。员工因为能够参与商讨与自己有关的问题而受到激励。参与管理既对员工产生激励作用，又为组织目标的实现提供了保证。

3. 员工参与管理发展越来越规范，对研发人员可以实行自主管理

自主管理是要求管理层对基层组织和研发人员充分授权，从而激励基层组织和个人工作自觉性和创造性的管理方式。自主管理全过程充分注重人性要素，充

分注重研发人员的潜能的发挥；注重他们的个人目标与企业目标的统一，在实现组织目标的同时实现他们的个人价值。

4. 设立和完善培训体系，进行有针对性的人力资源开发培训工作

人力资源是凝结于人体内的体能、知识、技能、个性行为特征与倾向（如人格、价值观）等载体中的经济资源。人力资源与其他资源一样具有物质性、可用性、有限性。人力资源的物质性是指有一定的人口，才有一定的人力；一定的人力资源必然表现为一定的人口数量。人力资源的可用性是指通过对体能、知识、个性行为特征与倾向等的使用可以创造更大的价值。人力资源的有限性是指人力资源有质和量的限制，只能在一定的条件下形成，只能以一定的规模加以利用。

5. 建设和完善企业文化

企业文化是一个公司习惯化了的工作风格和作风。企业文化起着导向、规范和凝聚的作用。企业文化管理的关键是促进员工尽快融入企业，引导员工工作习惯的形成，而不仅仅是为了公司形象的宣传。

人本管理被提出以后，更多的人倾向于这一富有人文气息和情感意境的新事物。被称为"行为科学学派开山鼻祖"的梅奥开始探讨社会人思想，"摩托罗拉之父"保罗·高尔文也开始注重以人为本，他们在员工雇佣方面力求人员多样化，对应聘者一视同仁，不关注种族、肤色、宗教、性别、婚否、年龄等，与正式员工签订无限期合同。日本松下电器公司也提出企业用人和育人的观点。这说明人本主义是非常重要的，从对员工的理性关怀和人文呵护来说，EAP 本身也是一种人本主义。这在很大程度上提高员工对 EAP 的认同感和接受度，员工在接受保健后只会产生感激，并将这种感激用于工作中，无形中是在给企业创造效益。

（四）人本管理的四项基本要素

以人为本，人本管理有企业人、管理环境、文化背景及价值观四项基本要素。

1. 企业人

现代企业管理中，基本的四项资源是人力、物力、财力、信息。人力资源是企业发展的第一资源，只有人的积极性调动起来了，其他的资源才能够发挥作用。人是管理的主体，也是被管理的对象，管理的本质就是人与人之间的关系，因此管理首先要正确看待对人的艺术性、科学性的管理。

（1）管理主体。作为管理主体的管理者，无论是高层管理者还是中层管理者抑或是基层管理者，必须具备岗位需要的管理能力，管理能力大体分为两类：一

类是管理者的职位权力，即职权。只有拥有了职位才会有职权，在职位的管理者必须具备管理的基本知识、能力和素质，如高层管理者最重要的是概念能力，中层管理者最重要的是人际技能，基层管理者最重要的是操作技能。另一类是管理者的个人能力，即权威，也就是我们平时所说的威望。有些能力很强的人即使不在管理岗位上，但是他在团队的话语权却很高，这是基于他的威望。在企业实际选拔管理者时，要尽量做到人尽其才，把具有管理能力和素质的人安排到适合他的管理岗位上，这是最好的组合。

（2）管理客体。管理客体就是被管理者，包括人、财、物、信息等，是管理主体管理的对象，如果没有了客体，主体也就没有存在的价值了。客体分为人和物两类，物包括财力、物力和信息资源等，但是主体对物的管理是通过人来进行的，因此人是管理的第一客体，是整个管理活动中最积极、具有主观能动性的资源。因此在管理活动中，他们不是被动接受命令，而是主动处理命令，把命令下发给其他人或处理相应的物的资源，这是积极应对管理主体的命令；也有员工由于某些原因，会消极对待和处理管理者的指令，特别是遇到他不喜欢的管理者，或者他认为管理者的指令是错误的，作为客体的员工会不遵从主体的指令，而致使工作延误，其实最好的处理方法是与管理者进行有效的沟通，把指令的内容弄明白，再做出执行指令的行为，那就更加有说服力，也是正确的做法。当然，对于管理主体的管理者来说，在发布指令的时候也要关注客体的情绪变化，照顾好客体的内在需求，善于调动不同客体的积极主动性，促进指令的有效达成。

（3）管理关系。关系就是人与人之间的关系，管理中的关系就是管理主体和客体之间的关系，所以，管理的本质是对人的管理，对客体的工作习惯和工作行为进行管理。在管理关系中，处于主动地位的是管理的主体，如果主体确定了以人为本的管理理念，以管理的客体为主体，从他们的需求出发，构建和谐健康的管理关系，管理客体就会从内心信服主体，就会积极主动执行主体发出的指令，完成工作任务，因此管理主体的管理方式以及管理的理念都会影响管理客体在工作中的行为方式，影响着客体在工作中的绩效产生，影响着企业目标的达成。

2. 管理环境

管理活动是在企业提供的工作环境和人际环境的基础上进行的，这些因素综合发生作用，从而形成了管理活动的环境。

（1）环境的类型。根据对环境的划分标准和规则不同，管理环境分为宏观环境和微观环境，也可以分为内部环境和外部环境，还可以分为动态环境和静态环境等。管理活动更多的是受到企业的微观环境和内部环境的影响,大的宏观环境对于企业在行业中的定位或发展目标有影响,但是没微观环境对管理活动的影响更直接,企业的文化环境、企业的管理理念等对管理活动的影响更直接有效。

(2)环境因素的影响。人在工作时对环境会有一定的感知,这种感知会影响着人的工作效率和状态,因此,企业首先要给员工创设一个良好的环境因素。试想,员工在一个杂乱无章的环境里工作更加顺心、积极,还是在一个干净整洁的环境里工作更加积极向上呢?良好的环境没有完全一样的标准,但是最起码必须光线充足、颜色舒服、有绿化植物等,没有噪音,还要注意温度、湿度的调整。

(3)公众关系的重要性。员工是企业的主体构成要素,但是企业中的员工是不完全相同的,把这些不同类型的人组织在一起,形成企业的人与人之间的关系就是公众关系。公众关系对于企业是非常重要的,企业的公众关系是良性的,大家在一起非常团结,都能够做到为集体考虑,站在企业团队的立场上来考虑问题,那这个团队的氛围就会非常和谐,大家会合作共赢,共同把工作做好,既能实现企业的目标,也能实现个人的目标。另外,在这样团结协作的氛围下,每个人都会愉快进行工作,工作情绪是高昂的,工作态度是积极的,工作效率肯定是不断提高的。相反,如果公众关系处理不好,企业的工作氛围就很压抑,身处其中的员工就有压抑的感觉,在工作中就会畏首畏尾,不敢有所作为,致使工作积极性受到影响,工作效率就可想而知了。

(4)重视改善企业的公共关系环境。为了让员工在愉快的工作氛围里,发挥主观能动性,积极努力开展工作,企业必须提供良好的公共关系环境,培养员工从集体的角度出发,不要仅仅只从自身利益出发,要善于引导个体利益和集体利益统一起来,达到双赢的局面。而且企业要建立完善的以人为本的管理制度,重视员工的身心健康,让员工体会到人文关怀,主动从企业的立场出发,增强企业的内部凝聚力,真正营造出健康有序的公共关系。

3. 文化背景

企业文化,或称组织文化,是指在本企业发展的环境背景下,企业在发展成长过程中形成的特殊文化,包括精神文化和物质文化。它包括精神层面的企业愿景、文化观念、价值观念、企业精神、道德规范、行为准则、历史传统等,也包括制度层面的企业制度、文化环境等,还包括物质层面的企业产品、公司布局等。

(1)企业文化的构成。现代企业文化的结构包括四层:一是物质文化,物质文化是最外层、也是最容易被员工感知到的文化层，大体包括企业的设施设备、企业的物品摆设、产品等；二是行为文化，是企业员工在工作、生活、学习、活动、交往等方面的文化，行为文化是企业目标和价值观在员工工作行为上的表现；三是制度文化，是精神文化的制度化，具体指企业各种管理制度，是企业价值观、企业目标的制度化表现，具有强制性的特点，要求员工的行为文化必须由规范的制度文化来约束；四是精神文化，是现代企业文化最内在、最核心的文化，主要是指企业在生产经营管理活动中形成的独具特色的意识形态和文化理念，是经过企业多年经营积累下来的。

（2）企业文化的功能。

①导向功能。所谓导向功能就是引导员工朝向企业指引的方向（目标）努力，员工在企业文化的引导下规范自己的行为和观念。企业是通过员工的努力来实现目标，只有员工和企业的目标相一致，员工的行为就会促进企业目标的实现。企业文化的导向功能主要体现在以下两个方面：

第一，指导企业远景和经营哲学。企业的远景决定了企业的价值取向和发展方向，价值取向引导着员工对客观事务的判断，企业员工有了判断的共识，才会有相同的价值取向，只有价值取向一致了，企业的管理者和员工才会朝着一致的目标努力。经营哲学决定了企业经营管理的思维方式和处理问题的游戏规则，在正确的思维方式下，企业决策者才能做出正确的决策，帮助员工用正确的方法进行生产活动。美国学者汤姆·彼得斯和罗伯特·沃特曼在《追求卓越》中写道：我们研究的所有优秀公司都很明确他们在做什么，应该怎么做，也明确知道他们想要什么，要达到什么程度最好，这些事实就形成了公司的判断标准和价值判断。如果一个公司没有建立准确的价值观念和判断标准，公司经营就很难取得成功。

第二，指引企业目标的设立。企业目标就是企业对未来发展的规划蓝图，它是企业未来发展的方向。企业文化通常是在企业的实践发展过程中发现的正确的发展方向，这样的目标具有可行性、实践性和科学性。企业员工是在正确目标的指引下从事生产经营活动的。

②约束功能。企业文化一经建立，会对企业的任何员工都有约束功能，主要是约束他们的思想、心理和行为等。企业文化的约束功能主要是通过员工遵守企业管理制度来实现，也会表现在通过团队认可的道德规范来约束。

管理制度是企业文化的制度文化表现，企业制定规章制度是为了统一工作期间员工的行为，属于企业内部的法规，不论是管理者还是员工都要遵守和执行，这就形成了约束力。

道德规范是从伦理的角度约束企业的管理层和员工，如果有人背离了道德规范，就会受到团队所有成员的谴责和舆论上的压力，同时当事人心理上也会蒙上一层阴影。比如同仁堂药店"济世养生、精益求精、童叟无欺、一视同仁"的道德规范就约束着全体同仁堂的员工必须严格按照操作规程进行生产制作，严格按照产品质量要求提供药品，严格工艺流程管理和质量管理，严格执行纪律。

③凝聚功能。凝聚就是聚合，当企业员工从内心认可企业的价值观后，就会内化到自我价值观中，成为一种内在的约束，规范员工的行为，使得企业成为一个向心力很强的团队。企业文化尊重人、关心人、发展人、完善人、以人为本，尊重人的发展，这样文化熏陶下的企业就会形成一种团结互助、尊重信任的和谐气氛，团体意识就得到加强。相同的价值观念和判断标准就形成共同的理想，这样员工和企业就是一个整体即命运共同体，员工就把本职工作看作实现自己目标和价值的一部分，企业的发展就是员工的发展，企业的衰退就是员工的衰退，这样的整体力量特别强大，使得企业一直勇往直前。"厂兴我荣，厂衰我耻"这样的口号就是在这样强大的企业文化熏陶下形成的，是员工发自内心的真挚感情，"爱厂如家"也就自然成了他们的行动表现。

④激励功能。企业文化是一种大家都习惯化了的心理状态，在强大企业文化背景的影响下，员工就会被激发出一种积极进取的奋进精神，会为企业的发展壮大而努力拼搏。共同的价值观使得员工在企业提供的工作平台上既实现了企业的目标又实现了自己的人生目标，使每个员工都感到自己能力和行为的价值，这种最高精神需求的满足具有强大的激励力量，这种力量促使企业的员工不断地继续发挥能力，为促进企业的发展壮大而加倍努力，所以在以人为本的企业文化氛围中，员工通过努力获得尊重，获得领导的关心和支持，员工的不断努力本身就是对领导的尊重和支持，这种相互促进的氛围会振奋精神，让员工产生向心力，反过来他们会加倍努力维护企业的声誉和形象。

⑤调适功能。调适就是调整和适应。企业发展壮大过程中难免会有各种不同矛盾出现，比如企业各部门之间的协调问题、员工之间适应问题等。当然企业在与外部环境发生作用时也会有矛盾产生，比如企业发展与环境保护之间、企业与客户之间、企业收益与社会效益之间等都会存在不协调、不适应之处，这些内部和外部的矛盾都需要进行调整和适应。企业内部的经营哲学和道德规范使经营者

和普通员工能正确处理这些矛盾，调整自己，适应对方，自觉地约束自己。良好企业形象就是进行这些调整的结果。

⑥辐射功能。企业文化一经形成，企业全体员工认可、接受企业文化的理念后，就会稳定地发挥辐射作用，不仅影响着全体员工的行为方式，也会通过员工的观念和行为影响着客户的选择，从而在社会上树立一种文化的形象，把本企业文化的理念传递给客户等外部组织和环境，比如对传播媒体、公共关系活动产生影响，向外部社会进行辐射。企业文化也传递出很多信息，比如企业的公众形象、公众态度、公众舆论和品牌美誉度等方面。传播企业的文化对树立企业在公众中的形象起到了关键的作用，优秀的企业文化同时也是社会文化的一部分，它不可能独立于社会文化而存在，而是相互影响的关系。

（3）企业文化的内容。

①企业经营哲学。企业经营哲学也称企业生存哲学，是一个企业特有的从事生产经营管理活动的生存之道。企业要在激烈的市场竞争环境中立于不败之地，处理好面临的各种矛盾，企业就必须建立一套科学的方法来指导，依靠一套逻辑思维的程序来决定采取的各种应对措施，这就是经营哲学。比如，"讲求经济效益，重视生存的意志，事事谋求生存和发展"，这就是日本松下电器公司的战略决策哲学，每个成功的公司都有自己信奉的一套经营哲学，如果缺失这点，企业就不会走得长远。

②价值观念。所谓价值观念，是人们基于某种价值的追求而对自身（个人、组织）的存在、行为和行为结果进行评价的基本观点。有价值的认识是每个人的追求，价值观决定着一个人的行为方向和行为方式，价值观不同于行为，一旦形成就会比较稳定，所以它不是体现在一时一事，而是经过大量的长期实践活动而形成的关于价值的观念体系。企业的价值观的形成会受到初创者价值观念的影响，也会受到企业成长壮大过程中的各种因素的影响，是企业员工在长期的工作实践中感知到的企业存在的意义、经营目的、经营宗旨的价值评价。应该是企业全体员工共同遵循的价值准则。只有在价值准则相同的基础上才能产生正确的价值目标。全体员工只有有了正确的价值目标才会有奋力追求价值目标的行为，企业继续发展的动力才更强。因此企业价值观影响着全体员工的价值观念和行为方向，决定着企业的生存与发展。

③企业精神。企业精神是企业文化的核心内容，它建立在价值观念的基础上，对经营目标、企业制度、企业形象、企业道德以及群体意识等起着决定性作

用，它有自身特定的宗旨目标、性质任务、时代背景和发展前景，因此企业精神是企业的灵魂，灵魂要通过行为表现出来，是在全体企业员工有目的、有意识的生产活动中体现的。

企业的精神通常是简明扼要、言简意赅地表达企业创业的艰辛历程以及未来的发展前景，便于全体员工记忆并用于激励自己，企业精神并不是自然而然形成的，而是经过企业精心培育而形成的企业成员团队意识和进取心的表达，所以在企业对外宣传中需要树立独树一帜的企业形象，比如"求实、奋进"体现了西单商场以求实为核心的价值观念和真诚守信、开拓奋进的经营作风，体现了西单商场的工作风格和精神风貌。

企业精神在企业发展的不同阶段凝练出不一样的精神风貌，比如海尔在1984～1995的企业精神是无私奉献、追求卓越；在1995～2005年的企业精神是敬业报国、追求卓越；2005年以后就是创造资源、美誉全球，这三个不同发展阶段的企业精神就解读了海尔不同的企业发展战略。

④企业道德规范。企业道德是从伦理的角度来评价和规范企业的行为，比如公与私、善与恶、荣与辱、诚实与虚伪等道德标准。企业道德规范是调整该企业与其他企业之间、与客户之间、企业员工之间关系的行为规范的总和。企业员工从内心认可企业道德后，就会主动按照企业道德的规范来约束自己的行为。所以企业道德不具有强制性，从这一点来说企业道德区别于企业制度规范。

企业道德的确立必须符合社会道德的标准，不能违反社会道德的评价标准，因为企业员工不可能把社会和企业割裂开来，只有两者一致，才会更容易引起内部员工的共鸣，否则就会引起员工的误解。

⑤企业使命。企业使命说明了企业为什么存在的理由，说明了企业应该担当的角色和责任，它决定了企业经营领域的范围、经营的宗旨、经营哲学的本位、远景目标的制定等方面的内容，使命就是一种身份的象征，它同时也决定了企业形象的设立。

⑥企业形象。企业形象顾名思义就是企业在大众心目中的印象，更多的是消费者心中的总体感觉和评价，是由企业的外部特征和经营实力表现出来的。外部特征表现出来的企业形象称为表层外在形象，比如公司的商标、门面大小、广告中体现的产品特点和文化等、营业环境等方面；而经营实力表现出来的形象称为深层内在形象，它是企业内部要素的集中体现，比如企业的产品质量如何、服务态度如何、市场的维护程度如何、资金实力如何、销售人员的素质如何、企业的

管理水平如何等。表层外在形象是以深层内在形象为根本，没有深层内在形象这个根本，表层外在形象就是虚无的，最终会被撕破，不是企业生存的长久之计。比如我们看到一家装潢特别高大上的店面，想进去享受消费的过程，结果服务人员一脸的嫌弃或不到位的服务把我们挡在了门外。

不同行业的企业对于企业内在和外在形象的要求是不同的，流通企业等第三方服务业由于主要是经营商品和提供服务，与客户接触较多，所以表层外在形象显得格外重要，但这绝不是说深层内在形象可以放在次要的位置，我们刚刚的举例就说明了这一点。任何一家企业树立了全心全意为顾客服务的企业外在形象后，就必须提供质量过硬的产品、贴心周到的服务和优美的购物环境，内外结合，才能赢得顾客的信任。

⑦文化结构。文化结构表明各个文化内容的内外顺序、主次结构和互为补充说明的关系。一般来说，企业的文化结构包括最外层的物质文化、行为文化、制度文化和精神文化等。这四种文化从外到内构成了企业文化，同时也显示了企业文化的形式、层次、内容、类型的比例关系、位置关系以及连结关系，形成企业文化的整体模式。

⑧团队意识。团队意识是企业全体员工的集体力量和集体观念。团队意识是代表企业核心的凝聚力和向心力，是全体员工把自己的行为作为企业不可分割的一部分，同时也因为是团队的一员而感到自豪，这种荣誉感极大激励了员工对企业的归属感，企业全体员工在团队意识下自觉按照企业的规章制度认真工作。当然团队意识并不排斥个体意识，员工在不违反企业规章制度的前提下可以尽情地在工作岗位上发挥自己的想象力和创造力，采用各种有效的方法完成岗位任务。所以团队意识并不泯灭个性，而应该鼓励和引导员工发挥潜力。当然，员工在企业团队意识的引导下，也会自觉地克服与实现企业目标不一致的行为，加以改进。

⑨企业制度。企业制度就是通常我们理解的企业内部实行的对于员工的生产和行为进行规范性的文件，具有强制性，它是在生产经营实践活动中所形成的以生产效率为目的的各种规范性文件，同时也能保障符合规范的员工得到一定的权利和奖励，反之，对于违反企业制度的员工肯定是进行约束和惩罚。所以制度是员工行为规范的标准，目的是使得每个员工都能按照企业的规范来进行生产活动，提高生产效率，同样大家都遵守的规范也会保护大家的利益，保证了大家的公平公正，使企业有序组织生产和服务。从企业文化的结构来说，制度文化属于

中间层，它的外层是外显的物质文化，内层是核心的精神文化。

4. 价值观

价值观来自人们的社会实践，是对客观现实的主观认知，现代企业的价值观是企业在成长发展过程中所坚持的基本理念。这些理念具有稳定性和持久性的特点。企业成长壮大的过程中，企业的价值观一般会有三个阶段的变化：第一阶段是最大利润价值观；第二阶段是经营利润合理价值观，即在合理利润条件下企业的长远发展和企业员工自身价值的实现；第三阶段是企业与社会互利的价值观，在既定的利润基础上，综合考虑员工、企业、社会三方的利益，社会责任成为企业价值体系中的一部分。

（1）企业价值观形成的要素。时代性；经济性，作为一个经济组织，企业生存的基本规则是有效地利用资源，尽量生产出社会需要的合格产品，这就要求企业价值观中必须有一定的成本效益观念；社会责任感，作为社会的一个成员，企业必须对社会发展承担责任。

（2）价值观对人的影响。企业价值观对于员工个人的影响表现有很多，如以集体为主的集体主义、和谐合作的团队行为、以自己为主的个人主义等。

（3）价值观的作用。价值观应着眼于企业员工的价值观倾向变化和行为方式变化的相关性，努力营造适合于本企业发展目标的价值观体系，使其充分发挥内化、整合、感召、凝聚、规范、激励等作用。

具体措施如下：

积极创设利于自我管理的环境：每个员工都可以自主决定自己的工作时间，他们才会更加主动开展工作。现代企业的员工有能力进行自我管理，企业应该更多放权，给员工更多的现实授权，让他们开展自我管理，给员工提供一个宽松的自我管理的空间。

重视研发人员的成长和发展：企业必须要做好人力资源管理的培训和选拔工作，把有能力的知识型员工放到重要的位置，满足他们需要，让他们充分享受再培训或再教育的机会，追求能力和素质的自我超越，这也是企业的发展壮大所需要的，而且这样也容易形成学习型组织的氛围，有利于终身学习文化氛围的打造。

改变传统的组织结构设计：把传统的职能制的科层组织结构变为扁平化的组织结构，减少组织层次，增加管理幅度，可以有效激励员工参与管理，开展团队的自我管理模式，有利于现实授权，为人本管理奠定结构基础。

改变工作内容的单调，让员工的工作内容逐渐丰富起来，促使员工从工作本身寻找满足和快乐。软件程序的设计研发，分工细腻、责任明确，越来越显示出专业的团队合作流程。而对于个体软件研发者而言则是单调、乏味的。在这一点上是非常不符合研发人员在个人成长，特别是技术进步上的要求。这就有可能使员工的主动性慢慢消失，频繁流动。所以应当重新调查、分析，再造新的工作程序，促使员工的工作内容丰富起来，使员工充分享受到工作的乐趣。

四、正规化 EAP 项目建设

有条件的软件研发公司应当在公司内部设立 EAP 部门，并且设专业 EAP 岗位，无论是从长期效果还是短期收益，还是成本节约的角度来讲，这都是非常重要的。公司内部设立 EAP 部门，并配备专业 EAP 人员和心理咨询师，可以随时随地了解公司内部技术研发人员的生活、工作状况，不但可以通过分析公司文化、历史、管理战略，找出影响研发人员健康的人文环境因素、企业文化因素、管理制度因素，而且能了解软件技术研发群体的共性需求和个性差异。这相对于依赖外部 EAP 机构来讲，在挖掘员工问题的深层内因方面显然具有独到的优势。可以实施长期 EAP 计划，并为公司的发展给予最为科学、最为安全的导航。

公司内部 EAP 机构工作的有效开展，要根据软件行业的特点、公司的规模大小、战略规划、企业文化的构建、人力资源管理战略、企业规章制度和软件研发技术人员的组成等，实施全方位一体化工程，将员工援助计划纳入公司行为的方方面面，才能有效开展对 IT 企业研发人员的 EAP 计划。具体开展步骤或思路大体有以下几方面。

（一）成立 EAP 机构，配备 EAP 咨询师

公司成立 EAP 机构要视公司规模、能力、需求而定，明确 EAP 岗位的工作职能和工作目标。同时要招聘专业 EAP 咨询师，最好是有专业实践经验，特别是对软件研发行业有所了解。要有专门的机构办公场所，根据需求细分办公点，如员工休闲室、发泄室、咨询室、治疗室、放松室等，对每一处办公场所都要根据心理学、组织行为学的原理进行相应装饰，以期达到援助目的。设施方面需要配备相关心理量表、调查问卷、测量软件、测试软件、图书杂志、媒体光盘、多媒体设备（计算机、录音机、摄像机）、测量仪、放松治疗仪、生物测试治疗仪器等。

1. EAP 咨询与心理咨询

什么是心理咨询？人本主义心理学家罗杰斯认为，心理咨询是通过与个体持续、直接接触，向其提供心理帮助并力图促使其行为态度发生变化的过程。美国心理学家卡尔纳认为，心理咨询是指一种专门向他人提供帮助与寻求这种帮助的人们之间的关系。陈仲庚认为，心理咨询就是帮助人们去探索和研究问题，使得他们能决定自己应该做什么、知道怎么做的过程。在《国家职业资格培训教程心理咨询师——基础知识》中，心理咨询的定义是心理咨询师协助求助者解决心理问题的过程。

心理咨询是 EAP 服务中的重要一环，但是区别于我们所说的一般的心理咨询。EAP 咨询的对象主要是企业管理者、企业员工以及员工的家人等。我国台湾学者郑意儒认为，企业咨询是指企业采用外部 EAP 项目专业机构的方式，对企业及其全体员工进行专业指导，利用专业机构中专业人员的专业知识和技能，对企业员工开展有目的、有计划的辅导咨询活动，包括团体辅导、个体辅导及教育培训活动等，来帮助企业进行调查研究、处理员工存在的心理问题，提高他们的心理健康水平，提升工作绩效等。

我们认为，EAP 咨询是指在 EAP 实施过程中，专业心理咨询人员有计划、有组织地为企业员工及其家庭成员提供心理咨询服务。除此之外，还提供心理健康服务、管理层咨询、宣传并促进 EAP 项目实施、企业人力资源顾问、危机管理等服务。

EAP 项目咨询师是指企业在实施 EAP 项目的过程中，对企业和员工进行团体辅导、个体辅导及教育培训专业服务人员。根据其工作类型和隶属管理分为以下两类：

（1）EAP 专职心理咨询师。隶属于 EAP 公司的全职心理咨询服务的专业心理健康人员。

（2）签约心理咨询师。专业 EAP 公司与成熟的、具有良好咨询技能的心理咨询师签订服务合同，由其为 EAP 公司的合同单位员工提供心理咨询服务，EAP 公司支付其咨询劳务报酬，双方只是签约关系，称其为签约咨询师。

2. EAP 咨询目标

在明确了 EAP 项目咨询的定义后，下面我们来看一下 EAP 咨询师在 EAP 服务中的工作目标。我们从员工方面、组织方面和组织与员工之间等方面来说明。

（1）员工方面。帮助员工发现自己工作压力的来源，并消除过大的压力；消除紧张的情绪和负面的情绪，学会应对紧张局面，学会处理负面情绪，合理表达自己的诉求；逐渐适应人际交往的氛围，学会人际沟通的技巧；逐渐把握自己的性格特点，促进个性的发展，从而推动与家人相处的和谐；激发员工不断提升自己的激情，解决工作中的难题，提升员工的抗挫折能力，提高他们的心理素质，帮助他们解决生活和工作中遇到的酒精、香烟等成瘾问题。

（2）组织方面。EAP项目可以作为人力资源建设的一部分，帮助企业提升人力资源管理的方法，融洽企业与员工的关系，促进企业建立和谐的企业文化，提高员工对企业的满意度，提高企业的团队凝聚力和向心力，优化管理制度和措施，提高企业的业绩水平，帮助企业解决困难事件。

（3）企业与员工之间。成为企业与员工之间的一座桥梁，更好地处理他们之间的关系，促进他们之间的和谐相处。

3. EAP咨询师与一般心理咨询师的区别

（1）服务对象的不同。一般心理咨询师的服务对象是有心理援助需求的个体或者团体，为他们提供个体咨询和团体咨询服务。EAP咨询师的服务对象除了员工及其家属外，还包括组织和管理层，因此，在服务中除了要对员工负责外，还要对企业管理层以及企业负责。EAP咨询师要具备多重客户的理念。

（2）咨询目标不同。一般心理咨询师的咨询目标是帮助来访者促进自我的身心健康，帮助来访者实现自我的成长。而EAP咨询师是为组织机构服务，所以除了以上目标外，还应帮助组织结构建立组织文化、协调组织内部的关系、提高组织整体的健康水平，最重要的是提高组织的绩效水平等。

（3）咨询设置不同。一般的心理咨询包括短程和长程咨询，咨询设置会根据来访者的情况和要求有所不同。短程咨询可能1次就会结束，而长程咨询可能会持续几个月甚至几年的时间。EAP服务因为合同的要求限制，EAP咨询师往往采用短程疗法，咨询次数为2～12次，通常为6次，即来访者每个问题有6次咨询机会，如果超过规定的次数，咨询没有完成，则需要将来访者转介到其他咨询机构接受服务。EAP咨询师应该具备良好的评估能力，将需要进行长期咨询的员工尽早进行转介服务。

（4）问题的侧重点不同。一般的心理咨询根据来访者的需求确定咨询重点。EAP咨询问题的侧重点是在研发人员的职场身心健康方面，包括家庭问题和工作平衡、压力管理和个人职业发展等问题。

（5）咨询的付费方不同。一般的心理咨询的付费方是来访者。EAP咨询的付费方是组织机构，机构为员工买单，EAP服务是给员工的一种福利。

（6）角色定位不同。EAP咨询师和一般心理咨询师的角色定位有所不同，EAP咨询师除了心理健康的宣传和一般心理咨询外，还会参与一些EAP项目服务客户公司需要的管理咨询，如人才的招聘、危机事件的处理等。因此，作为一名EAP项目咨询师，在能力要求上有别于一般的心理咨询师。

2010年，中国EAP项目服务中心副主任朱晓平博士在访谈中指出，EAP项目咨询师可以认为是心理咨询师和顾问的结合。一方面是咨询，另一方面是顾问。EAP咨询师的角色定位更多的是指顾问，为企业做EAP项目服务时，更多的侧重点要让企业和员工认知到他们的压力及压力源、怎样应对压力的技巧，以及通过一些培训提升管理者管理能力的服务。咨询更多是面向个体，而顾问更多是面向机构。

4. 我国EAP咨询师的能力要求

随着EAP项目的发展，本土化的EAP咨询师需求旺盛，培养一支适应我国本土化的EAP咨询师队伍迫在眉睫。2007年，CEAP这一EAP从业人员的专业认证体系被正式引入我国，但是中国本土的EAP认证体系还没有出台，对EAP咨询师能力内涵还没有明确的要求。目前的EAP咨询服务多为心理咨询从业人员，他们在企业咨询和EAP服务方面经验不足。

郑意儒于2006年做了相关研究，用德尔菲法研究我国台湾企业咨询师的能力内涵，他从三个方面考察企业咨询师的能力内涵，分别是知识储备、技能和人格特质等。他认为EAP项目服务是指企业利用外部专业机构，聘用专业服务人员，根据项目计划书的内容实施项目服务，除了为全体员工进行一般的服务外，还要提供团体心理辅导、个体心理辅导等，也会为企业进行教育培训工作，处理企业遇到的问题，通过宣传等推广项目，通过调查研究寻求问题的根源，帮助员工和企业解决实际问题。2010年赵然指出，EAP咨询师是心理咨询师和顾问的结合。人力资源管理顾问的工作是考虑整个企业的发展和人力管理的问题，提出改善的建议和措施，EAP项目服务人员是在企业进行心理健康服务的专业工作者。

我们在提出企业咨询人员能力内涵的基础上，总结国内EAP项目专业的访谈实录，提出了我国EAP咨询师的能力要求。这里所指的EAP咨询师的能力部分包括三个方面，即知识技能、专业技能和人际沟通技能。

（1）知识技能。

①EAP咨询专业知识。EAP项目实施者要想把项目做好，首先要把自己的知

识技能扎牢，只有掌握了基础知识，才能在项目实施过程中扩展更多的实践经验知识，补充更多的咨询经验。作为一名EAP咨询师，必须对EAP有深刻的了解，包括EAP的发展历史、当前的发展情况和各国的服务模式等。EAP项目咨询师是EAP服务中的一个重要环节，EAP项目咨询师需要明确自己的角色及其与一般心理咨询师的区别。

EAP项目咨询师面对的服务对象都在工作场所中，工作场所中员工的身心健康知识是必须掌握的。目前，跨国企业在我国较多，文化差异使得这类企业中的员工与一般的本土企业的员工相比要多面对一些压力。作为一名在企业中服务的心理健康工作人员，应该了解跨文化方面的咨询知识。因此，我国EAP咨询师应该具备以下知识：能深入了解EAP咨询人员的专业角色；具有从事EAP咨询的相关专业资格证明；了解并提高对EAP咨询相关理论的认识；具备职场行为相关知识；具有跨文化咨询的相关知识；能够分辨组织内咨询和组织外咨询的差异。

②与组织有关的知识。EAP项目咨询师与一般的咨询师的主要区别是他们服务的对象，组织是EAP项目咨询师的一个重要服务对象。EAP项目咨询师应该熟悉服务组织机构的结构、文化和企业特质，如了解各部门的关系结构、人员组成、领导者的风格等。团体动力学、组织行为学的知识可以帮助EAP项目咨询师分析组织氛围，了解组织，然后根据该组织的特点为其制定合适的服务方案。

③组织和员工健康的知识。EAP项目实施者要帮助员工学习心理专业知识，能够进行自我控制，调整好家庭和工作的关系，能够自我进行压力处理，帮助员工找到压力源。

EAP项目咨询师应该具备评估能力并能够区分哪些员工应该接受心理咨询，哪些员工应该接受更为系统、长期的心理治疗，并协调有关机构让他们得到帮助。因此，EAP咨询师还应该具备以下知识：熟悉员工福利政策；了解药物滥用的情况；具有压力管理的相关知识；了解正常和不正常行为的理论基础；了解如何协助组织进行心理健康与咨询转介。

④教育培训知识。EAP项目实施者为企业服务，侧重于通过讲座、访谈等对大多数员工进行教育培训工作，只对少数有问题的员工进行个体心理咨询，对有共同症状的团队进行团体辅导。EAP健康教育培训与团体咨询是有区别的，它侧重教育这方面。在进行教育培训时，EAP咨询师要具有设计、规划和实施训练课程的基本知识；了解短期咨询培训课程的实施步骤；了解短期培训课程的评估

方法。

⑤研究调查知识。EAP项目咨询师要及时向提供项目服务的企业进行结果反馈，及时向督导机构汇报项目的进展情况，及时寻求解决意见。这就需要EAP项目咨询师对服务进行调查评估，因此应具备如下知识：EAP有关研究方法的知识，评估方面的知识，绩效测评的知识，报告撰写以及呈现方式。

⑥相关的法律法规知识。EAP项目咨询师需要在相关法律法规的要求下，提供服务。此外，每个企业都有自己的规章制度，这些规章制度有时候会限制EAP咨询师的工作范围。了解法律法规会让EAP咨询师的服务少走弯路。

当咨询牵涉员工的隐私时，EAP项目实施者一定要注意保密原则，当涉及企业的商业秘密时，实施者也要按照规章制度执行。所以，这就要求EAP咨询师熟悉企业的规章制度、EAP咨询的规章制度、隐私权相关的法律、心理咨询师国家职业标准。

⑦时事知识。感同身受，是有效咨询的前提。员工和组织是社会中的一部分，企业所处的环境在发生着变化，这些变化对员工不断提出新的要求，社会环境的变化会给他们带来很多的影响。了解社会文化环境的变化，以及国家相应的经济、政治政策和行业信息，有利于EAP项目咨询师为员工和组织机构提供更好的服务。因此，这就要求EAP项目咨询师关注外部大环境的变化（包括政治、经济、文化社会和技术），了解国家政策的变化，了解所在行业的变化。

（2）专业技能。

①个体咨询技能。个体咨询技能是EAP项目咨询师应该掌握的最基本的技能。包括：运用多个心理学流派的观点掌握多个流派的辅导技巧和方法，灵活运用其中的精华，多方位了解咨询者的情况，以建立稳定的辅导关系；对来访者及其问题形成某种判断，以拟定咨询目标、决策和技术；察觉并恰当处理影响咨询行为的个人因素；遵守咨询专业伦理；察觉并恰当处理影响咨询行为的组织因素。

这里需要指出的是，EAP咨询秉承短程咨询的理念。因此，EAP咨询师应该根据自己的教育和训练背景，结合EAP项目服务工作的要求，在EAP合同规定的期限内最大限度地服务来访者，满足来访者的需求，提高EAP咨询的服务质量。

②团体咨询技能。团体咨询有效率高、利于提高员工的人际交往能力、个体可以从团体中得到社会支持等。要想团体咨询有效，作为领导EAP项目的咨询

师就要在进行团体咨询前做好准备，掌握领导团体的技能，巧妙地运用团体咨询的技巧，引导员工进入这个团体、适应团体，处理团体中员工之间的冲突，帮助员工和团体一起成长，并在团体咨询结束后做好总结，帮助员工在现实生活中运用在团体活动中学到的知识。为此，EAP项目实施者应该具备指导团体辅导的技能，辅导前的应对技巧；团体辅导过程中的指导和感染技能；遵守团体咨询专业伦理；熟练运用团体咨询的主要技巧、策略和方法。

③测验评估技能。心理测验工具可以帮助EAP项目咨询师了解企业员工的心理状况，为进一步进行EAP项目咨询提供依据。同时，测验结果可以帮助组织建立起合理的组织结构，并协助管理工作的进行。要注意的是，EAP项目咨询师要注意心理测试的局限性，正确引用心理测试，不能夸大其作用。

EAP项目咨询的评估是EAP服务不可缺少的部分，一方面，这是对EAP服务的反馈；另一方面，评估可以让EAP项目咨询师了解咨询、教育培训等服务的效果，明白以后要进行哪些方面的改进来促进EAP服务的完善。为此，EAP咨询师应该按照要求来选择适当有效的测量工具，能够正确实施测量，能够正确分析测量的结果，能够正确运用测量的结果，能够正确运用EAP项目咨询评估方法。

④沟通与协调技能。工作内容、工作环境等都可能是员工的压力源，要改变这些，EAP咨询人员就需要和组织进行交流沟通，在员工和组织中建立起相互信任友好的氛围。可以说EAP咨询师是员工和组织沟通的润滑剂，有效沟通以协调组织的运作，提高组织效率。为此，EAP项目咨询师应该在工作中和同伴有效地交流，与组织进行协商，与员工建立一个信任、开放和有效的良好环境，了解对方的感觉并能很好地传递、掌握和回应这些信息，建立组织与员工间的沟通渠道，了解并创造组织和员工双赢的机会，有较好的言语沟通技巧。

⑤宣传技能。虽然这几年我们国家居民心理健康的意识有了很大提高，并且也开始正确认识心理咨询这个职业，但是，人们在面临急需解决的心理问题时还是会顾及周围人是如何看待自己的。因此，在EAP服务进入组织机构后，应在分析、了解组织机构特点的基础上，根据其特点设计出合适的EAP宣传方案，推广EAP服务，宣传心理卫生健康。这是EAP服务工作的一个重要阶段，因为宣传工作的好坏会影响到员工和组织对EAP服务的印象，从而影响以后咨询服务的开展。为此，EAP咨询师应该分析组织文化如何影响咨询服务，对EAP服务的推广策略，宣传心理卫生健康的能力。

⑥顾问咨询技能。EAP咨询师除了是一名心理咨询师以外，还是组织的顾问。作为顾问应协助管理层进行一些管理活动，协调各个部门的运作和合作等。为此，EAP咨询师应该具备协助管理层处理一些管理的问题，为管理者提供意见、建议与咨询，组织各个部门建立良好的合作关系。

⑦人力资源管理技能。EAP咨询师和企业的人力资源管理部门的接触是比较密切的。EAP咨询师会涉及员工职业生涯管理方面的问题，如协助人力资源管理部门帮助新入职员工适应新的工作环境、处理离职员工的问题等。EAP咨询师从人力资源管理部门可以了解到员工的教育背景、生活状况、人格类型和性格特点等资料，协助员工咨询的进行。为此，EAP咨询师应该具备搜集员工基本信息的能力、对员工背景资料调查整理分析的技巧、激励员工的制度设计、员工职业发展规划管理的设计分析与指导评估等方面。

企业规模比较小的时候，人力资源管理部门工作人员可兼任员工的辅导和评估与指导工作，即EAP咨询师的工作，也可聘请第三方的专业服务机构作为补充，对关系员工核心利益的人事、规章制度进行咨询，比如负责本企业员工的职业生涯指导与辅导。大中型规模的企业人力资源部门要设置专门的岗位负责对员工职业生涯规划与发展进行指导和咨询。以帮助员工做好对企业和自我的认知和辨识，帮助员工分析在公司提供的平台怎么实现自己的职业生涯规划，如何把企业的职业生涯管理与自己的规划协调一致，增加留住员工的筹码。

⑧激励技能。如何利用最低的成本，最大限度地获得工作绩效，这往往是管理层最关心的问题。如何激励员工也是EAP咨询的重要组成部分，为企业提供一套恰当的激励方案提高企业绩效是EAP咨询师在企业服务中的价值体现。

制定合适的激励制度，以满足员工主导需求为核心目标。激励方式的设计要多样化，根据不同的岗位要求设计不同部门人员的薪酬福利，在设计中要兼顾内在报酬和外在报酬的结合，把握不同层次员工需求点的不同以满足员工的外在性需求和内在性需求，形成一套完整的薪酬福利设计方案，从而激发员工的积极性，更好实现组织的发展目标。最好的激励制度是把个人需求与集体需求结合起来，让组织需求指导个人需求的努力方向，满足个人需求的基础就实现了组织的目标，这是企业激励制度设计的最高目标。

激励的核心是分配制度。分配制度关系到组织目标的实现与否，如果分配制度不公平，就会使得能干的员工得不到好的薪酬福利，偷懒的反而得到的好处多，这对激励来说是致命的，所以怎么保证分配制度的公平公正是激励工作的核心。在分配制度的作用下，员工的行为规范表现不同，公平公正的分配会促使员工的能力、素质等都朝向组织目标的实现。

对激励措施实施效率要进行评估，首先，要评估员工的工作状态是否因为激励而有所改变；其次，员工的工作目标是否按照要求实现，工作行为是否完成了岗位绩效考核标准。这两方面都可以检测激励制度的实施效率，当然有时候员工努力工作并不一定能够在短时间内取得良好的绩效成绩，我们也要因人而异进行评估。掌握更多的信息对每个员工的工作状态、个体需求状况进行研究，确保企业的激励措施有效性。随着大数据的应用，我们对员工的信息掌握越准确，在实施激励措施时就更精准，可以提高激励措施的有效性，减少试错的成本。

在建立激励机制的过程中，由于认识上和操作上的误区，导致激励出现偏差。常见的不正确的激励措施有以下几个：

第一，把激励等同于奖励。我们很多企业把两者混为一谈，认为激励就是正面的奖励，而没有负面的惩罚，这是片面的。其实激励包括两个方面，做得好的，企业应该奖励；做得不好的，企业应该惩罚，才能保证奖励的效果，如果做得不好也奖励，那不就把优秀的人的工作磨灭了，企业就会出现留不住优秀员工，而只能留下混饭吃的员工。

第二，金钱激励万能论。很多组织一提到激励就会想到钱。这种以金钱作为唯一激励方式的激励模式存在很多负面作用。的确，在激励机制中金钱激励占有非常重要的地位，但只能作为一个短期手段和辅助手段，绝不能作为长期策略，哈佛大学教授康特说过，薪酬福利是员工为企业付出体力和脑力劳动后，应该得到的一种补偿性的措施，员工有权获得薪酬福利，但是管理者的赞扬或肯定却不是每个员工应得的，而是送给优秀员工的一件礼物。资料表明，激励员工的最好办法是赞美和肯定。因为人们都希望受到领导和同事的尊重和赞赏。作为领导，可以有许多做法表达对员工的感谢之意，让他们觉得工作有意义。当员工出色完成工作时，经理要当面表示祝贺，这种祝贺要及时，说得要具体；经理还应该公开表彰优秀员工，引起更多员工的关注和赞许；也可以开庆祝会，鼓舞士气，庆祝会不必隆重，只要及时地让团队知道他们工作很出色就行。

第三，奖励越严肃越复杂越好。奖励的程序越复杂，对员工的激励效果就越差。有一次惠普公司的员工在主管的办公室里，汇报他解决了一个困扰全组的问题。主管很高兴，环顾四周想找一件东西来奖励他，最后拿来了本来午餐要吃的香蕉奖励给他，并说："干得好，恭喜！"从此"金香蕉奖"便成了该部门奖励员工成就的最高荣誉之一。

第四，企业采用的激励措施或政策往往是针对所有的员工，实际情况是每个人都有不同的内在要求，任何管理制度和措施都不是万能的，都不能搞一刀切。因为管理的对象是人，人具有主观能动性，会思考，如某企业在对研发人员和一般工人进行激励时，采用同样的方式，结果并没有得到想要的激励效果，因为研发人员除了获得相应的物质奖励以外，还需要自我的成长，追求事业的成功，追求挑战和机遇。对于这样的需求，企业就要提供满足他们成长进步的平台，提供培训或学习的机会，给他们具有挑战性的工作，加之充分的授权、宽松的管理环境。因此企业在实施激励措施时，要针对具体情况具体分析，做到因人而异。

第五，激励制度有了，激励效果就有了，这样的观点是错误的。很多企业在实践中发现，企业建立起比较完善的激励制度，但是在实际运用制度的时候，却起不到激励作用，如企业给员工发放年终奖，按照激励制度来做，但是中间的考核数据不准确，导致干活多，付出多的反而没有拿到高的奖励，这样的结果比比皆是，因此只有激励制度是不行的，还需要各种配套的措施，保证激励真正到位，让真正付出的员工获得奖励，没有付出的员工得不到奖励，这才是企业想要的结果。

完整的客观评价系统是激励的前提，如果没有客观公正的评价，那我们根据评价结果发放的奖励也就没有激励的作用了，会起到相反的激励效果，贡献大的流失掉，贡献小的留下了，这是企业最不想要的结果。

（3）人际沟通技能。

①有效表达的能力。EAP咨询师的职业特点要求他们具备较好的表达能力，能巧妙地运用语言表达和非语言表达去影响员工和企业。在语言表达方面，有学者提出适时、适量、适度这三个方面的要求。适时是指说在该说时，止在该止处；适量是指社交表达时声音大小要合适；适度主要是指根据不同对象把握言谈的深浅度，根据不同场合把握言谈的得体度，根据自己的身份把握言谈的分寸度。另外，体态也要恰到好处。

②人际关系理解和共情能力。EAP咨询师面对的员工和组织的问题往往复杂多变，这就要求咨询师尽量站在员工或者组织的角度去思考探讨他们面临的问题，和他们一起共同面对要解决的问题，形成理解和共情，才有利于对症下药，

用更加有效率的方式来解决问题。

③人际融合适应能力。要理解一个人或一个团体，就必须要融入个体或团体的生活环境。人际融合适应能力是一个人综合素质的反映。人际融合能力的强弱与一个人的思想品德、知识技能、活动能力、创造能力、处理人际关系能力以及健康状况等密切相关。一般来说，一个素质比较高、各方面能力比较强、身心健康的EAP咨询师，能够很快适应环境、适应工作，即使是在比较困难的条件下和比较差的环境中，也能够变不利因素为有利因素，通过自己的努力争取好的成绩。

④人际敏感性。人际敏感性指的是对人际交往形式和发展趋势的洞察力和预见力，并善于把握人际交往间的逻辑关系。注意员工和组织的微小行为，有利于EAP咨询师发现隐藏在问题背后的真正原因，抓住重点，解决问题。

⑤观察倾听能力。"听比说更重要"，是每位EAP咨询师应该牢牢记住的准则。怎样才是懂得倾听的人呢？一个懂得倾听的人，并不是自己三缄其口，任对方谈个不休，而是知道把握倾听的尺度，在对方兴致勃勃谈论一件事情时，抱着极大的热情，用自己关注的眼神和身体语言回应对方，让对方看出你对他的谈话十分感兴趣，并希望他能继续下去。同时，在对方用眼神或语言试探你的反应时，应及时给予回应，一个适时的点头，一个会心的微笑，一句简短的"是吗"等，都能给对方如逢知音之感。在倾听过程中，保持一定的敏锐和清醒，是一件非常重要的事情。应切记发自内心的反应永远最能打动人心。有效的倾听意味着倾听要能够抓住讲话人所表达的主要内容和意图，也意味着倾听者要能够对对方所说的话加以区别并正确表达自己的观点，及时给予反馈。倾听本身就是一种有效的治疗方法。

5. EAP咨询师的人格特质

有专家指出，有效的咨询更依赖的是咨询师本人的人格特质，而不仅仅是知识和技巧。2001年，霍大同提出，要想成为一个好的心理咨询师乃至心理治疗学家的先决条件或者基本要求是，需要一定的学历，一般来说应该具备大学本科学历，除此之外还要掌握一般的文化知识技能，同时要看这个人是否具有某种适合的、由先天素质与后天教养结合而成的人格特质。

优秀的EAP咨询师应有良好的自我意识，了解自己的长处、不足，分清自己的职责范围。咨询师需要成就感和扶助心，但两者都有健康和病态之别。过度的助人和渴求成功的愿望使得有些咨询师可能会被耗竭。需要是可以训练和激发的，EAP咨询师的需要强度、合理需要的满足度一般与自身的心理状态分不开，一方面要尽力满足自己的合理需要，另一方面要积极引导不合理需要。有研究结果表明，心理咨询师的省察需要很高，这有利于他们自身的成长，应尽量满足；而谦虚需要很低，这就可能引发来访者的排斥心理，影响咨询的效果。

人格特质往往在互动中影响一个人，最有效的咨询者往往就是能将一个人的特质和知识技能融合在一起的人。EAP咨询师要求能够了解员工的内心世界，作为一名EAP咨询师，以下的人格特质是非常有必要的。

（1）具有人格的吸引力。

（2）安全感。有安全感的人往往有足够的亲和力，而这会影响员工对EAP咨询师的接受态度。一个有安全感的EAP咨询师常常能让员工体验到安全的人际关系，而这样的人际关系能使员工放下防御机制，可以让EAP咨询师准确发现员工的问题所在。

（3）宽容。人无完人，来求助的员工往往是遇到问题的，有着这样或那样的坏习惯，有的不善于表达，有的甚至多次自杀未遂。面对各种各样的人，咨询师要以一颗宽容的心去接纳他们，用心帮助他们成长。

（4）影响力。EAP咨询有时候像歌手在舞台上唱歌，除了专业知识以外，还需要调动听众的情绪。没有影响力的咨询师，其咨询过程无法充满活力和感染力，而咨询过程中咨询师的影响力往往会推动咨询的进展。

（5）责任感。对于来求助的员工，咨询师要具备一种帮助他们的责任感，而且要遵循EAP咨询的相关原理。

（6）真诚对待他人。这是EAP咨询得以有效进行的重要条件，咨询师不应因员工的性别、家庭出身、教育背景等歧视员工。

（二）多渠道全方位开展工作

运用调查数据对员工心理状况进行预判，并开展心理服务工作。

调查数据来源于心理服务工作分析过程中信息的收集方法，选择适当的数据来源分析方法，对信息的准确性与可靠性非常重要，选择什么方法取决于分析的对象、分析内容、任务及目标。没有一种方法能够提供非常完善的信息。在实践中，往往是综合运用各种方法。

1. 工作实践法

工作实践法是指员工援助计划工作人员直接参加从事某项工作，从而细致地体验、研究所做的工作，由此掌握工作要求的第一手资料的工作分析方法。

优点：工作实践法有助于准确把握岗位工作在环境、条件、体力等方面的需要，并进行数据分析调查，可以弥补观察不到的内容，适用于短期内可以掌握的工作。

缺点：由于IT企业中的许多工作高度专业化，员工援助计划工作分析者往往不具备从事多项工作的知识和技能，也无法采取这种方法。对需要大量训练和有一定危险性的工作，这种方法也不适用。

2. 观察法

观察法是指员工援助计划工作数据分析人员通过对研发人员正常工作的状态进行观察，获取工作信息，并通过对信息进行比较、分析、汇总等方式，得出工作数据分析成果的方法。

（1）观察法的种类。由于观察对象的工作岗位任务和工作期限不一样，因此，我们把观察法可分为全程观察法、连续观察法和记录观察法。

全程观察法。员工援助计划工作数据分析人员对研发人员工作情况和状态进行全过程记录。这种方法适合周期很短的工作岗位。比如有些员工的工作内容可以以天或小时来计算周期，员工援助计划工作数据分析人员可以每天不间断观察这些人员的工作情况，并记录在案。

连续观察法。某些岗位的工作周期性很长，不容易进行全程观察，但是想要取得这类工作岗位的准确数据，获得完整的资料，就要采用分阶段观察。当然如果时间跨度特别长，这时最好采用工作记录法。

记录观察法。这种观察法适合于岗位工作周期长和经常处理突发事件的工作。比如医院急诊科大夫的工作，他们的工作性质决定了在正常工作程序中有很多突发性的病例会处理。这时员工援助计划工作数据分析人员可以让大夫演练一次治病救人的过程，来完成对这项工作的观察。

用观察法进行数据记录时，员工援助计划工作数据分析人员随身携带相关表格，便于随时记录数据变化过程。随着记录设备的更新换代，可以用摄像机等随时进行录像留存资料。采用观察法记录数据时，切记要保存原始的资料，观察者本身不能干扰被观察者的工作状态，尽量记录典型的工作事件。

（2）观察法的优缺点。观察法的优点：观察者全程对工作情况进行直接记录，有利于数据分析人员获得更细节、更精准的原始数据，加之与被观察者进行交流，可以获得更加客观和准确的资料，了解的信息比较广泛，如工作活动内容、工作中的正式行为和非正式行为，工作人员的士气等都可以采取此方法了解。这种方法也要求观察者要有一定的实际操作经验。观察法适用于大量标准化的、周期短的、体力性为主的工作。

观察法的缺点：观察法不适用于工作周期长的工作和脑力劳动为主的工作，有些工作包括许多心理活动，使用此法不易观察到。

（3）运用观察法应注意的问题。观察的工作应相对静止，在一段时间内，工作程序、工作内容、对人员的要求都不会发生明显的变化。

员工援助计划工作数据分析人员为了保证获得数据的准确性，在观察现场不要打扰被观察者的工作状态，尽量做到自然，不要有影响被观察者情绪变化的举动发生。

注意观察的工作行为要具有代表性。

在进行观察前要有详细的观察提纲和行为标准。

3. 访谈法

访谈法分为个体访谈和团体访谈，不论是哪种访谈都是与被访谈者进行面对面的交流，来获得数据信息的方法。一般来说，员工对自己的工作最了解，他们对工作情况的描述最权威。因此，访谈法是收集信息的一种重要方法，对于观察不能获得的资料，可由此获得；对已经获得的资料也可以用此方法加以证实。该方法也是国内外企业界使用最广泛的方法之一。

（1）访谈的内容及形式。

访谈的内容：

①工作目标。组织为什么设立这一职务，是根据什么来确定该职务的报酬。

②工作内容。任职者在组织中有多大的作用，其行动对组织产生的后果有多大。

③工作的性质和范围。主要了解该工作在组织中的关系、其上下属职能的关系、所需的一般技术知识、管理知识、人际关系知识、需要解决问题的性质以及自主权。

④所负责任。涉及组织、战略政策、控制、执行等方面。

访谈的形式：

访谈具体包括个体访谈法、团体访谈法和领导访谈法三种形式。个体访谈法即一对一访谈法，指访谈者与被访谈者进行工作访谈获取数据资料的方法。团体访谈法即一对多，指访谈者与多个被访谈者进行工作访谈获取数据资料的方法。领导访谈法是指被访谈对象是领导或主管，是访谈者对一个或多个主管领导谈话而收集信息资料的方法。

个别访谈法适用于大量员工做相同或相似工作的情况，这能够以较低的成本费用了解大量员工的工作信息。集体访谈法适合于对较小的集体共同作业的信息的了解，集体成员之间可以相互补充所要了解的信息。领导访谈法是同一个或多个主管面谈，主管对工作的了解往往是全面的，与主管面谈可以节省职务分析的时间。

在现实工作中，员工的直接领导对于工作岗位的描述与任现职的工作人员对于工作岗位的评价会有差别，项目实施者必须自己通过观察进行判断，把所有资料结合起来综合考虑、独立证实，在这个过程中，也需要项目实施者有很强的人际交往技巧，以获得更加有利的信息。

（2）进行访谈应该注意的问题。

①访谈法成功的关键在于访谈者能够通过谈话技巧获取被访谈者的信任，最重要的是访谈者要表现出真诚的态度，赢得对方的好感和信任，最起码不反感；访谈前一定要确定主管领导选择的被访谈者是否符合我们的要求，被谈话者对我们要调查的事情是否熟悉，能否客观描述自己的岗位职责和内容。

②访谈前我们要尽量客观描述问题，把访谈的目的也表达清楚，让被访谈者减轻心理负担，避免有被审问的感觉；访谈过程中，提问问题要语言诚恳，态度和蔼，尊重对方的隐私，营造一种温馨的氛围，使对方乐意表达真实的意思，来获取可靠、详实的数据信息资料。

③访谈法如果需要获取很多的信息时，为了保证不遗忘、不漏题，可以按照逻辑结构把题目罗列出来，这样既能保证思路清晰，又能保证访谈的效率，要事先确定收集的信息内容并制定详细的提问清单，把握问题的提问方式和角度，要让对方有充足的时间考虑和回答。所提问题要尽量言简意赅，明确无歧义，要避开涉及个人隐私的问题。

④在进行访谈时，分析人员应该启发和引导，应避免发表个人看法和观点。在工作内容描述与任职资格等方面如果与其认识不同，不要与他们争论。

⑤有些岗位的工作内容繁琐且无序，职责也不同，那访谈者就要求被访者将工作内容和职责全部列出，并按照重要性进行一一排序，这样可以避免因为杂乱无序的工作内容而漏掉特别重要的工作任务。

⑥访谈活动一结束，访谈者要把访谈的内容交给被访谈者和主管领导检查审核一遍，要确保没有遗漏的数据，要注意对获得的资料进行检查与核对，并有针

对性地做出适度的修改与补充。

（3）访谈法的优缺点。访谈法的优点：一是访谈法因为是当面沟通交流，如果出现回答问题不清楚时，访谈者可以通过多问几个相关问题引导对方把问题描述清楚，这样可以保证获取数据的准确性；二是面对面访谈还有一个好处是访谈者可能因为一个问题，扩展到其他很重要但是由于我们忽视而没列入问题清单的重要问题；三是访谈者按照逻辑顺序系统提问问题，避免漏题或离题太远；四是如果被访谈者不配合，我们还可以进行当面劝导，用我们的热情和诚恳获取对方的信任；五是通过当面详谈被访谈者工作的一些信息，也会给对方营造一种被重视的感觉，也是员工参与管理的一种形式，有利于培养员工对企业的忠诚度；六是面对面语言交谈适用于文化程度比较低、对文字理解有差距的员工。

访谈法的缺点：一是访谈者面对面的交谈有时会给被访谈者造成一定的心理压力，使得对方因为拘谨或者思路不清晰，获取到不准确的数据信息；二是访谈者可能会因为对某个问题形成思维定式，或者是受到自己主观倾向性的影响，导致不能客观接收对方的信息，造成信息失真；三是被访谈者可能会出于自身利益的考虑，故意夸大自己岗位工作的重要性，导致接收的信息不准确；四是访谈工作花费的时间比较长，花费访谈者的精力也很多，特别是个体访谈需要的调查人员更多；五是访谈法不能单独作为信息搜集的方法，必须和其他方法一起使用才合适。

4.问卷调查法

问卷调查法是经常用到的收集资料方法，通过设计专业的调查问卷，经过专家认证，分发给被调查人员，可以是电子问卷，也可以是纸质版问卷，要求被调查人员在一定时间段内完成、上交、统计问卷数量，进行分析，收集资料的一种方法。

（1）问卷调查法的形式。结构性问卷。结构性问卷的设计是首先把问题罗列出来，然后对于相应的问题提供多种可以选择的回答，然后要求被调查者根据工作的实际情况进行答案选择的问卷方式。

开放性问卷。开放性问卷的设计是只提供给调查者要调查的问题，不设计问题的答案，而是由被调查者根据自己的所思所想提供答案的问卷调查方式。

结构性问卷和开放性问卷是两种差别极大的问卷形式，在实际操作中，一般将二者结合起来使用。

（2）问卷调查法的优缺点。问卷调查法的优点：一是相比于访谈法，问卷调查不费时、不费力，可以在很短的时间内获取很多任职者的数据信息，效率高；二是被调查者可以自己选择空闲时间进行问卷的填写，不占用正常工作时间；三是调查的范围可以很广泛，也可用于多种目的、多种用途的调查分析，更加适合收集管理性内容的调查分析。

问卷调查法的缺点：一是此法对问卷的编制要求很严格，问卷问题的设计要反复检查测算，要具有很强的逻辑性，各个问题之间要互相补充说明，甚至需要专业人士帮忙设计问卷问题，所以需要花费的成本较高；二是被调查者回答相同的问题时可能会因为理解的不同，而给出截然不同或相互矛盾的答案，致使问卷的可利用降低；三是由于问卷调查是通过文字交流，会使得对文字理解力差的员工无法完成问卷的回答，而且发放的调查问卷一般不会立刻上交，有些员工因为某些原因会放弃填写问卷，这都会导致问卷的回收率低。

（3）使用问卷调查法应该注意的问题。要完全按照理论上规定的设计原则进行调查问卷的设计，使得问卷在实际中可操作性强。问题设计得如何，直接影响所收集的资料信息质量的好坏，从某些方面来说，一份考虑周密的问卷能够把被调查者无意形成的误差减少到最低程度，却不会对问卷调查结果产生负面的影响。所以，问卷设计不是简单罗列问题，而是一项要求严格、精细又复杂的活动设计。在设计问题时，调查者首先要明确调查的目的、具有清晰的调查思路、对每个问题的设计必须反复审核而且要尽量语言精练，容易让被调查者理解，不要产生歧义，问卷回收后，问题的设计还要有利于结果的分析。工作分析问卷调查表如下。

工作分析问卷调查表

姓　　名＿＿＿＿＿＿　　　　工作岗位＿＿＿＿＿＿
所属部门＿＿＿＿＿＿　　　　工作编号＿＿＿＿＿＿
部门名称＿＿＿＿＿＿　　　　所属上级＿＿＿＿＿＿
（1）工作描述（请简述你的工作内容）

（2）任职要求（说明完成工作任务需要的学历、证书等基本条件）

续表

（3）平时工作内容（请你尽可能多地描述平时工作，并根据每项工作的重要性和所花费的时间由高到低排序）

（4）工作关系（请你列出因工作关系与你有联系的人员，根据交往次数由高到低排序）

（5）工作决定（请说明你的平常工作包括哪些决定）

（6）保管文件责任（请列出需要由你经手的文件，并说明文件的去向）

（7）环境条件（请写出你的工作环境与条件）

（8）最低要求（请列出胜任本岗位的人，最低应达到什么标准）
学历水平_____
所需专业或擅长_____
工作经验_____
工作年限_____
参加过的学习与培训_____
特长_____

（9）补充信息（请列出前面没有提及的，但是对岗位非常重要的信息）

填表人：　　　　　　　日期：

5. 关键事件法

由 J. 弗拉纳根在 1954 年提出的关键事件法，其主要目的是从众多影响因素中获取员工工作岗位的主要因素，以及获取影响工作职责完成情况的关键要素，所谓关键要素即对工作绩效产生最关键、最重要的因素。此法主要流程一般是从最熟悉这些岗位的领导主管、员工或其他相关职务的人那里获取工作职务行为的事件，然后让他们评价"特别好"或"特别坏"的职务行为和职务绩效。一般描述事件的内容包括：事件发生在怎样的背景下，发生的原因是什么，员工在事件中有效和无效的行为有哪些，关键行为最后的结果怎样，结果能否被控制等。我们通过分析获得大量数据资料后，要进行分类整理资料，并得出结论，比如职务行为的关键特征有哪些，对从事本职务的素质要求有哪些等。本方法既能有效获取关于职务的静态资料，也能了解、预测和获取职务的动态发展。

关键事件法的主要优点：一是此法是围绕着职务行为展开研究，行为是外显的，是可以观察和测量的，所以可以同时用定性和定量的方法进行研究；二是通过对静态职务的分析，我们也可以得出动态的结果，比如职务人的行为后果，会得到什么样的利益或起到什么样的作用。

但这个方法也有两个主要的缺点：一是花费时间和花费精力较多，收集那些零碎的关键事件需要大量的时间成本，另外还要有足够的精力对关键事件进行概括和分类；二是关键事件是对职务工作产生特别有效或特别无效的事件，这是事物的两极，但是大多数员工的行为是处在平均水平上下，所以对于工作职务绩效的衡量还要确定最重要的也是最常用的平均绩效水平。关键事件法在实施中就忽略了这个数量的群体，很难做到全面的工作分析。

6. 工作日志法

工作日志法是为了了解工作的内容、工作的职责、工作关系、记录工作的繁琐程度等，一般企业会要求员工每天都坚持进行日志的记录，收集相关岗位信息，通过每天的岗位信息的记录，来分析岗位的工作内容和工作职责的对应程度，来取得岗位更多信息的方法。

工作日志法有利于企业把握岗位的信息，促使员工把握工作时间的分配情况，有助于他们判断自己工作的价值，如有几十个业务员的企业，业务员每天忙忙碌碌，做着自己认为分内的事情，进行岗位评价时，每个人都觉得自己的岗位非常重要，这样采用访谈和问卷调查就没有多大意义了，公司采取工作日志法，刚开始大家觉得麻烦都不想写，后来经过做思想工作，试行了一个月，业务员们就清楚知道了自己每天都干什么了、时间去哪里了，后期要想提升业绩应该从哪里入手等。企业也获取到了比较真实的岗位工作任务。

工作日志法的优点：一是此法能够获取非常可靠真实的数据信息；二是获取的信息涉及多个方面，比如工作任务的主次、工作时间的安排、工作职责的轻重、工作内容的合适情况、工作强度的大小以及工作内容包括哪些方面等；三是所需要的费用成本不高。

工作日志法的缺点：一是此法获取的信息特别琐碎，需要大量的人力和时间进行整理归纳，而且如果填写日志者故意多写或少写，也会影响结果的处理；二是可以使用的职位不多，使用范围较小，工作不稳定的职位和工作循环周期较长的岗位都不适用此法。

7. 秩序分析法

秩序分析法一般用于非管理工作的描述。它是一种以工作为中心的工作分析方法。秩序分析法之一就是时间研究。时间研究的目的在于对工作中每项任务确定一个标准的完成时间，将工作中所有任务的完成时间相加得到工作完成所需的时间。这个时间可作为确定工资和奖金、新老产品成本的依据，也可作为生产线和工作小组均衡生产的依据。但由于标准工作时间的确定受到员工个人及工作自身特性等的影响，很难做到准确无误，因此，往往需要测量员工"真实的努力程度"与"需要的努力程度"。

工作样板是工作标准时间确定的有效方法。该方法首先将工作中的活动归类，工作分析专家再借助各种仪器设备观察所有在职者完成各类活动的时间，并对它们进行平均化，所得的完成各类活动的平均时间即可作为标准工作时间。

员工援助计划工作人员还开发了员工心态指数调研系统，定期进行员工心态指数调研工作。导入EAP后，进行全员心理健康检查，为参与的每个员工提供个人心理健康检查报告，并为公司提供相关大数据报告。

心态指数调研和全员心理健康检查可以通过问卷方式面向全体员工开展，但内容各有侧重。心态指数调研涉及工作感受、人际关系、公司保障、管理制度等类别，全员心理健康检查则包含心理健康状态和组织管理两大类别。心理健康状态进一步细分为身心压力、积极情绪、消极情绪、职业枯竭、抑郁倾向、心理资本六项指标，组织管理细分为工作负荷、工作要求变化、领导风格等指标。

EAP专家通过对以上两项调查结果进行对比和印证，查找员工群体心态和心理健康状态的变化趋势及其关键影响因素。数据显示，受外部大环境和内部管理的影响，员工心态指数略有下滑，心理健康状态也呈同样趋势。在全员心理健康检查中，多数员工心理健康状态良好，但也有部分员工感觉压力过大而"职业枯竭"，甚至有极少数员工存在高抑郁倾向的心理风险。其中，绩效考核、倒班、人际关系、领导风格、尊重认可、薪酬回报、职业发展等组织管理要素对员工心理健康状态影响较大。

针对以上数据分析出的问题，将采取下面的措施。

（1）由心理咨询师对全员心理健康检查，筛查出有高抑郁倾向的员工并主动进行干预。咨询师首先通过电话咨询对员工进行风险评估，随后由EAP专业机构针对有不同级别抑郁倾向的员工提供阶梯式跟踪服务，通过跟进疏导，帮助他们解决困扰、降低潜在风险、化解心理危机。

（2）对调查中发现的压力较大、职业枯竭感较严重的个人或群体，提供针对性的知识宣传、技能培训和心理咨询。例如，一线研发人员压力较大，EAP专家通过为他们集中开展全员心理健康检查报告解读、技能培训，介绍实用的压力调节和情绪改善方法。针对消极情绪高的研发人员，运用著名心理学家阿尔伯特·艾利斯创造的合理情绪疗法。该方法认为，人之所以被许多事情困扰，关键不在于问题本身，而是看待问题的视角，正是由于一些不合理信念，使得人们产生非理性的认知和情绪困扰，久而久之造成心理障碍。通过EAP专家引导，找到他们消极情绪中的不合理信念，如"我不应犯错""我必须做到完美，才能够得到别人的认可""领导指出了我很多问题，他是不是认为我很差劲"等一一进行驳斥，指出其他的可能性，使员工们有种茅塞顿开的感觉，纷纷觉得原来自己有时太过钻牛角尖了。

（3）管理层从组织决策、部门管理、班组建设等方面提出要求，鼓励各级领导"改变可以改变的"，进行管理优化和组织变革。EAP"快乐班组"建设是其中一项具体措施。首先，心理咨询师和一线班组员工座谈，了解班组实际情况，把握员工的具体诉求；同时通过专业测评问卷，深入了解班组成员心理健康状态、职业性格特点等内容，针对性地设计班组干预案。其次，举行"快乐班组"建设启动会，通过宣讲使员工明确项目意义，拉近心理咨询师与员工的距离，提升员工参与热情和对项目的期待。最后，将趣味性心理活动融入班组晨会中。如在晨会中加入"优点大轰炸""手脑游戏""群策群力"等活动，利用晨会时间快速调动员工积极情绪，精神饱满地开始一天的工作。

（4）加强团队心理氛围建设。针对前期调研时班组提出的管理诉求，开展个性化的团队心理氛围建设活动，使员工在活动中放松身心、在团队协作中拉近距离，提升团队凝聚力。

从事团体心理辅导的负责者要不断学习了解团队发展的历程，针对团队发展到不同的阶段采用不同的措施来处理遇到的问题，充实团体心理辅导的专业知识，掌握团体心理辅导的技巧，有了这些专业准备才能组织和实施有效的团体心理活动，真正解决团队成员问题及其自己的问题，促进他们生活幸福、工作顺利和身心健康发展。

（三）为人力资源工作保驾护航

EAP工作可以看作是人力资源部门工作的一个创新，其工作的性质和内容在很大程度上能为人力资源工作提供科学的参考和依据。同时，人力资源部门工作条款的制定与实施也会直接影响到EAP工作的成效。二者相辅相成，相得益彰。

公司在招聘人才时，针对招聘职位对人员的要求，做好测评工作。如对于销售人员，最好是选择胆汁质和多血质气质类型的人才。对领导层人员的招聘，做好人际能力预测和测试。同时，为员工绩效考核工作的扎实有效开展做好支持，如员工绩效考核工作中考核标准的制定，奖金、福利的发放，不但要参考员工的工作能力和业绩，还要考虑到员工的心理承受能力和接受度。比如，某研发人员技术水平相对较弱，但其工作强度很大，已经超出了公司的平均工作量。按道理，没有功劳还有苦劳，他勤勤恳恳的工作作风也应当受到嘉奖，但在公司效益不乐观的情况下，考虑是否可以取消对他的这个嘉奖。如果取消，会不会对他今后的工作状态有所影响。通过EAP部门提供的性格、心理健康测试表明，他是一个豁达、积极上进的人，一个对金钱并不是特别在意而对荣誉特别看重的人。考虑到这一点，就可以取消对他的嘉奖奖金，而代之以大会表扬，颁发荣誉证书。这样不但起到了激励作用，而且也减少了公司不必要的支出。

企业重视员工的心理帮助就可以吸引优秀员工的加入，这不仅仅是企业的需要，更是人才自身的需要。据统计，很多人才在选择公司的时候，考虑的其中一个重要原因就是这个企业是否把员工作为企业的最大财富，从而为员工提供良好的员工心理帮助机会，也就是我们说的心理援助计划，曾经有企业对大学生做过求职意向调研，调研的对象是北京的十几所大学的大学生，数据显示：占比80%以上的人的第一选择是去外企找工作，被问原因后，他们几乎都把外企的人文关怀、职业规划及EAP项目的实施作为考虑的主要原因。

IT研发企业实施EAP项目，能够快速了解员工，特别是关键员工（如部门领导、中层领导、核心技术人员、研发人员等）的能力和素质，从个人层面说，可以更好规划他们的职业生涯；从企业层面说，可以保证企业快速高效的运转，所有的关键核心人才的职业能力和素质提高了，自然而然就会带动周围一般员工的发展和成长。

在企业中当员工遇到困难或挑战性的工作，无法按时完成工作任务时，他们心里就会非常着急，感受到来自工作的压力，这种压力反过来会影响员工工作时的状态和情绪，完善的EAP项目的实施可以有效帮助员工处理情绪情感的问题，帮助员工调整好情绪，从工作中找到乐趣，帮助企业留住核心人才。企业在发展的各个阶段，需要不同能力和素质的人才，企业实施EAP项目可以帮助新员工更快适应新的环境，可以帮助老员工提升能力和技能，提高其在工作中的自信心，帮助其更好规划自己的职业生涯发展，既可以为企业的发展壮大作出贡献，又可以为了自己的职业成长和个人成长提供机会。在整个人才与企业磨合的过程中，EAP项目也可以帮助双方进行合适的选择，如果双方磨合不好，即使员工留下来，企业和员工都不会有成长和进步。

从员工招聘到培训及其对员工的绩效考核等人力资源管理的各个环节都可以加入各个模块里面，从吸引人才进来，到对员工的培训活动，到绩效的激励等手段，EAP项目都发挥着积极的作用，它都是人力资源管理的重要补充，有很多企业把EAP项目作为人力资源管理的福利待遇之一。实施EAP项目，可以帮助员工做到积极正向地处理问题，可以鼓励员工通过自己的努力完成工作，帮助员工学会人际沟通的技巧和方法，改善人际关系，满足员工交往的需要；通过对员工进行辅导培训，可以提升工作的能力，满足员工不断学习、实现自我的需要，帮助企业培养员工的凝聚力，引导员工从企业的立场出发思考问题，强化他们的主人翁意识，培养他们对企业的认同感。

五、内外结合，全方位实施

按照服务的来源，员工援助计划可分为以管理为基础的内部模式、以契约为基础的外部模式、专业化和灵活性相结合的混合模式、以资源共享为基础的联合模式、共同委托模式。

（一）内部模式

1. 运作流程

内部模式是指组织内部设置专门机构或在人力资源部等相关部门内新设职能，由内部专职人员负责员工援助项目的策划和组织实施。在这种模式下，需要内部专职人员具有社会工作、心理咨询等专业资格，他们可以直接帮助员工解决问题，也可以为本组织建立外部资源系统，推荐来自外部的专业服务。该模式员工援助计划的内容大多以短期咨询为主，如果遇到长期咨询服务，一般还是聘请外部咨询机构或专业人员提供服务。EAP内部模式的运作流程如图4-1所示。

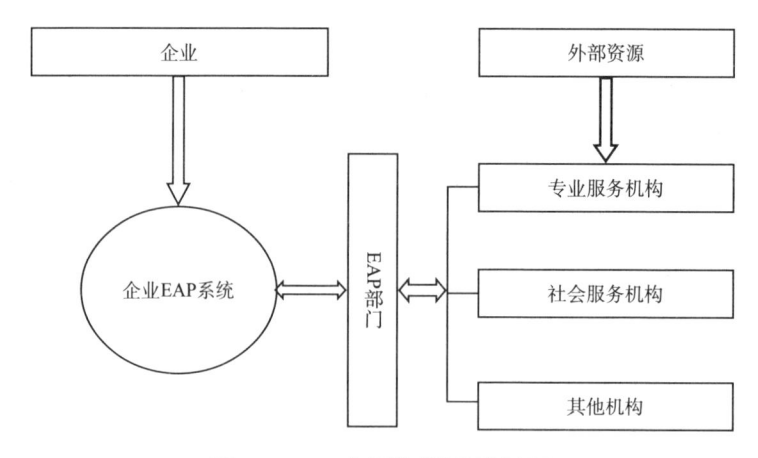

```
┌─────────┐              ┌─────────┐
│  企业   │              │ 外部资源 │
└────┬────┘              └────┬────┘
     │                        ▼
     │              ┌──────────────┐
     │         ┌───▶│  专业服务机构 │
     ▼         │    └──────────────┘
  ╭──────╮  ┌──┴─┐  ┌──────────────┐
  │企业EAP│◀▶│EAP │◀▶│ 社会服务机构 │
  │ 系统 │  │部门│  └──────────────┘
  ╰──────╯  └──┬─┘  ┌──────────────┐
              └───▶│   其他机构   │
                   └──────────────┘
```

图4-1　EAP内部模式的运作流程

2. 主要特点

（1）优点。第一，容易了解和掌握组织问题，使服务更具有针对性。第二，由于服务提供者主要是本企业的人员，可以为服务对象创造信任和熟悉的环境，有助于服务的顺利开展。第三，成本较低；第四，项目设计和实施的弹性大，有利于在企业内部推广。

（2）缺点。专职人员因为身处同样的环境，在设计员工援助计划过程中难免带有主观性；员工的个人隐私问题可能影响服务质量；组织需要消耗较大的人力、时间和精力来设计和执行服务计划。

（二）外部模式

1. 运作流程

外部模式是指组织通过契约的方式将员工援助计划外包，由外部具有社会工作、心理咨询和治疗知识和经验的专业人员或机构提供员工援助服务。

在这种模式下，企业所需服务几乎都是由外部提供，企业内部人员的工作职责主要是发现员工的问题并根据问题的特点选择合适的外部服务机构，并对外部服务效果进行监控。其外部模式的运作流程如图 4-2 所示。

2. 主要特点

（1）优点。第一，组织不必设置专职服务人员，只需要一定的费用就可以获得专业服务。第二，执业人员可以提供更为专业化的服务，也可以借鉴和运用其他企业的经验。第三，提供的服务可以保持相对的独立性，因为服务提供者是组织外部的第三方，更能保证员工在接受服务时不用顾虑隐私保护问题。

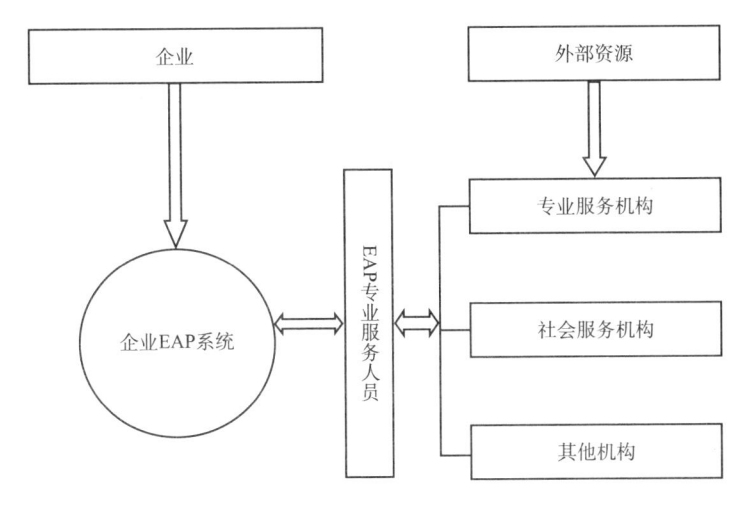

图4-2　EAP外部模式的运作流程

（2）缺点。由于服务提供者对组织和员工的了解不深，服务可能缺乏针对性；服务费用相对较高；服务供应商的选择也存在风险。此外一些研究表明，外部服务模式不适合规模小的企业，2000人以上的企业较适合采用外部模式，因为其更具有经济效益。

（三）混合模式

1. 运作流程

混合模式是指组织内部员工援助计划实施部门与外部的专业机构联合，共同为员工提供服务项目。其混合模式的运作流程如图4-3所示。

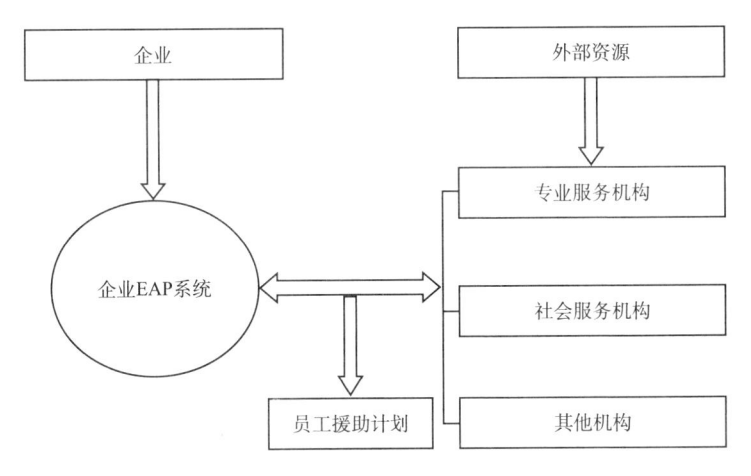

图4-3　EAP混合模式的运作流程

2. 主要特点

（1）优点。第一，专业机构的加入可以促使研发人员更加信任EAP项目实施者，保证了项目实施者的专业性操作和辅导，促进项目被研发人员所认可。第二，有组织内部人员参与，可以协助推进整体服务项目的实施，并对项目实施质量进行有效监督。第三，采用该模式的费用支出比外部模式低，适合一般的中小型企业。

（2）缺点。容易存在内部和外部人员权限界定不清晰、人员调配不顺畅等问题，影响服务质量。

（四）联合模式

1. 运作流程

联合模式是指几个组织联合成立一个专门为其员工提供援助的服务机构，该机构设置专人管理，聘用具有社会工作、心理咨询等知识和经验的专业服务人员，为各个企业的员工提供服务。其联合模式的运作流程如图4-4所示。

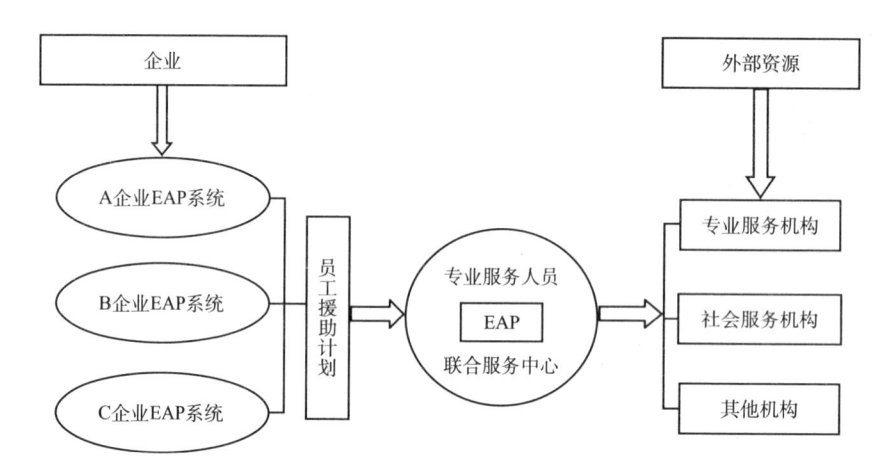

图4-4 EAP联合模式的运作流程

2. 主要特点

（1）优点。第一，通过联合若干组织，成立专门的EAP服务机构，实现了员工援助服务的共享，节省了经费。第二，有利于促进组织间的沟通合作。

（2）缺点。该模式运行需要一定的条件，目前在我国实施有难度。其原因是我国对EAP有明确需求的组织不多，很难形成规模；另外，在人员配置、职责权限、薪酬待遇等方面，组织之间如果协调不好，也容易引发争端。

（五）共同委托模式

1. 运作流程

共同委托模式是指两个或两个以上的企业一起委托具有EAP专业技能的服务人员与机构，提供员工援助计划服务。其共同委托模式的运作流程如图4-5所示。

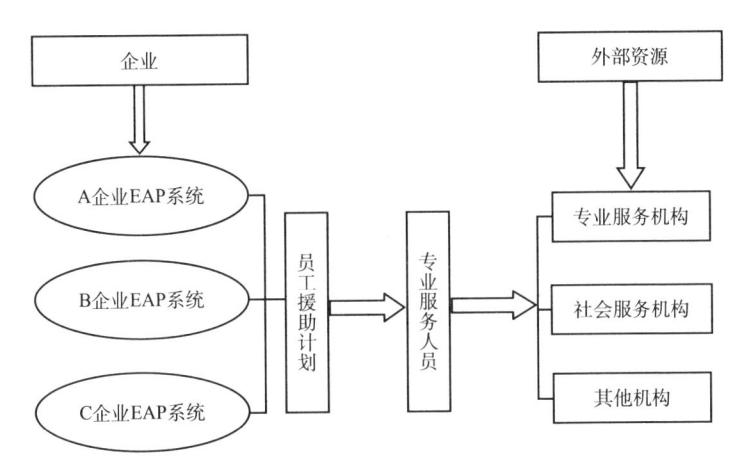

图4-5 EAP共同委托模式的运作流程

2. 主要特点

共同委托模式比较适合公司规模较小的企业，通过共享资源，为员工提供帮助。但在实施中，该模式需要共同委托的企业具备相似的产业背景和员工特色，只有这样才能发挥这种模式的最大效益。此外，还需要相对专业、完善和有规模的服务提供商，才能满足多家企业的共同服务需求。

（六）EAP运作模式比较

内部模式的特色是可以作为单独的部门，也可以作为人力资源管理部门的一部分，可以根据企业的实际情况设计独特风格的服务，聘用具有社会工作、心理咨询等专业训练经历的人来执行。最大的优点是更了解企业内部组织文化，和其他部门配合的效果会更好；可以给自己的企业研发人员量身定制内部所需要的EAP服务；随时随地帮助研发人员解决问题。

外部模式的特色是企业付费给外部具有社会工作、心理咨询等专业训练的人员或者机构，由他们为本公司提供员工援助计划。最大的优点是有较完整全面的专业性服务；保密性更高，比较容易获得研发人员的信任，而且外部机构更专注于整个行业的发展，能得到行业发展的最新专业信息和技术服务。

混合模式的特色是内外合作，取长补短，既在IT企业内部设置专门负责EAP项目的部门，又与外部专业机构的合作，这样内部人员更加了解本企业的研发人员，外部人员更加专业，更容易取得研发人员的信任。他们共同合作为研发人员提供既专业又贴心的服务。最大的优点是可以内外结合，有效减轻内部EAP人员的负担，更加灵活地满足研发人员的不同需要，员工可以自主选择内部或者外部帮助。

联合模式的特色是两个或两个以上的企业共同成立联合服务中心，专门提供EAP项目服务参与企业的员工，并由具有社会工作、心理咨询知识和经验的专业服务人员提供帮助。最大的优点是资源共享，具有经济效益；能够提供完整且深入的专业化服务；容易获得最新的专业信息与技术服务。

共同委托模式的特色是几个企业共同委托具有专业能力的专业服务人员与机构，为研发人员提供服务。最大的优点是资源共享，具有经济效益；能够整合企业需求，互相补充；容易获得最新的专业信息和技术服务。

国际EAP协会提出了对EAP服务机构的评估标准，以下内容可以作为选择专业EAP机构的参照。

管理：提供咨询需要足够的工作空间和设施设备，比如沙盘等，提供给咨询者足够的时间，可以多次进行咨询；服务场所应该设置无障碍通道，按照规定杜绝歧视；非工作时间有紧急情况出现，可以安排专人值班，处理问题；按照有关政策禁止EAP项目实施者通过转介人员为自己牟利；管理者给予项目实施者足够的尊重和信任，让他们放手去发挥自主性。

设计和实施：EAP项目的设计要从企业和员工的实际需求出发，服务于企业和员工，尽量设计适合企业文化和员工认可的咨询活动，以帮助解决问题；EAP必须建立一份文本形式的政策方针和项目描述，做到有章可循，有制度可依；成立一个专业的督导组或者指导组来督导和指导EAP项目的实施，制定尽可能完善的项目流程规范和辅导流程规范，促使项目更加规范到位。

项目运作：EAP项目的实施主要是针对企业所有的人员，是全员性的辅导服务，在企业每个员工只要有需要都有权利获得项目的帮助和辅导，这是最基本的规则。有特殊需求的员工或管理者，EAP项目实施者会在专业规范的基础上，用自己专业的心理学、社会学等方面的知识，对他们进行针对性辅导、咨询或者培训。在整个介入辅导的过程中，必须留有纸质资料或电子资料用来存档，整个过程必须按照一定的规范来进行。如果出现了特殊情况，如家庭和工作之间出现了不协调，必要时要进行工作或家庭的重新组合设计。不论是团体辅导、个体辅导还是培训咨询等，项目活动结束后必须要继续服务，进行跟踪记录，建立每个人的辅导档案，以便服务好企业。

记录：对每一位来访者都要进行记录，并保持一定的时间；运用数字技术进行数据的分析统计，确保员工信息和咨询记录的统一，单独保存，保证一一对应。

保密：咨询活动的保密性是保证员工隐私的重要手段，为了打消员工的顾虑，双方必须按照程序签订符合规范的书面合同或文件，来保证对辅导者的信息保密和辅导过程的信息保护，以便打消来访者的任何顾虑。

员工：没有规矩不成方圆，我们EAP项目实施者必须要遵守行业的规则，不能做任何违背道德和人性的事情，所有参与人员必须是经过专业训练，并取得相关国家部门或专业机构发放的专业证书，并能够遵守相关的职业道德和职业规范。

员工监督：咨询师必须接受督导，进行心理压力的释放，专业组织必须通过专门的政策来进行规范，规定对EAP项目从业人员、工作人员以及机构雇佣人员进行督导的次数和时间，如对具备心理硕士学位、博士学位、社会工作者硕士学位和其他相关专业硕士学位等的专业辅导人员的督导原则是，在进行个案咨询30个小时后至少接受1个小时的个体督导；对具备学士学位的专业辅导人员的督导要求是，在进行个案咨询达到40个小时后，必须接受2个小时的个体督导；对项目的财务负责人每月都要进行督导，督导时间最少2个小时。

从业人员训练：EAP项目专业辅导机构必须具有相关证明文件的资料，更需要对机构里的每个辅导人员进行资料备案，以便跟踪他们的发展及其实践经验，来保证他们在从业过程中的职业生涯规划及未来的发展，专业机构每年都需要进行一次专业评估，了解每个辅导人员的优势、弱势等，并根据每个人员的弱势需求，进行有针对性的培训和提升活动，每个培训机构都可以根据行业的发展情况自己决定培训的次数和时间，但是最基本的需要是每两年进行一下相关EAP项目伦理主体的探讨和培训，时间最少是4个小时。

EAP项目设计中对酗酒、药物滥用和身心健康的管理：对于员工中存在的上瘾问题、情感情绪处理问题及精神方面的问题等，EAP项目实施人员必须进行合理的管理辅导工作，对这些问题的界定必须有专业的标准规定和合适的辅导活动介入，还有需要照顾的门诊患者、住院患者等，以及转介过程中的过渡期的管理。

评估：对EAP项目进行评估时，必须要根据项目设计计划书中标注的评估标准和评估规则进行，按照书面的文件进行多方面多渠道的评估活动，评估一定是基于完成企业要求的组织目标进行。

研究：EAP项目要求必须记录每个项目的完成过程，包括项目的参与人员，辅导服务对象的相关内容，包括主题、程序、方法等，保证每个研究项目和每个人员的完成情况的档案完整性，以便于后期的研究和效果评价及历程回顾。

IT企业在选择外部EAP项目专业服务机构时，要对服务人员的资质、水平及经验、机构的资质、服务水平及在行业的口碑、机构对于本行业辅导的经验等更加透彻清楚，以确保他们的服务质量以及保证后期企业员工的服务效果。

（七）EAP项目的设计

一个成功的EAP服务方案不仅需要优良的设计，而且需要切实可行的实施保障。

1. 设计框架

早期的员工援助计划在实施时，一般都是企业请有关专业人员探讨如何解决行为异常员工的问题，如何采取有针对性的措施缓解和疏导员工。随着员工援助计划的广泛应用，其计划的实施过程也逐步规范化。员工援助计划的设计框架如图4-6所示。

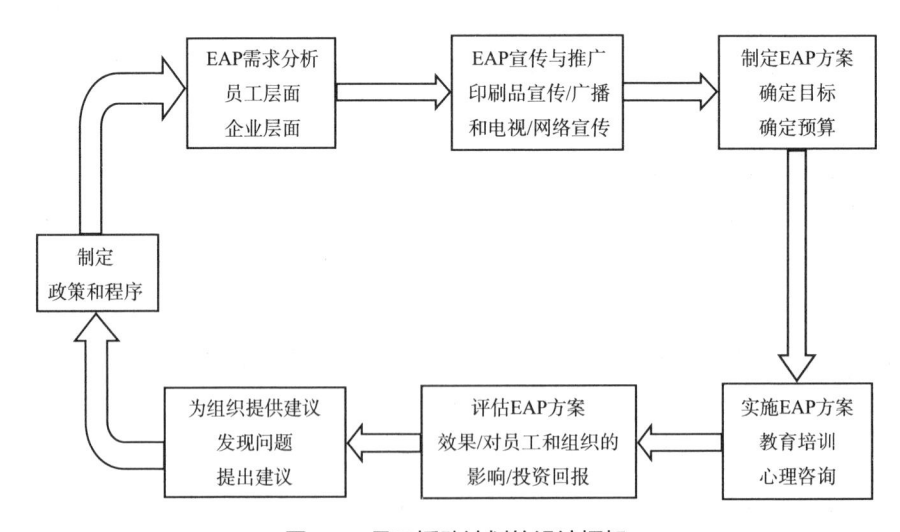

图4-6 员工援助计划的设计框架

2. 实施流程

根据上述设计框架,一个员工援助计划方案的实施需要以下基本步骤:

(1)制定政策和程序。在中国首届员工援助计划年会上,国际员工援助计划协会主席乔根森(Donald G. Jorgensen)指出:企业组织在实施员工援助计划时,要先确立员工援助计划的政策、实施什么内容的员工援助计划,然后基于这个前提提供一些特殊的服务。因此,企业首先要制定一套清晰的、书面化的政策和程序,用以规定员工援助计划在企业中的运作和执行。在确定政策和程序时,需要考虑以下因素。

①结合实际。需要结合 IT 企业的特色,选择合适的员工援助计划及其运行机制,就是结合 IT 企业的实际情况,提出一系列员工援助计划的方案。

②明确职责。需要明确员工援助计划的实施部门和成员以及相应的职权。我们建议 IT 企业无论运用外部或内部还是是内外结合的 EAP 服务方式,都必须明确指定本项目的执行项目小组或者执行部门。

③获取外援。可根据需要选择合适的外部专家或外部服务机构,共同商讨确定外部服务方提供的服务范围和企业内部员工援助计划的服务范围,并在外部服务方的参与下建立内部员工援助计划服务体系和流程。

④强化沟通。强调企业支持和鼓励员工认识自己存在的问题并寻找问题的根源。

(2)员工援助计划需求分析。在开展员工援助计划以前,必须要有一个完整、详细的员工援助计划方案,而计划的可行性和有效性是建立在对企业准确诊断和需求分析基础之上的。

①需求分析目的。通过进行员工援助计划需求分析,达到以下目的:

了解 IT 企业组织的特点,制定合适的服务方法和服务模式。

了解研发人员和组织需要,提高员工援助计划服务的针对性,减少不必要的浪费。

通过评估、挖掘组织和员工的深层次问题,使 IT 企业管理层对企业本身出现的问题有全面深刻的了解,增强其开展员工援助计划的意愿和决心。

②需求评估。员工援助计划需求评估的内容包括三个方面:

IT 组织特征和工作环境。主要包括组织类型、工作类型、组织的主要任务和目标、员工的数量及其相关人口统计学变量、工作场所的数量和分布等信息。

研发人员需求。需要从研发人员自身的心理年龄特点、所处的工作和生活环境以及工作性质本身的影响来考虑。主要包括研发人员的自身特点、基本心理健康状况及凸显的心理问题，研发人员在福利待遇、工作关系、工作—家庭平衡、职业生涯发展（如进修、培训、生涯规划等方面）、经济、法律等方面的主观需求。

组织需求。对IT企业进行需求评估的主要目的有两点：一是为了配合研发人员的需要，开展员工援助计划，即如何充分利用企业现有资源完成研发人员员工援助计划；二是评估组织内部的需要，设定专门解决组织自身问题的目标。因此，对组织的评估应把企业内部和外部信息结合起来。

在需求评估的基础上，写出引入员工援助计划需求报告，其内容包括：第一，通过企业现有的数据评估是否需要引入员工援助计划，这些数据包括出勤记录、人员变动、工伤事故、卫生保健津贴、工作满意度、组织承诺等。第二，明确组织引入员工援助计划的主要目的，即主要想解决的问题，以及组织考虑急需改善和改进的方面等；同时还需要了解组织内部的规章制度和国家相关的法律法规，在计划设计和实施时，避免发生冲突。

此外，还需要对社区内可以利用的资源进行评估，主要设计员工援助计划提供者的需求；了解社区机构（如医院、心理咨询中心等）的规章、声誉、水平以及地理位置等，以便形成可利用的社区资源清单。

对企业员工援助计划需求进行评估需要根据实际情况使用不同的评估方法，如现场观察、问卷调查、结构化个人访谈、团体焦点访谈等方法。使用比较广泛的是观察法和调查法。

（3）员工援助计划的宣传和推广。根据国外的经验，在员工援助计划的实施过程中，宣传与推广很少作为一个独立的模块放入整体规划中，但是因为我国对员工援助计划的认可度不太高，所以在国内的员工援助计划实施中，宣传成为极为重要的部分。从某种意义上说，员工援助计划的效果取决于对其的有利宣传力度。

宣传和推广的主要内容包括：说明心理健康的重要性和不良心理健康的症状及危害；指出员工援助计划的作用、意义、主要内容、实施原则及保密规则，明确定位管理层在EAP项目实施中的配合作用，明确研发人员的主导作用等。通过宣传活动，消除研发人员与EAP项目实施者的距离感，拉进他们之间的关系，进而获得研发人员对项目的信任，使得研发人员了解EAP项目的实施对自己的益处，便于以后项目的开展。当然，因为IT企业的规模、组织结构以及所处的地理位置等不同，员工的价值观念和区域文化也就不同，致使EAP项目实施中的调研工作、所持理念等要根据企业文化的不同而有所调整。

员工援助计划宣传和推广的形式主要包括：

印刷品宣传，即使用手册、海报和宣传栏等。这些形式的优点在于内容受篇幅限制较小，便于深入报道，保存性强，可以反复阅读，便于携带和翻阅。缺点是传播速度慢，信息只能以文字和图片为主，直观性、生动性和互动性较差。

广播和电视等广泛使用的传媒手段。同传统的印刷品相比，这种传播方式形式多样，渗透力强，覆盖面广，信息传递形式生动活泼；如果能够依托组织内部的宣传设备，成本会大幅度降低，利于反复传播。缺点是难以保存，很难反复接收相关信息，深刻程度也有限，会限制人们想象的空间。

网络宣传。网络宣传的传播速度快，信息呈现方式多种多样，互动性强，可以多形式宣传大量信息，是非常有效的宣传工具。但是也可能因为使用不当，造成负面影响，降低可信度。因此，需要合理、正确地使用网络资源。

（4）制订员工援助计划方案。在对员工援助计划需求分析的基础上，进一步确定员工援助计划的预期目标以及项目预算。主要是结果、执行、规划三个层面目标的确定与实施。

结果层面。该层面的主要目标确定和实施关注点为：第一，主要协调好满足个人与组织的共同需求。第二，目标设置要具体、可行。第三，在解决问题时注意寻找期望目标和现状之间存在的差距，针对差距提出改进措施。第四，注意拓展效益，即不仅要注意本项目的完成效果，还要注意项目所带来的持续影响。

执行层面。该层面的主要目标确定和实施关注点为：第一，具体，即具体清楚地执行内容、步骤等。第二，实际，即能切实达到预期的目标。第三，可行，即确实可以实施执行。第四，弹性，即能够随情境变化而适当变化。

规划层面。该层面的主要目标确定和实施关注点为：第一，知道为谁而做。第二，清楚为何而做。第三，了解可做什么。第四，明白如何去做。

此外，在明确员工援助计划目标后，仍然需要考虑员工援助计划的预算问题。与企业导入其他项目一样，成本也是需要考虑的一个重要问题，因此编制预算时应该结合公司的财务状况和年度预算，尽可能在细化的基础上进行量化。

（5）实施员工援助计划方案。员工援助计划方案在具体实施过程中需要注意的问题是：

明确目的，提高认识。向员工清楚解释员工援助计划的重要意义和作用。

打消顾虑。要对研发人员承诺对其隐私保密和处理好敏感问题，消除他们的顾虑。

以预防为重点。处理好三个级别的预防工作：一级预防又叫初级预防，其目的是提前发现能够引起心理不适和心理问题的因素，通过各种心理辅导技术降低这些因素的影响程度，或者消除这些因素，营造积极健康的工作氛围和环境，以防员工出现因企业的管理制度而出现问题的情形，也可以适时地改变人事管理制度来实现。二级预防，即教育和培训，本层次的目的是通过心理知识的传授和心理技巧的培训，帮助企业研发人员把握自己的心理状况，能够学着自己运用心理知识解决情绪、情感等相关的问题，能够增强自己的抗挫折能力，提高自我意识能力。三级预防，即心理咨询与辅导，研发人员因为某些因素出现心理问题或心理障碍后，直接由EAP项目实施者向研发人员提供心理咨询、心理辅导或培训等服务，通过专业心理技术解决出现的问题并提升能力，使他们能够保持良好的生活与工作状态。

（6）评估员工援助计划方案。实施员工援助计划后，需对其结果进行评估。评估的主要目的在于考察采用的EAP项目技术是否取得了预想的效果，如果干预措施不得当，是否改变干预措施还是取消EAP项目；为有决策权的管理层提供是否投资的依据。员工援助计划评估的主要内容在后文会具体讲述。

六、强化良好习惯的养成

1. 养成良好的工作姿势

在购买鼠标时，应选用弧度高、接触面宽的。使用鼠标时应保持正确的姿势：手臂尽量不要悬空，以减轻手腕的压力；上臂和前臂的夹角呈90°左右；手腕保持自然姿势，不要弯曲；靠臂力来移动鼠标而不要用腕力。键盘和鼠标一般是放在电脑桌下面专门用的抽拉板上，这个抽拉板的高度最好低于坐姿时肘部的高度，最多和肘部等高，即使是为了方便放在电脑桌上键盘和鼠标的高度也要符合这个要求，这样才能最大限度地降低操作电脑时对颈部肌肉、腰背和手的肌腱等部位的劳累和损伤。

要经常进行工作间休息，每隔数十分钟活动一下，以放松紧张的肌肉组织；应养成正确的坐姿。在键盘上打字时，臀部要保持90°，键盘的中行应与肘部水平，双脚平置于地面，腰部保持正直靠在椅背，座椅和踏脚最好能调节；养成按摩保健的习惯，手部按摩和上臂按摩结合在一起做：双手合掌互相摩擦至热，一只手掌正面放在另一只手掌的背面，从指端至手腕来回摩擦，以局部有热度为宜，双手交替做。然后用手掌沿对侧上肢内侧，从腕部到腋窝摩擦，再从肩部沿上肢外侧向下摩擦至腕部，一上一下为1次，做24次；另一侧上肢同法。

2. 作息规律

由于家庭习惯和作息习惯的不同，每个人都有自己熟悉的生物钟，生物钟是人体内各个器官的生理节奏。研发人员虽然工作特殊，创新的思潮来了挡不住。但是为了身心健康，还是尽量按照生理规律进行作息安排。尽量不要打破规律，避免造成身心难受，疲劳度日。

3. 饮食讲究营养搭配

吃饭要讲究营养搭配，食品种类和食品颜色要多种多样，各种食品种类之间最好讲究科学占比均衡，不能总是食用某几种，这样就会营养不良，日常生活不能偏食严重，偏食会导致身体缺乏某些营养元素而出现不同的病症。当然，研发人员也可以根据自己的喜好和身体情况做出调整，但是大的平衡原则还是应该遵守，以便更好地促进食品营养物质的吸收，保持身体健康。按照营养学家的建议，每天必须摄入的具体食品中，无论什么情况下都可以食用海鱼类、大豆类、菠菜、鸡肉、草莓、香蕉、燕麦片、海带、脱脂酸奶，由于这些食物富有营养，能够及时补充人体能量，不要过度劳累，要适当休息，张弛有度，让身体可以得到放松以便应对工作。

4. 主动休息

"累了就休息"并不符合研发人员工作岗位的特点，累了要继续干才是研发人员的工作常态，众所周知，工作时间越长，工作强度越大，身心疲劳的程度就越重，我们要用更长的时间来休息以消除疲劳恢复体力，如果工作期间适当的休息，我们就不用那么长的时间来休息，省下的休息时间来工作也是一样，而且对身体没有太多的伤害。因此研发人员要学会"体谅"身体，没有时间也要"见缝插针"式休息，千万不要一味只知道工作，对身体的伤害非常大，一劳一弛，劳逸结合，才是长久之计。每天的睡眠时间尽量不少于8小时，工作时间基本上没有变化，又能保证有更好的精力投入到工作上，保持精力充沛；周末应该轻松愉快进行一次"休整"，让自己放松一下，做点自己感兴趣的事情，以便为下一周紧张、繁忙的工作打好身体和心理基础。

一天中清晨的时间安排最重要，一天之计在于晨，工作从早晨开始进行安排，首先区分工作的重要性和紧急性，根据分类，先做既重要而紧急的工作，再做紧急而不重要的工作，然后做重要而不紧急的工作，最后是既不重要又不紧急的工作。工作期间有多长时间的休息，分别休息几次，每次大约休息多长时间，减去必要的吃饭、午休等时间安排。一定要把工作和休息时间穿插安排妥当，尽量形成有规律的作息时间，除非有特殊的工作安排，否则不要轻易打乱这个安排。在紧张的工作间隙，也可以在不影响别人的情况下听听轻音乐等，放松一下心情。

5. 定期进行体检

软件研发人员要定期体检，这个群体的工作压力大，知识技术更新压力大，建议至少每年要到医院进行一次有针对性的体检，如颈肩腰等部位的检查，心脏的检查，血压、血糖等及其他器官的检查，以便尽早检查发现各种疾病的征兆，做到及时发现及早治疗，不要等到生病了才去医院。

6. 善于劳逸结合

劳逸结合的关键是要学会平衡好工作与休息的关系，工作的时候要全神贯注，休息的时候要充分享受生活，劳逸结合，张弛有度，这才是养生之道。如果这段时间工作特别紧张，我们就要让生活节奏慢下来，如忙里偷闲欣赏一下身边的绿植、听听轻音乐、眯着眼休息一会儿等，这些都可以缓解紧张的工作氛围；也可以选择爬山、旅游等，做些有氧运动，有助于调节紧张的神经。

7. 坚持合理运动

合理运动就是不让我们的身心感到很累，不超过我们身体的负荷，而且不要改变我们的作息规律。对于平常不运动的软件开发人员来说，并不是一开始就进行大量运动，而是要缓慢地一点一点加大运动量，每天的运动都要适量，不要让自己疲于运动，那运动就不是有益的了。

"长期不活动"是软件开发人员工作中的常态，长期不活动看似很轻松，其实是最易使人疲惫的，如让你保持一个姿势3~4个小时不动，或者为了工作一直保持这个姿势，其实那是最累的。运动医学专家认为，经常运动会让人保持一种兴奋的状态，会使人保持旺盛的精力，当然运动并不一定是要大运动，也可以是小运动，如每周散步3~4次，每次25~40分钟，或一星期进行3~4次温和的户外活动，每次30分钟，这样可以有利于增加体能储存。对于长期不运动的人来说，刚开始运动可能会导致精神不佳、精力不济，那是因为我们改变了自己的生理状态和行为习惯，必须保持一段时间才能逐渐适应新的状态，体能会慢慢恢复，抵抗疲劳的能力会得到强化。

8. 保持积极向上的心态

情绪有正有负本是正常的现象，但是人常常保持负面情绪就会产生恶果。如绝望、烦恼、恐惧、忧虑、沮丧等也会使人缺乏安全感，陷入身心疲惫、精力衰竭的深渊。心理实验表明，当我们陷入负面情绪的深渊中，我们就会抑郁，血液就好似凝固了一样，身体内的血压会降低；而当我们正能量满满，激情四射，心情大好时，整个身体的血液循环就加速，新陈代谢就更好，因此，我们要经常保持心情愉悦，如高兴、兴奋、舒适时，自己就感觉年轻了不少，浑身上下轻松，没有很多的思想包袱。如果每天都处在担心、焦虑、烦恼、悲伤等情绪中，不仅自己难受，也会给整个团队带来压力，这样大家就会感到很累，疲惫感很强，也就没有人喜欢跟你交往了，形成了恶性循环，没人愿意跟你交流，你就越烦躁，你越烦躁，就越没人理你。所以，我们在工作中，一定要保持一颗年轻的心，开心快乐，信心满满，积极向上，乐观开朗，把阳光带给自己和他人。

第五章
IT企业研发人员EAP项目实施保障及效果评价

第一节　EAP项目实施的保障措施

IT企业研发人员员工援助计划在实施过程中会遇到各种阻碍因素，影响项目实施的效果。因此，要保证项目的成功实施，在认识和实际操作上，需要事先做好一系列保障措施。

一、EAP项目实施过程中的影响因素

（一）企业实力

员工援助计划的项目引进、设计和实施需要企业支出较高或持续的费用，而且这个项目是一项系统性的长期工程，因此，只有实力较强的企业才有能力去实施这个项目。而且又有意愿为员工增加这项福利，愿意通过这种方式留住骨干人才，这样的企业才会去开展EAP项目。

还有一些企业开展员工援助计划持有别的目的，比如作为人力资源管理方式的补充，想利用这一方式向外界传递一种本企业非常重视人才的信号，关注员工的心理健康，以便招揽更加优秀的人才，为企业赢得社会声誉，提升企业在业内的知名度。大量的数据显示，规模较大或实力较强的企业会更加注重在业内的地位和声誉，而且IT企业更容易接受实施员工援助计划，因为这类企业对于研发人才的需求很迫切，基于研发人员本身的特点，这个项目对于他们来说很有吸引力，不但可以帮助员工解决工作中的压力问题，还可以帮助他们调整自己不太擅长的生活、情绪方面的问题，另外这个群体的收入较高、学历也较高，也具有接受这个项目的主观条件和意愿。

（二）企业的规模和性质

许多研究数据表明，随着企业规模的不断发展，人员数量不断增多，企业的各项管理制度就会不断规范。在对企业员工进行激励措施的选择时，员工的需求呈现多元化的趋势，想要设计人力资源管理制度中的绩效考核和薪酬福利激励员工，也变得有些力不从心，这样的企业实施员工援助计划的可能性就越大。这个比较新的领域能够吸引员工，即使是为了家庭成员也会逐渐接受。

哈特韦尔等人的研究表明，在企业规模超过1000人时，实施EAP项目的企

业数量就达到了 76%。我们本土企业实施 EAP 项目的企业几乎都是各个行业的领头羊，比如华为公司、联想公司等。这是因为，一方面，随着企业做大做强，企业规模越来越大，高层管理者意识到企业管理会遇到一定的瓶颈，就特别需要开拓新的管理方式；另一方面，员工的增加也会导致员工的需求五花八门，现代 IT 企业的员工年龄结构呈现年轻化的态势，年轻人对于 EAP 项目的接受程度也更高，所以更多企业势必要采取多样化的员工援助计划来满足需要。

（三）行业差异

企业所处的行业不同，人力资源的年龄结构就不同，比如传统行业员工中老年人占比会相对偏高，高科技企业员工中年轻人占比会较高，年轻人更加容易接受 EAP 项目。

不同行业的企业人力资源的质量结构也会有差异，质量结构是指企业中不同文化程度员工的比例构成。相对于传统行业，高科技企业员工的文化程度和学历层次会较高，因此它们也更容易接受 EAP 项目。数据显示，传统企业实施 EAP 项目的比例只占 20% 左右，高科技企业实施 EAP 项目的比例超过了 50%。

在高科技企业，因为技术更新换代速度很快，企业面临的环境瞬息万变、企业之间的竞争愈演愈烈，一线研发人员的职业压力越来越大，会一心扑在工作上，导致家庭关系紧张；而且大多数技术研发人员比较孤傲，在人际交往方面更容易出问题，基于这些原因，高新技术企业更需要 EAP 项目。此外，实施员工援助计划也会给企业带来意想不到的作用和好处，比如有助于改善员工的家庭—工作关系，提高员工的交流能力，提高员工对企业的满意度，提升员工的能力和素质，提升企业绩效等。

（四）员工素质特点

人力资源素质分析就是分析企业现有人员受教育程度和所受的培训程度如何。研究发现，企业组织中员工的整体受教育水平越高，从个人主观意愿上，就更容易接受 EAP 项目；而且现在我们很多员工都是曾经在西方接受过相关教育和培训，这个群体的员工也容易接受这个项目；从另一个方面来说，员工的学历层次越高，他们就能感知到自己本领域专业内所不知道的知识就越多，有极大地提升学习能力的愿望，学习压力大，提升和实现自我价值的愿望强烈，这个基本特性就决定了企业实施员工援助计划的重要性。因为通过实施员工援助计划可以探讨人生的价值，可以追求不一样的工作和人生，正确处理他们成长中遇到的难题。一般来说，企业中员工的受教育程度和学历水平越高，越倾向于实施员工援助计划。这也说明，通过实施员工援助计划可以帮助企业实现节约雇佣和培训成本、可以有效降低高素质人才流失率和建立学习型组织的需要。

二、EAP 项目实施的保障措施

EAP 项目的主要目的是建立以预防为主，心理咨询辅导为辅的理念，因此项目的对象是心理正常的员工和有轻度心理问题的员工，而不是患有心理疾病和障碍的员工，保健计划的实施以预防为主，而不是以治疗为主。为了保障 EAP 项目的实施效果，我们必须采取的保障措施有以下几点。

（一）项目必须具备有序的流程

首先，我们要对所服务的企业进行资源分析。分析人力资源的年龄构成、素质结构、性别特点以及发展状况等；分析企业文化的建设情况，EAP 项目与企业文化的关系，员工对项目的态度如何，应该怎么开展工作；企业在行业的发展规模和阶段等内容。

其次，选择项目方案。出于整体的考虑，我们要对高层管理者进行项目的讲解，对于企业全体员工的问题，我们可以通过团体心理辅导或者是团体培训方式，或者企业的宣传栏或云平台进行宣传教育，对于个别员工心理问题，就采用个体心理咨询。

再次，在原有部门的功能前提下，EAP 分析人员要加入心理专业的分析，以帮助部门经理对本部门员工进行管理，包括提供心理帮助，提供培训机会等。

最后，EAP 项目的有效实施需要一个好的评估体系，相当于一个循环的反馈系统。EAP 项目实施者基于最初对研发人员一系列的调研数据，统计分析后得出研发人员出现行为问题的原因，结合出现的原因采用一系列的咨询技术，如团体辅导、个体辅导、培训、心理游戏、角色扮演等，同时把问题和相关的解决措施反馈给管理层。如果发现有些问题是管理制度导致的，可以及时联系并提供自己的处理建议，并尽可能给管理层提出管理的建议和辅导服务，以便提高员工对项目的认可，同时可以提高管理层的管理能力和技巧，帮助员工及时发现问题，从根本上解决企业工作效率低下的问题。

（二）保持客观中立的立场

不论组织采用内部 EAP 还是外部 EAP，咨询人员都必须保持客观公正中立的态度，客观分析员工和企业存在的问题，采用客观中立的措施进行问题的解决，不要掺杂任何个人感情的因素。内部咨询人员要特别注意在以后的工作中不能以异样的态度对待有问题的员工，要表现出非常强的专业素养，这是最基本的要求。外部咨询人员一定要详细了解，广泛调研，熟悉企业的运作情况和管理状况，以便更好应对咨询者的问题，找到合适的方法帮助其解决问题。

（三）保密工作要到位

企业在实施EAP项目的过程中，需要特别注意保密性原则，特别是企业采用内部EAP项目形式时，保密工作会直接关系到员工对这一项目的态度，保密工作没做好，这个项目就形同虚设。因为员工的很多问题都涉及个人隐私，有些问题还与社会文化环境相背离，咨询人员存在的目的就是帮助员工解决问题，不是知道了问题去评判问题，这是严重违反相关规则的。EAP咨询人员必须遵守职业道德，完全按照心理咨询的原则来对企业员工展开咨询工作，以求有效解决员工面临的各种问题，保障整个项目的作用发挥和成果显现。

（四）监督反馈

EAP咨询活动结束以后，并不表明项目实施结束，我们还要观察跟踪咨询者的行为是否有所改变，我们的咨询效果如何，记录相关数据，便于后期的效果评估和数据分析。所以我们应该设立专门的监督执行部门，这个部门的人员可以由企业的人员组成，也可以由EAP服务提供方的人员组成，主要目的是督促咨询者按照咨询的建议进行改进，提高效率，改善个人生活工作状态，养成良好的作息习惯。

最后，我们调整组织结构和优化管理机制来保障项目实施时，一定要同时考虑到企业所处的发展阶段、企业采用的发展战略和管理制度，尽量把相关因素都考虑进去，以免引起企业整体系统出现问题。一旦项目实施，出台了新的规章制度，就要求所有人员都要执行，言出必果，并且要加强执行和监督的力度，这样才能保证项目的实施效果。

第二节 实施的效果评估

到目前为止，我们对EAP项目的评估更多倾向于定性分析，国外很多专业机构做了EAP项目的定量测评分析。比如员工援助计划的成本—收益的分析研究，结果发现EAP项目的投资回报率很高。

投资回报率是测量某一项业务活动带来的可用金额，或者可转化为金额的获益，也称为可量化收益，它是通过可量化收益与开展这项业务所投入的资金的比率来计算的。在美国，EAP 项目的可量化收益主要包括降低员工医疗费用和保险费用，以及降低了因员工个人家庭问题造成的劳动生产力损失。比如美国通用汽车公司通过实施 EAP 项目，每年可以节约费用 3700 万美元，那就意味着 10000 名加入该项计划的员工，每人平均节约费用约 3700 美元。

在衡量 EAP 项目减少劳动生产力损失方面，目前国际通行的方法是测量并比较员工在接受 EAP 项目咨询之后，缺勤率、工作苦恼程度的降低和工作投入度、满意度的提高。在企业管理实践中，由于各种干扰因素的存在，加上信息保密及成本的制约，以上指标往往很难得到准确、全面地测量。EAP 项目在计算投资回报率的时候，难以获得令各方信服和认可的结果。从这个角度讲，价值回报率的概念更加适合评估 EAP 项目给 IT 企业带来的收益。价值回报率既包括当前可量化的收益，又包括当前难以量化的收益。

一、实施效果评估内容

IT 企业研发人员员工援助计划的效果评估主要在以下四个层面进行。

（一）满意度分析

EAP 的使用情况和服务满意度主要考察以下指标：企业员工获得 EAP 服务的时间和便利性、员工对 EAP 项目的依赖性和使用率、员工对 EAP 项目实施的结果评价以及对项目的满意率、管理层对 EAP 项目实施的满意度评价等。这些指标反映了项目对一线员工的作用，是否能够吸引员工的到来，是否真正解决了员工感到棘手的问题，有没有提高员工对企业的认可度，管理层有没有感觉到项目的收益等。所以这个层面的评估描述使用者和管理者对 EAP 的使用判断和相关反应，有助于促进我们发现 EAP 项目执行中存在的问题以及怎样改善执行中的问题，提高项目的实施效率，促进员工对项目的信任，形成常态服务。根据满意度分析的评估结果可以对 EAP 项目的效果和有效性做出初步评判。不过这个评估指标很难量化。

使用率。即员工使用这一服务的占比为多少。一般而言，员工对于这一服务的使用率 = 当年的咨询个案数 / 员工数（咨询个案数：同一个人打了 3～4 次电话，如果这是一个持续的案子，我们把它记为 1 次。当同一个人对两个独立的问题进行咨询时，比如一个是有关他工作中与其下属相处的问题，另一个是照顾父母的问题，这样我们计算次数就是 2 次）。

咨询数。咨询数指将问题解决好的咨询频率。好的咨询是非常有效的，拥有 EAPA 标准的资深咨询师能在 5～7 次的咨询内解决问题。

与其他服务机构的合作。EAP 咨询在帮助分析和寻求问题的解决方案上给予帮助，同时也对由此产生的个案管理起到了辅助作用，但并不包括长期的心理治疗。此外，一个 EAP 咨询师并不擅长于对众多专业问题的解决。考虑到这一点，EAP 服务也包括了转介给其他专业服务机构或专业人员（如精神科医师、诊所心理专家和其他健康管理人员等）。在某些情况下，这将补充使用率。当与相关机构建立了合作联系后，就需要研究合作机构提供的服务种类、他们的地域分布和价格体系等。

（二）对个人改变的影响

EAP 服务对个人改变的影响主要考察以下指标：接受了 EAP 咨询服务后个人的改变，比如知识的增长、职业行为的改变、工作习惯的养成、职业技能的提升、职业态度的变化、抗挫折能力的提升、心理状态的变化、对自己心理健康的评价、生理健康、对公司制度和管理的认可等方面。

通过正向的心理干预方式，指导员工建立正确的价值观念，建立良好的性格个性，形成良好的行为习惯和思考问题的方式，包括降低工作压力、端正职业态度、消除不良嗜好、积极提升个人技能以应对竞争压力、减少失业机会、节省家庭开支、促进人际交往、融洽人际关系、提高个人心理素质、改善行为习惯，推动改善家庭关系、改善与同事的人际沟通、改善邻里相处等，增强社会适应能力，达到提高个人生活质量的目的。国外某企业在实施 EAP 项目后，对接受服务的员工做了一项满意度调查，结果显示支持企业继续实施 EAP 项目的员工超过半数，有占比 94% 的咨询员工觉得实施者能精准认识他们的实际情况；占比 93% 的员工认为 EAP 项目顺利解决了他们存在的困惑；占比 97% 的员工认为实施者始终秉承保密性原则。

（三）对企业运营的作用

企业的运行有很多指标，我们可以用定性和定量指标来衡量，也可以用软性和硬性指标来衡量，还可以通过部门的评价指标来衡量，这里我们考察实施 EAP 项目对企业运营的改善作用通常用硬性和软性两方面的指标来评估。

一般来讲，硬性指标包括生产效率、销售量和销售额、产品质量好坏、产品总产值、员工缺勤率、管理时间、客户回购率、招聘及培训费用等；软性指标包括人际和谐与人际冲突、员工间沟通关系、企业文化构建、员工工作士气、团队协作性、工作满意度、员工忠诚度和主人翁意识、组织氛围等。

通过 EAP 项目的实施可以促使组织运行发生变化，比如可以有效降低生产成本，提高生产效率，提升企业绩效水平；减少人员流失率，节省招聘费用；提高员工的工作积极性，增强自主学习的积极性，节省培训开支；提高员工关系的和谐性，减少赔偿费用，降低管理人员的负担；增强员工对企业的忠诚度，降低缺勤（病假）率；改进组织氛围，提升组织的声誉；增加员工积极主动性；减少流失率（特别是对骨干员工）；提高管理水平，促进管理层和员工之间和谐关系的构建等。

（四）投资回报率分析

实施 EAP 项目的投资回报率分析有很多关联要素，我们需要分离出更多的非相关因素。更精确计算投资回报率是要精准把握研发人员的行为改变有多大程度是由于项目的原因，这个数据确定后再分析改变后这些行为对个人绩效的影响力，这两个因素都确定后，我们就可以得到个人绩效提升的数值。可以从整体上计算出 EAP 的投资回报率。因此投资回报率的计算依靠前期评估数据结果的准确性、有效性，尤其是 EAP 项目对个人行为改变的结果分析，同时也影响了组织运行的其他数据，这些数据直接影响投资回报率数据分析的结果。

需要注意的是，投资回报率分析看似就是一个公式计算的事情，从理论层面解释比较好理解，但是在实际操作中，要保证这些数据的有效性和可信度等还有很多工作要做。因此，在企业实施 EAP 项目时，如果企业不提出此方面的要求，项目组通常不做投资回报率分析。

二、实施效果评估模型

（一）柯氏四级评估模型

柯氏四级评估模型是由国际著名学者柯克帕特里克（Kirkpatrick）于 1959 年提出的。柯氏四级评估模型是目前应用最广泛的培训效果评估模型，简单、全面，有很强的系统性和可操作性。这个模型比较适合对 IT 研发人员 EAP 项目的实施效果进行评估。柯氏四级评估模型详见表 5-1。

1. 反应评估

反应评估是最基础的评估，也称为第一层级的评估活动，评估可以在 EAP 项目实施刚结束时进行，客观直接把握研发人员在项目中的第一感觉和评价建议。本层次评估的目标通常在项目进行时评估，便于 EAP 项目工作人员及时了解研发人员接受服务时的身心感受和主观评价，在现场及时评估便于让研发人员在记忆比较深刻的时候表达自己的真实想法，避免忘记很多细节。

表5-1 柯氏四级评估模型

评估层次	评估内容
反应评估	咨询者对 EAP 的组织、咨询师及咨询效果的满意度
学习评估	咨询者在态度、行为、知识、技能等方面的变化
行为评估	咨询者在工作过程中态度、行为方式的变化和改进
结果评估	咨询者在一定时期内取得的生产经营或技术管理方面的业绩

反应层面需要评估的项目很多。如项目服务的内容，项目实施的方式与方法，项目实施者的态度，所用材料、设施、场地的舒适度等。在这个层面，要有总体的评估。适合反应层面的评估调查方式主要有问卷、面谈、座谈等。

反应层面评估的优点显而易见，不需要太多的准备工作和专门的设施设备，也不需要专门的场所进行，进行评估难度不大，是所有评估活动中最普遍、最基础的评估方式。缺点是主观性强，可能会因为对项目实施者个人的主观评价，就轻易给出高分或低分，缺乏客观公正的评价。

2. 学习评估

学习评估是第二级评估，着眼于各种能力的度量和提升，即 EAP 项目实施后，研发人员在知识积累、技能提升、态度改变或行为方式习惯的变化。学习评估的方法很具体，无论是测试、模拟、技能还是 EAP 项目实施者的评价都是为了评估研发人员学习方面的情况。这个层面的评估往往在 EAP 项目实施中或实施后进行，由 EAP 项目实施人员或团队中的其他人员来负责。

学习层面主要采用的评估方法有角色扮演、访谈、讨论等。这个层面评估的优点是：研发人员会感受到压力，促使他们更加积极投入到项目中，主动配合项目实施者顺利完成项目，推动项目有好的效果；EAP 项目实施者也会有压力，能够督促他们更加认真、负责、专心准备整个项目的流程，甚至会督促他们查阅更多的资料来应对更复杂的案例。主动学习这种态度就说明内心开始有行动，为后面改善行为奠定了很好的基础。但是这些测试方法的信度与效度衡量、测试方法难度的适中性等不易把握，因此对工作行为转变来说并不是最好的参考指标。

3. 行为评估

行为评估通常是在 EAP 项目实施结束后进行，是第三个层面的评估活动，我们通过观察研发人员在后续工作和生活中的行为是否有所改变、有多大程度的改变来评价项目实施的效果。如项目实施前员工有经常迟到的行为出现，项目实施结束后，员工的迟到行为有所改善或者是掉了迟到的行为，这就说明项目实施的效果是很好的。行为层面的评估方法主要有主管评价、同事的观察、访谈、自我评价等方式。这个层面评估最大的优点是可以让主管领导或者高层管理者直观感受到项目实施的效果，可能会从不支持或怀疑到支持项目的进行，从各项资源方面更加支持 EAP 项目。行为层面的缺点：EAP 项目实施人员花费的时间精力比较多。

4. 结果评估

结果评估是第四级评估，其目标着眼于由 EAP 项目的实施而带来的业务绩效的变化情况，包括对每个项目的度量方法，如衡量产品或服务质量的方法、研发产品的数量、软件研发的安全性能、销售额、付出的项目成本、利润、整个项目的投资回报率等。最应该选择企业高层或直接主管特别在意的技术指标来考查、判断项目成果的转化，项目实施前后进行对照，观察最终产生了什么结果。时间的间隔取决于研发人员多长时间才能取得持续不变的工作效果，往往是项目实施后的几个月。收集第四级评估的数据所涉及的责任人包括研发人员本人、上级主管、本企业 EAP 项目实施者或者外部的 EAP 项目评估人员。

（二）评估方法的选择

评估方法是在人力资源开发的适当阶段实施的收集数据的手段。数据收集的方法多样，具体方法包括：观察法、问卷调查法、测试法、情景模拟测试、绩效考核法、360°考核法、前后对照法、时间序列法和收益评价法等。其中，前五种方法应用相对较为简单、普遍，这里我们着重介绍后四种方法。

1. 360°考核法

这种方法是一种全方位的考核方法，在人力资源管理的各个方面都有应用。通常是对有关联业务的所有人员的评价进行打分，如上级主管、下属、同事、被服务人员及服务人员等，最后把评价结果公示给被考核人员，让他自己把握不同的人员对他的评价结果，分析其差距，了解自己的优势，在以后的工作中发挥自己的优势，尽量避免或者改进劣势，来提升自己的素质能力。

这种方法用于EAP项目效果评估时，一般采用上级主管评价、自评和同事评价，并按照40：30：30的比例组合评分。

这种方法对于了解研发人员工作态度或培训后行为的改变比较有效，适用于行为层次和结果层次的评估。虽然实施时间长、成本高，但有利于提高评估的公平性。

2. 前后对照法

选取两个条件相似的小组，在项目前对两个小组进行测验，分别得到两组成绩。对一个小组进行培训，对另一个小组不进行培训，在项目结束后再对两个小组进行测验，比较两个小组的工作业绩，看培训是否有作用。

按这种方法得到的数据比较明确，但实施起来比较复杂，涉及影响因素也比较多，因此得到的数据容易有争议。这种方法对项目评估者水平要求比较高，由专业公司实施比较好。

前后对照的评估方法通常用在较高层次和比较重要的EAP项目效果评估中。

3. 时间序列法

时间序列法是指在EAP项目实施后定期做几次测量，通过数据对比来准确分析项目效果转移程度的方法。

这种方法对于了解项目实施效果转化非常有用，但时间较长，影响因素多，受企业、研发人员和环境的变动制约大，如果管理不善可能会导致数据流失。这种方法一般用于项目实施的最终结果评估。

4. 收益评价法

收益评价法是把EAP项目实施成本与收益进行对比的方法。企业的经济性特征迫使企业必须关注项目实施的成本和收益。收益评价法就是从经济角度综合评价EAP项目实施的好坏，算出EAP项目实施为企业带来的经济收益。但并不是所有的项目都能直接计算其经济收益，如改变态度行为的项目实施就很难计算其经济收益。

EAP项目实施效果的评估是很复杂的管理活动，企业要根据不同情况实际选择适合的评估方法，也要考虑研发人员的实际情况和工作需要，评估的目的是尽量做到真实有效、客观公正。EAP项目效果评估的层次和方法一般可以同时使用多种。

在运用柯氏四级评估模型进行实施效果评估时，IT企业可针对不同的评估层级应用不同的评估方法,具体如表5-2所示。

表5-2 柯氏四级评估各评估层次的评估内容与方法

评估层次	评估方法	评估时间	评估部门/人员	优缺点
反应评估	(1)访谈法 (2)观察法 (3)问卷调查 (4)电话调查 (5)综合座谈法	咨询结束时	企业人力资源部	优点:简单易行 缺点:主观性较强,容易以偏概全,即很容易因为学员的个人好恶而影响评估效果
学习评估	(1)提问法 (2)笔试法 (3)角色扮演	咨询进行时或结束后	企业EAP项目咨询师	优点:给咨询者和咨询师一定压力,使之更好地完成咨询工作 缺点:依赖于测试方法的可信度和测试难度是否合适
行为评估	(1)问卷调查 (2)行为观察 (3)任务项目法 (4)绩效评估 (5)360°评估	咨询结束后三个月或半年后	咨询者的直接主管上级	优点:具有直观性、直接性,可以促使直接领导或企业高层管理者看到实施效果后更支持EAP项目 缺点:实施有难度,要花费很多时间和精力,难以剔除不相干因素的干扰
结果评估	(1)研发率 (2)离职率 (3)360°满意度调查 (4)个人和组织绩效指标	半年或一两年后员工及企业的绩效评估	企业人力资源部	优点:量化翔实、令人信服的数据不仅可以消除企业高层对EAP项目投资的顾虑,而且可以指导EAP项目的设计,将费用花到最能为企业创造经济效益的人员和活动中 缺点:耗时长、经验少,目前评估技术不完善,简单的数字对比意义不大,必须分辨哪些结果是与EAP项目有关及有多大关联

三、实施效果评估流程

EAP项目实施效果评估流程主要包括五个步骤，具体内容如下。

1. EAP项目需求评估

对IT企业研发人员进行EAP项目需求评估是EAP项目设计的开始阶段，也是项目评估实施的起始阶段。项目需求分析评估工作先由项目评估人员通过各种量表或各种测试方法重新进行项目需求分析，找出研发人员目前存在的职业压力等方面的问题，以确定项目实施的必要性和目标。

2. 确定项目评估目标

项目实施目标主要是界定通过EAP项目我们要解决什么问题、达到什么水平和具体的目标是什么等问题，它决定着评估项目实施和评估方法的选择。评估项目实施的实现程度是衡量项目实施效果的重要指标之一。

3. 设计项目实施评估方案

确定项目评估目标后，接下来的工作是设计项目评估方案，除了评估者的选择外，其中很重要的一项是评估内容及评估方法的确定，具体内容如下。

（1）选定评估者。我们可以从企业内部选定评估者，也可以外聘专家或由企业客户担任评估者。评估者的人选主要由项目的特点、研发人员的具体情况及企业自身的实际情况等因素综合决定。

（2）项目实施效果的评估。根据柯氏四级评估模型，我们可以将EAP项目实施效果的评估划分为四个层面，具体内容详见表5-2。

（3）对项目实施人员进行评估。项目实施人员主要包括EAP直接实施者、咨询师及项目实施组织者等。对他们的评估主要体现在责任心、对研发人员的关注和关心程度、咨询质量、咨询效果等方面。对咨询师等的评估，主要是为下一次人选的选择提供依据；对项目实施组织者的评估，侧重于服务、相关设施设备的准备是否合适到位等，以便不断改进服务工作。

（4）对EAP项目内容的评估。项目实施内容的评估主要是围绕研发人员的主要问题，项目咨询师采用个体心理咨询、团体心理咨询、心理讲座、心理游戏、心理报刊等中的哪些方式方法去开展工作。

（5）选择评估方法。用来评估的方法有定性分析和定量分析两种。按照具体形式的不同，用于定性分析的方法又可分为观察评估法、集体讨论法和问卷调查法；用于定量分析的方法又可分为成本—收益分析法、加权分析法。

4. 执行评估方案

项目组成员确定好 EAP 项目评估方案后，就可以对项目执行的结果进行具体的操作层面的评估工作了。

对于不同的评估层次，其评估时间选择应该有所不同。如从反应层面进行评估，EAP 项目工作人员应该选择在项目实施过程中进行评估，因为可以让被服务人员及时把自己对项目的感受、认知和评价等真实、精准地描述出来；抑或是选择 EAP 项目刚刚结束时进行评估调查也可以，这时候也可以清楚记得当时的心理感受，也可以比较完整表达真实的感受，选择这两个时间点为了避免因项目时间间隔很长，导致研发人员对细节的感受不深，而导致信息有误差；如果选择通过行为或结果层面来评估，就应该在项目完成后一段时间内（如 3～6 个月）进行，因为项目实施的效果真正作用到研发人员的实际工作表现中尚需一段时间。

当适时地收集到所需信息和数据后，项目评估工作者就开始对所收集到的信息采用一定的方法和技术进行整理和分析，形成评估数据库。

5. 反馈评估结果并撰写评估报告

（1）反馈评估结果。EAP 项目实施评估结果一般需要反馈给参与项目的相关人员。

人力资源部门人员。人力资源部的工作人员在得到反馈意见的基础上对项目实施进行改进，精益求精，提高项目整体水平。

管理层。管理层对 EAP 项目工作的支持与否、项目资金投入的多少等直接影响着项目的实施效果。

研发人员。研发人员明确自己的咨询效果有助于他们更快投入到工作中，没有后顾之忧地去努力工作，提高工作效率，完成预期的目标，有利于培养对团队和组织的认可，有助于企业绩效的提高。

研发人员的直接领导者。研发人员的直接领导者通过项目实施评估结果，可以掌握其下属的具体情况，以便于指导下属的工作。

（2）撰写评估报告。评估报告的内容和结构如下：导言，即 EAP 项目概况、评估的目的和性质；概述评估实施的过程；阐述评估结果；解释、评论评估结果并提出参考意见；附录，其内容主要包括收集评估信息时所采用的相关资料、图表、工具等，目的在于让他人判定评估者的评估工作是否科学、合理。

结 论

随着高新技术的蓬勃发展，IT企业间的竞争日趋激烈，这给IT企业研发人员的生活带来了极大的挑战。一方面，面对爆炸式的知识增长，他们需要永无止境地进行自我充电，以免落伍；另一方面，沉重的工作负荷和竞争压力又使得他们不得不打起精神从容应对。员工援助计划项目是一项有效的人力资源管理计划，它可以明显地提升员工的生活质量和工作效率，并促进组织正式群体和非正式群体的和谐发展。

本文中的员工援助计划是在需求理论、多维角色理论、工作—生活计划等基本理论指导下，针对IT企业技术人员这一群体在工作、生活及心理状况调查分析的基础上，提出的系统、全面的一体化员工援助计划方案。员工援助计划能够提高留职率、提升员工士气、促进员工积极性、融洽组织氛围，帮助企业建立关心关注员工困难、尊重员工价值的文化；有利于构建促进员工积极向上的学习型组织；改善员工关系、增进管理层和员工的沟通能力，加强组织的工作和管理设计；帮助企业更好地渡过裁员、重组、并购等变革和危机。当然具体到某个IT企业实施员工援助计划，则要根据其企业的规模、能力、所处发展阶段、需求等具体情况而定。

参考文献

[1] 斯蒂芬·P. 罗宾斯. 组织行为学（原书第 16 版）[M]. 孙健敏，李原，等译. 北京：中国人民大学出版社，2016.

[2] 章志光. 社会心理学 [M]. 2 版. 北京：人民教育出版社，2008.

[3] D. 赫尔雷格尔，等. 组织行为学 [M]. 上海：华东师范大学出版社，2001.

[4] 赵曙明. 人力资源管理与开发研发 [M]. 南京：南京大学出版社，2011.

[5] 姚树桥，杨彦春. 医学心理学 [M]. 北京：人民卫生出版社，2015.

[6] 托马斯·贝特曼，斯考特·斯奈尔. 管理学：构建竞争优势 [M]. 王雪莉，等译. 北京：北京大学出版社，2004.

[7] 邓云龙，唐秋萍，刘铁桥. 功能性疾病 [M]. 北京：人民军医出版社，2003.

[8] 李新建，孙美佳，苏磊，等. 员工关系管理 [M]. 北京：中国人民大学出版社，2020.

[9] 赵然. 员工帮助计划——EAP 咨询师手册 [M]. 北京：科学出版社，2010.

[10] 吴媚，彭丽华，黄河，等. 培育心灵的力量——企业 EAP 与组织心理健康管理 [M]. 北京：电子工业出版社，2018.

[11] 周源. 电脑职业病的剖析与自我防范浅析 [J]. 医疗设备信息，2004，8:36-37.

[12] 胡仁忠. 从"人性假设"的演进看激励机制的运用 [J]. 当代经济，2004，6:45-46.

[13] 熊淑萍. 积极组织行为学视角下企业员工援助计划开展与运用的创新研究 [J]. 产业与科技论坛，2019，18（16）.

[14] 张晓平. 我国 EAP（员工援助计划）的研究与应用 [J]. 时代报告，2019，3.

[15] 李海娇. 我国企业管理中员工援助计划的应用 [J]. 中小企业管理与科技（下旬刊），2018，11.

[16] 袁丽梅，曾建中. 员工援助计划在企业管理中的应用研究 [J]. 现代经济

信息，2018，17.

[17] 夏金强.员工援助计划在我国企业管理中的应用[J].管理观察，2017，（34）.

[18] 王健.从"心"开启员工的幸福职场——TJAD开展EAP（员工援助计划）的实践与探索[J].建筑设计管理，2014，31（6）.

[19] 时勘.员工援助计划在人力资源管理中的应用[J].心理技术与应用，2013，（2）.

[20] 张西超.EAP是提高企业绩效的有效途径[J].当代电力文化，2014，（6）.

[21] 赵然岑，鸿羽，王锐.EAP咨询师能力素质探究[J].中国人力资源开发，2011，（6）.

[22] 王雁飞.国外员工援助计划相关研究述评[J].心理科学进展，2005，2:219-226.

[23] 刘志明.员工帮助计划（EAP）——管理职场压力[J].中国人力资源研发，2004，4:34-36.

[24] 刘平.浅谈员工援助计划在保险公司的应用[J].中国保险管理干部学院学报，2004，6:19-20.

[25] 张西超.员工帮助计划（EAP）：提高企业绩效的有效途径[J].经济界，2003，3:57-59.

[26] 石林.工作压力理论及其在研究中的重要性[J].心理科学进展，2002，10（4）.

[27] 石林.工作压力的研究现状与方向[J].心理科学，2003，26（3）.

[28] 汤超颖，辛蕾.IT企业员工工作压力与离职意向关系的实证研究[J].管理评论，2007，19（9）.

[29] 许小东.知识型员工工作压力与工作满意感状况及其关系研究[J].应用心理学，2004，10（3）.

[30] 史茜，舒晓兵，罗玉越.工作需求控制支持压力模型及实证研究评析[J].心理科学进展，2010，18（4）.

[31] 刘亚林.EAP研究综述[J].经济与管理研究，2006（6）.

[32] 赵西萍，赵欣，黄越.Karasek工作压力模型的扩展：自我效能感与工作控制匹配性模型的实证研究[J].中国软科学，2008（10）.

[33] 杜宝更."互联网+"背景下员工心理健康风险分析及应对策略[J].安全、

健康和环境，2021，21（2）.

[34] 夏金强.员工援助计划在我国企业管理中的应用[J].管理观察.2017(34).

[35] 王红萍.员工幸福感影响因素分析及对企业设计EAP的启示[J].西部经济管理论坛，2017，28（4）.

[36] 500名中外专家将共谋"全员心理关爱"[OL].中宏网,2019-11-25.https://www.zhonghongwang.com//show-257-159496-1.html.

[37] "全员心理关爱计划（EAP）"被确定为国家卫健委"十四五"规划全国重点课题[OL].中国经济网，2022-01-04.http://www.ce.cn/xwzx/gnsz/gdxw/202201/04/t20220104_37226841.shtml.

附 录

IT企业研发人员职业压力调查问卷

第一部分　职业压力源问卷

尊敬的先生/女士：您好！

本测试量表主要是帮助您找到现在所面临的工作压力及大小，请您根据实际感受和工作情况进行填写，我们会如实向您反馈真实状态。整个测试过程和测试结果会严格保密，这点请您放心！非常感谢您的配合！

请根据您的工作实际及压力程度回答以下问题：（1）非常有压力，（2）有压力，（3）有点压力，（4）没有压力，（5）不适用。

1. 我的工作很复杂，我很难应付。
2. 我总是感觉工作干不完。
3. 我的工作有时间上的限制。
4. 正常工作时间完不成岗位任务，工作内容经常更新，需要补充新知识。
5. 工作中经常需要处理突发事件。
6. 工作中为了成长而需要学习新技能。
7. 我不了解工作责任范围。
8. 我在工作中经常受到歧视。
9. 我总是不知道主管对我的评价。
10. 工作中经常接到不一样的指令。
11. 有时候被借调。
12. 缺乏足够的资源完成工作任务。
13. 人际沟通有障碍。
14. 同事间经常有互相算计的事情发生。
15. 下属对我不认可。
16. 管理层经常不支持我的决定。
17. 主管总是喜欢推掉我的请求。
18. 在团队中经常受到白眼。
19. 职位升迁希望不大。

20. 总是担心失去工作。

21. 不支持个人的发展。

22. 在公司接受培训的机会少。

23. 无法施展自己的才能。

24. 我没有明确的职业生涯规划。

25. 公司管理阶层对员工不关心。

26. 高层组织结构不适应现代管理的要求。

27. 部门间的人际沟通不顺畅。

28. 公司不反馈对员工的考核。

29. 公司工作效率低下。

30. 我不喜欢公司过严的规章制度。

第二部分　职业压力症状问卷

此测试量表会指导了解自己的工作压力状况，请您根据第一印象回答。

请根据您最近一个月来的情况回答下列问题：（1）从不，（2）偶尔，（3）有时，（4）常常，（5）总是。

1. 总感觉不到安全感。

2. 经常出冷汗。

3. 情感上特别敏感。

4. 经常感到很紧张。

5. 突然感到周围的事情很陌生。

6. 总会感觉很多事情完不成。

7. 总是感到精力不足，记忆力下降。

8. 经常无缘无故讨厌自己。

9. 经常感到没有朋友。

10. 经常感觉要被解雇，前途渺茫。

11. 经常感到做任何事情都困难重重。

12. 经常感觉自己很没用。

13. 情绪容易激动。

14. 经常容易被激怒。

15. 最近老想揍人。

16. 有摔东西的欲望。

17. 经常动不动就发脾气。

18. 感觉没有人喜欢我。

19. 最近经常感觉到头晕眼花。

20. 老恶心想呕吐。

21. 老感觉身体的某个部位不舒服。

22. 身体经常发硬或无知觉。

23. 经常失眠，难以入睡。

24. 感觉没做什么事情就累。

第三部分　个人信息

为了更好地分析您的压力状况，请填写简单的个人信息，我们将对此严格保密。

1. 性别：A. 男性　B. 女性

2. 年龄：A. 20～30岁　B. 31～40岁　C. 41～50岁　D. 50岁以上

3. 学历：A. 大专及以下　B. 本科　C. 硕士　D. 博士及以上

4. 在目前行业工作的年限：A. 0～3年　B. 3～5年　C. 5～10年　D. 10年以上

再次感谢您的真诚合作！

放松训练指导手册

第一部分　训练说明

日常工作和生活中，我们总是感觉到压力，压力过大就会影响我们的身心健康，降低工作效率。而适度的压力可以激发人们的积极性，促使人们获得更多的绩效。本套放松训练技术是为IT企业研发人员量身定做的。经过训练，可以缓解压力，舒缓紧张的情绪，提高抗挫折能力，保持精力充足，有利于预防身心疾病，控制情绪，还可以缓解病痛；如果经常坚持训练，还可以保持年轻的活力，延缓衰老，提高身心素质。

训练的空间要舒适，环境温度要适中，场所要注意通风，无论春夏秋冬都要保持令人舒服的温度。准备一把可以支撑整个身体的椅子或躺椅。无论是躺姿或坐姿，在训练的时候要选择舒适的姿势。如果选择躺姿，两腿适度地分开，双脚放松，向外分开。如果选择坐姿，头不要垂下来，后背挺直。这个空间应该是无人打扰的，要全身心投入。

这套放松训练简单易行，完成一次训练大约需要20～30分钟，每天一次。最重要的是你需要坚持不懈地训练，才会有不错的效果。

训练时需要注意以下问题：

训练时需要穿舒服宽松的衣服，把手表、戒指、眼镜或隐形眼镜摘下；情绪要平稳，身体不要受到拘束；需要在饭后1小时进行训练，不要在时间比较紧迫的情况下训练。

如果在训练过程中感觉姿势不舒服，随时调整，使自己始终保持最舒适的姿势。

训练过程中如果感到头晕眼花或有幻觉的干扰，只要暂时停止练习就可以了。

每天日常的训练按照第三部分的指导语实施。在训练过程中，如果你很难找到放松的感觉，那么请先进行第二部分的训练，把握了放松与紧张的差别后，再进入第三部分的训练。

在感觉有压力的时候，你随时可以进行训练。如果你有以下情况之一，请不要进行此项训练：严重的腰部伤害，肌肉、肌腱扭伤或骨折；有心脏病史；严重感冒；有精神病史；有广泛性焦虑或恐惧障碍。

第二部分 放松学习

这一部分主要是训练的初始阶段，让训练者对于紧张和放松的感觉进行对比。

开始握住左拳，握得紧些，再紧些（暂停5秒）。感觉左手和左前臂的紧张，好好感受一下这种紧张状态。松开拳头，放松左手，并将它放在椅子的扶手上或身侧。注意体会紧张和放松之间的差异（暂停10秒）。

现在右手做同样的动作。握住右拳，注意感受右手和右前臂紧张的感觉（暂停5秒）。然后放松右拳，让右手变得特别放松（暂停10秒）。

现在，伸展手掌，手腕向后弯曲，感受一下手背和前臂肌肉的紧张。手指指向天花板，保持胳膊不动。感觉手腕的紧张（暂停5秒）。开始放松，对比体会紧张和放松状态的区别（暂停10秒）。

双手握拳，前臂尽量弯曲到肩部，使上臂变紧。好好感受这些部位的紧张（暂停5秒），慢慢放松下来（暂停10秒）。

我们开始向上耸起肩膀，尽量把肩膀向耳朵处移动，感受肩膀的紧张（暂停5秒），慢慢放松下来（暂停10秒）。

开始感受放松的感觉，首先是面部肌肉，皱起你的前额和眉头，感觉到眉头上起了皱纹（暂停5秒），慢慢放松下来（暂停10秒）。紧闭双眼，感受眼睛周围肌肉的紧张（暂停5秒），慢慢放松下来，对比紧张和放松感觉的区别（暂停10秒）。

注意力慢慢转移到牙齿部位，开始使劲咬紧牙关，促使咀嚼肌紧张，向后移动嘴角，感受咀嚼肌的紧张状态（暂停5秒），慢慢放松下来，感受紧张和放松之间的差别（暂停10秒）。舌头向上抵住上颚，保持口腔的紧张（暂停5秒），慢慢放松下来，感受紧张和放松之间的差别（暂停10秒）。

注意力慢慢转移到唇部，紧闭双唇，感觉嘴巴周围肌肉的紧张（暂停5秒），慢慢放松下来，感受紧张和放松之间的差别（暂停10秒）。

注意力慢慢转移到颈部肌肉，把头向后靠向椅背，感受头部和颈部的紧张（暂停5秒），慢慢抬头，慢慢放松下来，感受放松的状态（暂停10秒）。继续颈部训练，头部向前伸出，移动去找前胸部位，感觉前颈部肌肉的紧张状态（暂停

5秒），慢慢抬头，慢慢放松下来（暂停10秒）。

注意力慢慢转移到后背，背部慢慢向后弯曲，胸和腹部慢慢挺起。感受背部的紧张程度（暂停5秒），慢慢放松下来，感受紧张和放松之间的差别（暂停10秒）。

慢慢深吸一口气，让空气慢慢充满你的胸腔，慢慢憋气，感受整个胸部和腹部的紧张状态（暂停5秒）。慢慢放松下来，慢慢地呼出气体，慢慢感受放松（暂停10秒）。

注意力慢慢转移到腹部，先让腹部肌肉紧张起来，感受腹部的紧张（暂停5秒），再慢慢放松下来，感觉紧张和放松之间的差异（暂停10秒）。

注意力慢慢转移到腿部，缓慢伸直双腿，感受腿部的紧张（暂停5秒），慢慢放松，感受紧张和放松之间的差别（暂停10秒）。

注意力慢慢转移到小腿和脚上，尽力向上翘脚尖，绷紧小腿肌肉，注意这种紧张的感觉（暂停5秒），慢慢放松下来，感受紧张和放松之间的差异（暂停10秒）。

第三部分　正式训练指导语

很多人的正常呼吸不够深沉，现在我们用一种不同的方式呼吸，这种呼吸方法可以使你充分利用肺的容量，获得比正常呼吸多七倍的氧气量，从而达到减缓压力、强心健身的目的。要练习这种呼吸方式，首先我们要知道膈肌，膈肌位于肺的下部，是一块宽的、扇形的肌肉，它可以像其他肌肉一样得到训练和强化。正常呼吸时，肺的利用率低，膈肌活动较少，或根本没有活动。在下面练习的呼吸方法中，吸气时，膈肌纤维收缩并向腹部下拉，腹部会鼓起；呼气时，膈肌放松，并向上移，同时腹部向内收。

现在慢慢闭上眼睛，正常用鼻孔呼吸，把注意力集中在你的呼吸上，吸气和呼气时，感受空气在体内流动的感觉。

抬起手臂，把双手慢慢放在腹部，手部轻轻感受肋骨下的位置，用手去感受吸气时腹部向外鼓起的状态，同时感受呼气时腹部向内收的状态（当你熟练掌握了这种呼吸方法，就可以不用借助手来感觉腹部的起落，两只手直接自然下垂即可）。

开始吸气，腹部向外鼓，手随之上升……慢慢呼气，腹部向内收，手随之落下。

吸气，腹部向外鼓，手随之上升；慢慢呼气，腹部向内收，手随之落下。吸气和呼气时慢慢感受手的升落。请保持稳定的正常鼻孔呼吸。吸气……呼气……（5分钟）现在两手自然下垂，有意识慢慢放松身体的每个部位并体会放松的感觉。

请把注意力一直集中在你正在放松的部位。放松就是没有任何运动。

注意力慢慢转移到左脚，依次慢慢放松脚趾、脚底、脚背、脚跟；放松一点，再放松一点……注意力慢慢向上移动，放松你的左腿，小腿放松，膝盖放松，大腿放松，臀部放松，感受左腿的所有关节、肌肉和组织都完全放松下来了。感觉左腿深度放松的状态。

注意力慢慢转移到右脚，依次慢慢放松脚趾、脚底、脚背、脚跟；放松一点，再放松一点……注意力慢慢向上移动，放松你的右腿，小腿放松，膝盖放松，大腿放松，臀部放松，感受右腿的所有关节、肌肉和组织都完全放松下来了。感觉右腿深度放松的状态。

注意力慢慢转移到左手，手指放松，手掌放松，手腕放松，慢慢向上移动，前臂放松，肘部放松，上臂放松，肩膀放松，感受左臂的每处关节、肌肉和组织都完全放松下来了。感觉左臂深度放松的状态。

注意力慢慢转移到右手，手指放松，手掌放松，手腕放松，慢慢向上移动，前臂放松，肘部放松，上臂放松，肩膀放松，感受右臂的每处关节、肌肉和组织都完全放松下来了。感觉右臂深度放松的状态。

注意力慢慢转移到脊柱的底部，一节接着一节地放松脊椎骨和旁边的每块肌肉。下背部放松，腰部放松，上背部放松，感受整个背部的放松，感觉背部深度放松的状态。

注意力慢慢转移到颈部肌肉，前颈部的肌肉放松，后颈部的肌肉放松，感受整个颈部的放松，感觉颈部深度放松的状态。

注意力慢慢转移到胸部的肌肉上。你每一次呼气后，就更放松一些。吸气……呼气……放松……完全放松胸部所有的神经、肌肉和器官。感受胸部所有的放松，感觉胸部深度放松的状态。放松腹部的肌肉，放松……放松……完全放松腹部所有的神经、肌肉和器官。感受腹部所有的放松，感觉腹部深度放松的状态。

注意力慢慢转移到下巴，慢慢放松。你的上下嘴唇慢慢、轻轻地相触，牙齿刚刚分开。舌头放松，颧骨周围的肌肉放松，眼睛放松，眼睛周围的肌肉放松。感受它们放松的状态。前额放松，完全放松前额所有的肌肉。放松所有面部肌肉。头皮放松，放松……自己变得越来越放松……

全身放松，把所有的紧张从身体排除出去，你感觉越来越轻松……

自然地使用鼻孔呼吸，保持放松的状态。吸气……呼气……吸气时默念"1"，呼气时默念"2"，随着每一次的吸入和呼出，在心中默默地念这两个数字。

如果有别的念头出现，要让它们自然的存在，不要被它们吸引，也不要强制它们离开，要把注意力重新集中到呼吸和你所念的数字上。1……2……1……2……（5分钟）。现在充分发挥想象力，脑海里出现轻松愉快的景象。如在晴朗的天空下，美丽的湖面上碧波荡漾，你划着一叶小舟，在湖面上慢慢前行。鸟儿轻柔地从天空飞过，远处有悠扬美妙的琴声传来……（5分钟）。

现在慢慢睁开眼睛，慢慢舒展身体，卸下压力，你会觉得自己非常放松，心情愉悦，精力十足。